U0641850

《大学生文化和旅游社会实践指导》编委会

主　编

李　祺（桂林旅游学院）

副主编

杨秋玲（四川旅游学院）

杨慧敏（桂林旅游学院）

康海宁（桂林旅游学院）

编　委

唐　成（桂林旅游学院）

赵　威（桂林旅游学院）

黄　芸（桂林旅游学院）

陈　竹（桂林旅游学院）

邓安鹏（桂林旅游学院）

熊　旺（桂林旅游学院）

邱　欣（桂林旅游学院）

贺文文（桂林旅游学院）

林信炜（桂林旅游学院）

欧蓬迎（桂林旅游学院）

李　琪（桂林旅游学院）

高丁丁（桂林旅游学院）

刘俊均（桂林旅游学院）

王维信（四川旅游学院）

李　诚（四川旅游学院）

普通高等学校“十四五”规划旅游管理类精品教材
国家级一流本科专业建设旅游管理类特色教材

大学生文化和旅游社会实践指导

A Guide to Culture and Tourism Social Practice for University Students

主　编◎李　祺
副主编◎杨秋玲　杨慧敏　康海宁

華中科技大學出版社
http://press.hust.edu.cn
中国·武汉

内容提要

社会实践是大学的必修课程。本教材秉承“五育并举”的教育理念，以培养新时代应用型文化和旅游行业人才为导向，以指导在校大学生开展文化和旅游相关方面的社会实践为出发点，内容涵盖文化和旅游社会实践的全过程和全要素，引导学生将文化和旅游社会实践与劳动教育、文旅竞赛和创新创业相结合，从社会实践资源选取、设计、组织、实施、保障、延伸等方面，多角度、全方位指导大学生开展文化和旅游社会实践，同时还附有优秀案例以供参考。本教材旨在帮助大学生完成社会实践课程学习任务，增进大学生对文化和旅游行业的认知，增强文化和旅游专业自信，提升实践能力，开阔视野，合理规划职业生涯，培养社会责任感，促进个人德智体美劳全面发展。

图书在版编目(CIP)数据

大学生文化和旅游社会实践指导 / 李祺主编. -- 武汉 : 华中科技大学出版社, 2025. 4. -- ISBN 978-7-5772-1777-2

Ⅰ. F592

中国国家版本馆CIP数据核字第2025ST5691号

大学生文化和旅游社会实践指导

Daxuesheng Wenhua he Lüyou Shehui Shijian Zhidao

李　祺　主编

策划编辑：王　乾

责任编辑：张　琳

封面设计：原色设计

责任校对：李　琴

责任监印：周治超

出版发行：华中科技大学出版社(中国·武汉)　　电话：(027)81321913

武汉市东湖新技术开发区华工科技园　　邮编：430223

录　　排：孙雅丽

印　　刷：武汉市洪林印务有限公司

开　　本：787mm×1092mm　1/16

印　　张：19.5

字　　数：424千字

版　　次：2025年4月第1版第1次印刷

定　　价：49.80元

出版说明

Publication Note

为深入落实全国教育大会和《加快推进教育现代化实施方案(2018—2022年)》文件精神,贯彻落实新时代全国高校本科教育工作会议和《教育部关于加快建设高水平本科教育全面提高人才培养能力的意见》、“六卓越一拔尖”计划2.0系列文件要求,推动新工科、新医科、新农科、新文科建设,做强一流本科、建设一流专业、培养一流人才,全面振兴本科教育,提高高校人才培养能力,实现高等教育内涵式发展,教育部决定全面实施“六卓越一拔尖”计划2.0,启动一流本科专业建设“双万计划”,并计划在2019至2021年期间,建设143个旅游管理类国家级一流本科专业点。

基于此,建设符合旅游管理类国家级一流本科专业人才培养需求的教材,将助力旅游高等教育专业结构优化,全面打造一流本科人才培养体系,进而为中国旅游业在“十四五”期间深化文旅融合、持续迈向高质量发展提供有力支撑。

华中科技大学出版社一向以服务高校教学、科研为己任,重视高品质专业教材出版,“十三五”期间,在教育部高等学校旅游管理类专业教学指导委员会和全国高校旅游应用型本科院校联盟的大力支持和指导下,率先组织编纂出版“普通高等院校旅游管理专业类‘十三五’规划教材”。本套教材自出版发行以来,被全国三百多所开设旅游管理类专业的院校选用,并多次再版。

为积极响应“十四五”期间国家一流本科专业建设的新需求,“国家级一流本科专业建设旅游管理类特色教材”项目应运而生。本项目依据旅游管理类国家级一流本科专业建设要求,立足“十四五”期间旅游管理人才培养新特征进行整体规划,邀请旅游管理类国家级一流本科专业建设院校国家教学名师、资深教授及中青年旅游学科带头人加盟编纂。

本套教材融入思政内容,助力旅游管理教学实现立德树人与专业人才培养有机融合。让学生充分认识专业学习的重要性,加强学生专业技能的培养,并将学生个人职业发展与国家建设紧密结合,让学生树立正确的价值观。同时,本套教材基于旅游管理类国家级一流本科专业建设要求,在教材内容上体现“两性一度”,即高阶性、创新性和挑战度的高质量要求。此外,依托资源服务平台,打造新形态立体教材。华中科技大学出版社紧抓“互联网＋”时代教育需求，自主研发并上线了华中出版资源服务平台，为本套教材提供立体化教学配套服务，既为教师教学提供教学计划书、教学课件、习题库、案例库、参考答案、教学视频等系列配套教学资源，又为教学管理构建集课程开发、习题管理、学生评论、班级管理等于一体的教学生态链，真正打造了线上线下、课内课外的新形态立体化互动教材。

本项目编委会力求通过出版一套兼具理论与实践、传承与创新、基础与前沿的精品教材，为我国加快实现旅游高等教育内涵式发展、建成世界旅游强国贡献一份力量，并诚挚邀请更多致力于中国旅游高等教育的专家学者加入我们！

前言

Preface

2024年7月18日，中国共产党第二十届中央委员会第三次全体会议通过了《中共中央关于进一步全面深化改革 推进中国式现代化的决定》，其中强调要“深化教育综合改革”，并就此提出了一系列具体要求。进一步加强高校实践育人工作，是全面贯彻落实党的教育方针、深化教育综合改革、构建德智体美劳全面发展的教育体系、着力加强创新能力培养、完善学生实习实践制度，以及显著提升高等教育质量的一项重要举措。

社会实践是高校实践育人体系的重要组成部分。高校将社会实践纳入人才培养方案，面向全体在校大学生开设社会实践必修课程。这一举措依托专业学习，鼓励并引导大学生积极深入生产生活一线开展实践活动，旨在对学生进行马克思主义劳动观教育，以培养德智体美劳全面发展的应用型人才。参加社会实践是大学生成长成才的必由之路。通过参加社会实践，大学生可以进一步坚定在中国共产党领导下，走中国特色社会主义道路，为实现中华民族伟大复兴而奋斗的理想信念，自觉成长为中国特色社会主义合格建设者和可靠接班人。同时，社会实践还能不断增强大学生的社会责任感，培养他们善于思考、勇于探索的创新精神，以及不断钻研、解决问题的能力。

文化和旅游，诗和远方。近年来，文化和旅游不断融合，文旅行业蓬勃发展。新技术、新业态、新模式不断涌现，露营、休闲体育、研学旅行、乡村旅游、地摊经济、生态行、文化体验等不断兴起，文旅行业逐渐成为发展新质生产力的重要阵地和新的消费增长点。各高校为满足文旅行业发展对人才的需求，均开设有与文化和旅游相关的专业。同时，也有不少其他专业毕业的学生选择进入这一行业，寻求职业发展。文化和旅游社会实践，是社会实践的一个重要组成部分，为高校开展文化和旅游相关专业的人才培养，为在校大学生进一步掌握文化和旅游专业知识、加深对文旅行业的认知提供了一个难得的平台和机会。

桂林旅游学院，作为广西壮族自治区人民政府、文化和旅游部共建高校，是我国两所独立建制的全日制公办旅游本科院校之一。学校紧密围绕文化和旅游设置专业，涵盖旅游业“吃、住、行、游、购、娱”六要素及文化旅游、红色旅游、康养旅游、智慧旅游、乡村旅游、生态旅游、体育旅游等新业态，形成了与旅游新业态等相匹配的专业体系。一直以来，学校都十分重视大学生社会实践工作。2021年，学校出台了《桂林旅游学院关于进一步加强和改进社会实践工作的实施意见》和《桂林旅游学院社会实践课程管理办法》等规章制度，将社会实践课程统一纳入人才培养方案的实践教学平台。在专业实践类型中设置了"社会实践(Ⅰ)"和"社会实践(Ⅱ)"两门必修课程，并统一了课程组织、开课时间、课时和学分等要求，实现了社会实践在大学生群体中的全覆盖，为进一步推进教学改革，特别是实践教学改革奠定了良好基础。依托学校办学优势和专业特色，借助社会实践课程，学校积极组织在校大学生开展文化和旅游社会实践活动。学校连续六年被评为广西高校社会实践优秀组织单位，有数十支队伍获得全国或自治区社会实践重点团队立项，打造出"青马小燕""推普助振兴""夹心饼干"等大学生文化和旅游社会实践品牌。

为进一步完善实践育人体系，深化实践教学改革，丰富劳动教育内容，推动"一流专业"建设，桂林旅游学院组织编写团队，在总结以往自身开展文化和旅游社会实践经验的基础上，充分借鉴国内其他高校优秀做法和先进经验，经过广泛调研、充分研讨，编写了本教材。本教材填补了国内高校在文化和旅游方面缺乏社会实践教材的空白。

本教材的编写，秉承了"五育并举"的教育理念，以培养新时代应用型文化和旅游行业人才为导向，以指导在校大学生开展文化和旅游相关方面的社会实践为出发点，内容涵盖文化和旅游社会实践的全过程和全要素，引导学生将文化和旅游社会实践与劳动教育、文旅竞赛和创新创业相结合，从社会实践资源选取、设计、组织、实施、保障、延伸等方面，多角度、全方位指导大学生开展文化和旅游社会实践，并附有优秀案例、相关工作模板等以供参考。本教材旨在帮助大学生完成社会实践课程学习任务，增进学生对文化和旅游行业的认知，提升实践操作能力，开阔视野，合理规划职业生涯，并在此过程中培养学生的社会责任感，促进个人德智体美劳全面发展。

本教材共十四章，内容包括大学生劳动教育与社会实践、大学生文化和旅游社会实践概述、大学生文化和旅游社会实践的设计与组织、大学生文化和旅游社会实践的调查研究方法、大学生文化和旅游社会实践基地、大学生文化和旅游社会实践沟通技巧、大学生文化和旅游社会实践文明礼仪、大学生文化和旅游社会实践安全教育、大学生文化和旅游社会实践常用文体写作、大学生文化和旅游社会实践考核评价、大学生文化和旅游社会实践宣传、大学生文化和旅游社会实践与各类竞赛、大学生文化和旅游社会实践法律法规、大学生文化和旅游社会实践经典案例。同时，本教材在相关章节设有"学习目标""能力目标""素养目标"等内容，并配以"案例阅读""躬行蕴道"和"践履试金"等模块辅助学习。此外，教材还提供课件、学习资料、文档模板等数字拓展资源包。这些设计和安排，既方便教师课堂教学和现场指导学生使用，也方便学生自学或在具体实践中参考使用。

本教材不仅具有较强理论性和实践性，还具有较强的融合性。编写团队在编写时重点突出了文化和旅游特性，将社会实践与文化和旅游相关专业紧密结合，力求内容深入浅出、通俗易懂，真正引导学生在文化和旅游相关领域开展社会实践，在提升专业实践能力的同时，提高自身文旅素养，激发对文化和旅游相关专业的认同与热爱。此

外,本教材还融入了课程思政元素,把社会实践作为“行走的思政课堂”,方便教师在教学指导中灵活运用课程思政元素对学生进行教育引导,实现课程思政的育人目标。

本教材获得桂林旅游学院2023年度教材建设项目立项。由李祺任主编,杨秋玲、杨慧敏、康海宁任副主编,主要分工如下:第一章由康海宁、李祺编写;第二章由黄芸编写;第三章由杨慧敏、贺文文编写;第四章由赵威编写;第五章由唐成、李祺编写;第六章由熊旺编写;第七章由邓安鹏编写;第八章由李祺、邱欣编写;第九章由高丁丁、杨慧敏编写;第十章由陈竹编写;第十一章由李琪编写;第十二章由欧蓬迎编写;第十三章由唐成编写;第十四章由林信炜、李祺编写。

在本教材的编写过程中,我们参阅了大量的文献资料。在此,我们向本教材中已列出的和未列出的文献资料的作者表示衷心感谢。此外,本教材的编写也得到了四川旅游学院的大力支持。同时,东北大学、哈尔滨医科大学、江西理工大学、山西财经大学、山西工程科技职业大学、成都信息工程大学等高校也为本教材提供了诸多案例。本教材吸收和借鉴了这些高校在开展文化和旅游社会实践中的先进经验与优秀做法,在此一并致谢。

由于时间仓促,编写团队水平有限,本教材中难免存在错误和不足之处,欢迎各位专家、学者和广大师生批评指正,以便我们不断改进和完善。

本教材的出版得到2022年广西壮族自治区级“四新”研究与实践项目(数据科学与旅游管理专业的融合创新与实践,项目编号:XGK2022029)的支持。

编　者

目录

Contents

Note

Note

第一章
大学生劳动教育与社会实践

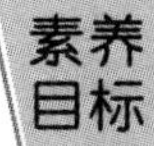

学习目标

1. 掌握劳动、大学生劳动教育的含义，大学生劳动教育的意义、内涵、主要内容及形式。
2. 掌握大学生社会实践的含义、特点和组织开展原则。
3. 深刻理解劳动教育和社会实践对大学生自身的作用意义。

能力目标

能够准确把握大学生劳动教育与社会实践的关系。

素养目标

1. 树立新时代劳动价值观、劳动观，培养优良劳动品德。
2. 增强大学生参与劳动教育与社会实践的主动性和自觉性。

案例阅读1-1

某高校紧跟时代步伐，深耕劳动教育这片育人沃土，在校内打造“微农场”。借助“微农场”，该高校组织大学生开展劳动教育实践活动，积极探索劳动教育新模式，有目的、有计划地组织大学生动手实践、体验劳动的艰辛与乐趣，不仅让他们在实践中得到锻炼，磨炼意志，还能深刻领悟劳动的真正意义，奋力书写青春的“劳动篇章”(图1-1)。

图1-1　某高校组织大学生开展“微农场”蔬菜种植劳动教育实践活动

第一节 大学生劳动教育

一、劳动的含义

劳动是人类最古老、最普遍的活动。劳动推动着人类自身的发展与演化,是人类从社会获取巨大利益的最根本的途径。

(一)广义的劳动

从广义上说,劳动是物质和精神财富创造的过程。劳动是人类为了生存和发展而进行的有目的、有组织的物质和精神活动。通过劳动,人们创造物质财富和精神财富,推动社会进步和文明发展。这一定义强调了劳动的创造性和社会性,以及其在人类社会发展中的基础性作用。同时,劳动是体力与脑力结合的产物。劳动不局限于体力上的付出,更涵盖了脑力劳动及人类参与的各种文化、教育和创造性工作。在当下的互联网时代,劳动的形式更加多样化,包括线上线下的生产活动、知识分享、技术创新等。

(二)狭义的劳动

从狭义上说,劳动一般是指体力劳动,即以人体肌肉与骨骼的活动为主导,以大脑和其他生理系统的参与为辅的人类劳动。这种劳动形式在人类历史上占据重要地位,是生产力发展的重要基础。同时,劳动也时常被用来指代进行某种具体的体力活动或工作,如农田劳作、工厂生产等。这种定义更加具体和局限,但仍然是劳动概念的重要组成部分。

(三)哲学角度的劳动

从哲学角度上看,劳动是主体(劳动者)、客体(劳动对象)和意义的内涵集成体。劳动体现了人类作为主体对自然界的改造和利用能力,以及通过劳动实现自我价值和社会价值的过程。此外,劳动也是人类运动的一种特殊形式。劳动不仅是一种生物性的活动,更是一种社会性、目的性的活动。通过劳动,人类不仅满足了自身的基本需求,还推动了社会的发展和进步。

在大学生劳动教育中,劳动被视为培养大学生综合素质和实践能力的重要途径,这一过程注重大学生通过参加劳动所得到的成长收获,而不仅仅只关注劳动本身所生产出的物质成果或表面上的效果。

二、劳动教育的含义与意义

当今社会,劳动教育是新时代党对教育的新要求,是中国特色社会主义教育制度

的重要内容，是全面培养教育体系的重要组成部分，并在教育改革和创新发展中发挥着不可替代的作用，直接决定社会主义建设者和接班人的劳动精神面貌、劳动价值取向和劳动技能水平。

（一）劳动教育的含义

随着社会的不断进步，劳动教育的内涵也在发生变化。一些人认为，劳动教育是培养学习者的劳动观念和态度，在劳动过程中促进其智力发展；另一些人则认为，劳动教育是培养学习者的劳动能力、技能和素质。

2020年3月印发的《中共中央 国务院关于全面加强新时代大中小学劳动教育的意见》指出，劳动教育是国民教育体系的重要内容，是学生成长的必要途径，具有树德、增智、强体、育美的综合育人价值。实施劳动教育重点是在系统的文化知识学习之外，有目的、有计划地组织学生参加日常生活劳动、生产劳动和服务性劳动，让学生动手实践、出力流汗，接受锻炼、磨炼意志，培养学生正确劳动价值观和良好劳动品质。劳动教育的总体目标是通过劳动教育，使学生能够理解和形成马克思主义劳动观，牢固树立劳动最光荣、劳动最崇高、劳动最伟大、劳动最美丽的观念；体会劳动创造美好生活，明确劳动不分贵贱，热爱劳动，尊重普通劳动者，培养勤俭、奋斗、创新、奉献的劳动精神；具备满足生存发展需要的基本劳动能力，形成良好的劳动习惯。

（二）大学生劳动教育的意义

大学时期是高等教育的重要阶段。在这一时期，大学生不仅要学习专业知识，深入研究特定领域，还需要学会将理论知识应用于实际操作中，为未来的职业发展奠定坚实的基础。同时，大学时期也是价值观、社会责任感和公民意识养成的关键时期。大学阶段的学习和实践经历对大学生个人综合素质的培养、创新能力和实践能力的提升、良好道德品质的养成起到至关重要的作用，大学阶段是培养德智体美劳全面发展的社会主义建设者和接班人的最关键时期。因此，在大学阶段，继续对大学生实施劳动教育，具有重要意义。

1. 大学生劳动教育有利于高校落实立德树人根本任务

立德树人是我国教育目的的根本所在，也是我国高等教育的价值目标和时代使命。大学生劳动教育是高校实现立德树人根本任务的重要载体。作为培养德智体美劳全面发展的社会主义建设者和接班人的主阵地，高校加强大学生劳动教育，就是通过显性与隐性相结合的方式将立德树人根本任务落到实处的具体表现，也是使命所在。高校开展大学生劳动教育，不仅有助于大学生树立正确的劳动价值观，形成端正的劳动态度及积极向上、勤奋努力的生活作风，还有助于大学生坚定理想信念、锤炼人格品质、磨炼道德意志，从而树立正确的世界观、人生观和价值观。此外，劳动教育还能让大学生在参与劳动实践的过程中深入理解和灵活应用所学专业知识，将理论知识应用于社会劳动实践，实现学中做、做中学的有机统一。

2. 大学生劳动教育有助于高校培养更多高质量人才

作为德智体美劳全面发展的人才培养体系中的重要一环，劳动教育不仅在个体成长成才过程中发挥着重要作用，也在高校人才培养中占据着重要位置。“五育并举”背景下的大学生劳动教育作为高校教育教学不可或缺的一部分，它不仅是高校培养时代新人的重要途径，也是高校形成高水平人才培养体系、顺应时代发展的必然要求。其一，从教育与劳动的关系来看，教育产生于劳动，劳动是教育的重要载体。在德育方面，大学生如果缺乏参与劳动的亲身感受，就很难形成道德感、责任感等真实体验；在智育方面，高校如果缺少劳动实践类教学活动，其教学就缺乏教育意义；在体育、美育方面，大学生如果不参加劳动，就很难在劳动过程中创造美、感知美、欣赏美，也难有强健的体魄。劳动教育与其他各育共同构成了高校的重要教育内容，是与其他各育并列的人才培养目标。其二，大学生劳动教育是高校培养时代新人的重要内容。新时代对高校人才培养提出更高要求，不仅需要大学生在系统学习专业理论知识的同时全面掌握相关劳动技能，而且还需要大学生在参与劳动实践的过程中深入理解和灵活应用所学专业知识。大学生劳动教育正好契合这一要求，为高校实现这一培养目标提供了契机。

3. 大学生劳动教育有助于促进大学生身心健康和全面发展

大学生劳动教育，能促进大学生的身心健康。一方面，大学生劳动教育通常包含各种体力劳动，如校园环境清洁、植树除草等，这些劳动要求大学生全身心地投入，有效锻炼肌肉力量、提升耐力和身体协调性。适度的劳动能够提高大学生的免疫力，减少疾病的发生，有助于保持身体健康。另一方面，大学生常常面临学业、就业等多方面的压力。劳动教育为大学生提供了一个释放压力的途径。通过参与劳动实践，大学生可以转移注意力，调节情绪，缓解心理压力。劳动中的团队合作和相互帮助不仅有助于增进同学间的友谊，还能进一步促进大学生心理健康。此外，大学生劳动教育在促进大学生全面发展方面也发挥着重要作用。一方面，劳动教育为大学生提供了将所学知识应用于实际操作中的机会，通过参与各种劳动实践活动，大学生可以锻炼自己的动手能力和解决实际问题的能力。另一方面，在劳动过程中，大学生可能会面对各种新情况、新问题，这需要运用所学知识进行创造性思考，提出解决方案，学会与他人沟通、协调、分工和合作，共同完成任务。这些经历有助于激发大学生的创新思维，增强团队协作能力，为实现全面发展目标奠定坚实的基础。

三、大学生劳动教育的内涵

随着中国特色社会主义进入新时代，我国高等教育的改革创新不断推进，大学生劳动教育被赋予了更加丰富的内涵。

（一）树立“劳动最光荣、劳动最崇高、劳动最伟大、劳动最美丽”的新时代劳动价值观

劳动价值观是劳动者对劳动的根本看法，它直接决定着劳动者的价值判断和价值选择，是劳动者世界观、人生观、价值观的重要组成部分。从某种意义来说，大学生是未来的劳动者。大学生的劳动价值观不仅直接影响其在大学阶段的学习和生活，更关系到未来走上工作岗位后的价值取向、就业倾向和承担的社会责任等精神特质。“劳动最光荣、劳动最崇高、劳动最伟大、劳动最美丽”是新时代的劳动价值观。要使这一价值观在当代大学生心中生根发芽，引导大学生深刻理解“尊重劳动”的重要性，避免脱离“尊重劳动”空谈时代精神，由衷认可“实干兴邦”“创造伟大”的道理，充分认识新时代劳动的复杂性与多样性，切实改变轻视体力劳动和体力劳动者的错误心态。只有这样，新时代的劳动价值观才能在当代大学生心目中扎根、生长，进而指导大学生形成正确的择业观、就业观和创业观，养成积极的劳动态度和良好的劳动品德。

（二）培养“辛勤劳动”的劳动观

劳动观是在一定的劳动价值观指导下，在长期情感体验的基础上形成的对待劳动的心理倾向。当今大学生需培养“辛勤劳动”的劳动观。辛勤劳动是正直劳动、勤勉劳动的理念和规范。当代大学生，虽然都相信成功离不开辛勤劳动，但毕竟出生和成长在物质生活优越的年代，普遍没有受过艰辛生活的磨砺，缺乏吃苦耐劳的锻炼。因此，加强对“辛勤劳动”的劳动观培养，是新时代高校劳动教育的当务之急。劳动教育可以让大学生深刻明白，辛勤劳动不仅是实现人生价值的重要途径，也是中华民族的传统美德，更是在未来职场立足的基本要求，辛勤劳动意味着付出努力、承担责任。大学生应摒弃“不劳而获”的错误思想，树立“幸福都是奋斗出来的”观念，通过自己的辛勤劳动创造属于自己的美好明天。

（三）强化“诚实劳动、人本关怀、家国情怀”的优良劳动品德

劳动品德是指人们在劳动过程中所表现出来的对他人和社会的稳定心理特征或倾向，它直接反映出人的道德品质。当代大学生，要通过劳动教育，实现强化自身“诚实劳动、人本关怀、家国情怀”的优良劳动品德的目标。

要突出对诚实劳动的培养。诚实劳动是社会和谐的基础，和谐劳动关系的建立需要每位劳动者认真履行诚实劳动的道德理念，把对社会的义务和责任诚实无私地落实到劳动中去；诚实劳动是经济发展的基础，劳动者的诚实劳动是优化生产资源配置的内在驱动力；诚实劳动是人全面发展的基础，要求劳动者不驰于空想、不骛于虚声、不投机取巧，而是诚实地运用自己的全部体力与脑力，不断实现梦想、获得发展。

要彰显“尊重劳动者”的人本关怀。要教育大学生正确认识新时代社会劳动领域和劳动群体发展的新态势，由衷尊重劳动和劳动者，为构建一个所有劳动者参与发展、分享发展成果的公平正义的社会而奋斗。

要培育“实干兴邦”的家国情怀。新时代大学生是进取有为的一代、是愿意努力奋斗的一代。要积极引导大学生“自觉把人生理想、家庭幸福融入国家富强、民族复兴的伟业之中，把个人梦与中国梦紧密联系在一起”，为国家奋斗、为人民劳动、为未来打拼，通过劳动为经济建设和社会发展贡献青春力量。

四、大学生劳动教育的主要内容与形式

（一）大学生劳动教育的主要内容

1. 劳动价值观教育

劳动价值观教育要求大学生认识劳动的意义和价值，理解马克思主义劳动观，正确对待新时代中国特色社会主义劳动价值。内容丰富的劳动教育，使大学生体会到劳动的伟大意义，了解劳动的美好、光荣、神圣，养成勤劳致富、勤俭节约、勤勉诚实、富有创造精神、乐于奉献的思想品德和行为习惯，纠正不愿劳动、希望不劳而获等错误的思想，树立正确的劳动价值观。

2. 劳动品质与态度教育

通过深化对劳动的认识、理解，提升与劳动相关的素质，让大学生更加珍视工作，进而在日常学习生活和未来的职业生涯中更加积极主动，更加自觉地追求个人梦想，从而树立起不断努力、追求更好未来的积极人生态度。

3. 劳动实践教育

劳动教育不要求进行太多劳动知识的灌输，而是更多地强调劳动育人、实践育人。理论离开实践，就会是一副躯壳。劳动能力、劳动技能往往是在劳动实践中获得的。劳动教育能促使大学生愿意并自觉去参加各种有益于社会的劳动，包括参与各种公益服务、社会实践等，为社会做贡献，在劳动中培养社会责任感，锻炼和提升创造能力和实践能力。

（二）大学生劳动教育的主要形式

大学生劳动教育的形式多种多样，主要包括劳动理论学习和劳动实践两种类型。

1. 劳动理论学习

劳动理论学习主要采用课堂理论教学、邀请专家学者及劳动模范人物开展劳动专题讲座等形式，向大学生传授劳动知识，弘扬劳模精神。

2. 劳动实践

劳动实践主要包括组织大学生参加校内劳动实践活动（如校园绿化、清洁与维护、图书馆整理等），到校外劳动基地进行劳动体验或开展公益劳动，参与社区服务、环保活动、扶贫济困等志愿服务活动，开展社会实习、社会调查、乡村振兴、支农支教等实践活动，实施创新创业项目等，这些均属于劳动实践的范畴。

第二节 大学生社会实践

案例阅读1-2

暑期,某高校大学生实践团队到某地开展以“探寻城市文明,领略文化魅力”为主题的社会实践活动。实践团队由历史、网络与新媒体、艺术设计等专业的大学生组成。在为期6天的社会实践中,实践团队成员通过查阅文献资料,走访当地文旅部门和专家学者,到当地的文化遗址公园、纪念馆、博物馆等文化场馆参观学习,参与当地民俗活动等方式,深入了解当地历史文化、风土人情和非物质文化遗产的挖掘与保护情况。实践团队成员还积极借助网络社交媒体平台,对实践成果进行广泛宣传,让更多人了解和关注当地的特色文化,为提升当地城市形象、促进文化交流与传播贡献了大学生群体的青春力量。

一、大学生社会实践概述

(一)大学生社会实践的含义

大学生社会实践作为高等教育体系中的重要组成部分,对于培养德智体美劳全面发展的高素质应用型人才具有不可替代的作用。

大学生社会实践是指大学生在高校的组织和引导下,有计划、有目的、有组织地参与社会生活、了解社会现实、服务社会大众、锻炼自身能力的一系列教育实践活动。大学生社会实践是理论与实践相结合的重要途径,是高等教育人才培养的重要一环,也是大学生成长成才的必经之路。

从教育本质的角度来看,大学生社会实践是一种教育实践活动。教育的本质在于促进人的全面发展,而社会实践则为大学生提供了一个在真实社会环境中锻炼和提升自己的平台。通过参与社会实践,大学生能够将在校园内所学的理论知识应用到实际生活之中,加深对知识的理解和掌握,提高分析问题和解决问题的能力。社会实践还能够培养大学生的社会责任感、创新精神和实践能力,促进其综合素质的提升。

从社会发展的角度来看,大学生社会实践是高校服务社会的重要方式。高校作为知识创新和人才培养的重要基地,肩负着重要使命。大学生作为高校的主体,通过参与社会实践活动,能够运用自己所学的知识和技能服务社会,为社会发展做出自己的贡献。如大学生可以参与社区服务、环境保护、文化传播等活动,在优化社会治理、改

善社会环境、促进社会和谐发展中发挥积极作用。

从大学生自身发展的角度来看，社会实践是大学生了解社会、适应社会的重要途径。随着社会的快速发展和竞争的日益激烈，大学生面临着越来越多的挑战和机遇。通过参与社会实践，大学生能够提前了解社会的需求和发展趋势，明确自己的职业方向和发展目标，为今后的就业和职业发展打下坚实的基础。

（二）大学生社会实践的特点

大学生社会实践具有以下特点。

1. 教育性

大学生社会实践具有鲜明的教育性特点。大学生社会实践是高校教育教学体系的重要组成部分，是大学生综合素质培养的重要环节。大学生社会实践的设计和组织都围绕着高校的育人目标展开，旨在通过实践活动让大学生在思想道德、专业技能、社会责任感等方面得到全面的锻炼和提升。如在社会实践中，大学生可以深入一线企业，参与文创产品的研发和项目推广，提高自己的专业技能和实践能力；大学生还可以通过志愿服务，培养自己的社会责任感和奉献精神。

2. 实践性

实践性是大学生社会实践的核心特点。社会实践强调大学生亲身体验和实际操作，通过参与各种实践活动，锻炼自己的动手能力、创新能力和解决实际问题的能力。与传统的课堂教学相比，社会实践更加注重大学生的主体地位，更体现大学生的自主参与性，让大学生在实践中主动探索、主动学习。如在一些调研活动中，大学生需要参与和完成调查问卷设计、数据收集、数据分析，并撰写调研报告，在这一过程中，大学生能够有效地提高实践能力。

3. 多样性

大学生社会实践的形式和内容具有多样性。社会实践活动涵盖社会生活的各个领域，包括文化教育、医疗卫生、环境保护、科技创新、企业运营等。大学生可以根据自己的兴趣和专业选择适合自己的实践项目。如喜欢文化传播的大学生可以参与文化志愿者活动，到社区、农村等地开展文化讲座、文艺演出等活动；对生态环保感兴趣的大学生可以参与生态调研和实践活动，宣传环保知识，参与环境治理等工作。

4. 开放性

大学生社会实践具有开放性的特点。大学生社会实践突破了高校和课堂的局限，将大学生带入广阔的社会环境中。社会实践活动的参与主体不仅包括大学生和高校教师，还包括社会各界的专业人士和机构。大学生在实践过程中可以与不同背景的人进行交流和合作，开阔自己的视野，了解不同的文化和价值观。如在企业实习过程中，大学生可以与企业员工和管理人员进行交流，学习他们的工作经验和管理方法，了解企业的运营模式和市场需求。

5. 时代性

大学生社会实践具有鲜明的时代性特点。社会实践的内容和形式随着时代的发展而不断变化和更新。在当今社会，随着科技的飞速发展和社会的不断进步，大学生社会实践的领域也在不断拓展，形式也在不断丰富。例如，随着互联网技术、大数据技术、人工智能技术等不断创新和发展，大学生可以通过网络平台开展各种社会实践，借助大数据和人工智能技术来完成实践任务。大学生也可以参与相关领域的实践活动，探索并推动新技术在社会生活中获得更广泛的应用。

（三）大学生社会实践的组织开展原则

大学生社会实践的组织和开展，要遵循以下原则。

1. 坚持教育与实践相结合的原则

教育与实践相结合是大学生社会实践组织和开展的基本原则。大学生社会实践活动既要注重教育性，又要突出实践性。大学生社会实践要紧密围绕高校的教育目标和人才培养方案，将思想政治教育、专业教育等内容融入实践活动中，使大学生在实践中得到全面的教育和锻炼。同时，大学生社会实践还要强调实践的重要性，让大学生在实践中亲身体验和实际操作，在提高实践能力和综合素质的同时，通过实践来检验课堂教育和大学生学习的成效。

2. 坚持以人为本的原则

以人为本是大学生社会实践组织和开展的重要原则之一。社会实践要以大学生为主体，充分尊重大学生的兴趣和需求，关注大学生的成长和发展。在实践活动的设计和组织过程中，要充分考虑大学生的实际情况和特点，为大学生提供多样化的实践项目和选择空间。要注重发挥大学生的主观能动性和创造性，鼓励大学生积极参与实践活动，在实践中发挥自己的优势和特长。

3. 坚持因地制宜、因校制宜的原则

不同地区、不同高校的实际情况和资源优势各不相同，因此在开展社会实践时，要充分考虑当地的社会经济发展状况和高校的办学特色，结合实际情况制定实践方案。如一些经济发达地区的高校可以充分利用当地的企业资源和科技优势，开展企业合作实践项目，培养大学生的创新能力和实践能力；一些偏远地区的高校可以结合当地的社会需求和文化特色，开展文化教育、医疗卫生等方面的实践活动，为当地的社会发展多做贡献。

4. 坚持安全第一的原则

安全第一是大学生社会实践组织和开展的重要前提。社会实践往往涉及参与者的人身安全和财产安全，因此，在开展实践过程中，要始终把安全工作放在首位。高校、相关部门和参与师生要加强对社会实践安全问题的重视程度，制定完善的安全制度和应急预案，对大学生进行系统的安全教育培训，提高大学生的安全意识和自我保

护能力。同时，要加强与实践单位的沟通和协调，确保实践活动的顺利进行。如在开展户外实践活动时，要提前查询天气、路况等方面的信息，做好准备工作，配备必要的安全设备和防护用品，确保参与者的人身安全。

5. 坚持长期、持续发展的原则

大学生社会实践是一项长期而系统的工程，需要长期坚持和持续发展。社会实践的效果不是一蹴而就的，需要不断地积累和总结经验。高校和相关部门要建立健全大学生社会实践活动的长效机制，加强对社会实践的组织和管理，不断完善实践活动的内容和形式，提高实践质量和效果。加强与社会各界的合作与交流，拓展实践资源和渠道，才能为大学生社会实践活动的持续发展提供有力支持。

躬行蕴道1-1

大学生社会实践的基本内容和类型

大学生社会实践的基本内容有很多，一般来说主要包括服务社会、社会调查、志愿服务、科技创新、勤工助学、创业实践、国际交流、实习实践等。

大学生社会实践的类型多种多样，可根据实践内容、实践目的、实践领域、实践形式等划分。根据实践领域，大学生社会实践可以划分为文化和旅游类、医疗卫生类、治安维稳类、农业农村类、科技制造类等；根据实践形式，大学生社会实践可以划分为教学实践类、服务实践类、创新实践类、调查实践类、公益实践类等。

二、社会实践对大学生的作用和意义

社会实践对大学生有着重要的作用和积极意义，具体如下。

（一）提升专业技能与知识应用能力

在高校课堂的学习中，大学生掌握了大量的专业知识。然而，理论知识往往是抽象的，缺乏与实际工作场景的紧密联系。社会实践为大学生提供了一个将理论知识应用于实际生产生活的重要平台。如酒店管理专业的大学生通过参与酒店前台岗位的实践项目，能够更加深入地体会礼宾礼仪、沟通技巧等在实际工作中的重要性，并学会有效解决在宾客服务中遇到的问题。这种实践经验使得他们对专业知识有了更直观、更深刻的认识，不再局限于书本上的文字。

社会实践还能让大学生接触到行业内最新的技术和发展动态。在实践过程中，大学生有机会与行业专家和资深从业者交流，了解行业的前沿信息和发展趋势，这有助于大学生及时调整自己的学习方向，有针对性地补充和更新自己的知识体系，为未来的职业发展打下坚实的基础。

（二）增强社会责任感与公民意识

大学生作为社会的未来建设者和接班人，需要具备强烈的社会责任感和公民意识。社会实践为大学生提供了了解社会、关注社会问题的机会。如参与社区服务的大学生，能够深切感受到社区居民的生活需求和不便之处，从而激发大学生改善社区环境、帮助老弱群体的强烈愿望。

在社会实践过程中，大学生还能够了解到社会的多样性和复杂性，学会尊重不同的观点和文化，这有助于培养大学生的包容精神，使大学生能够更好地融入社会，成为具有社会责任感和公民意识的合格公民。

（三）培养人际交往与团队协作能力

在社会实践中，大学生需要与不同背景的人进行交流和合作，这包括与实践单位的同事、上级领导以及服务对象等进行有效的沟通和协作。通过与他人的互动，大学生能够学会倾听他人的意见和建议，表达自己的观点和想法，提高自己的人际交往能力。

团队协作能力是社会实践中不可或缺的一部分。许多社会实践项目需要大学生组成团队共同完成，这就要求大学生学会分工合作、相互支持，共同为实现团队目标而努力。在团队协作过程中，大学生能够发现自己的优势和不足，学会发挥自己的特长，同时也能够从团队成员身上学到不同的技能和经验，提高自己的综合素质。

（四）促进自我认知与职业规划

社会实践为大学生提供了一个了解自己、认识自己的机会。在实践过程中，大学生会面临各种各样的挑战和困难，需要不断地调整自己的心态和行为方式来应对。通过这些经历，大学生能够更加清楚地了解自己的兴趣爱好、优势劣势以及职业倾向。

社会实践让大学生提前体验职场生活，了解不同职业的工作内容和要求，这有助于大学生在校期间有针对性地进行职业规划，明确自己的职业目标，并为实现这些目标而努力学习，积累经验。如通过参与企业实习，大学生可以了解企业的招聘标准和职业发展路径，从而有目的地提升自己的专业技能和综合素质，为未来的就业做好充分准备。

（五）丰富人生阅历与培养坚韧精神

社会实践是大学生走出校园、接触社会的重要途径。通过参与各种社会实践活动，大学生能够体验和感受不同的生活方式和文化氛围，丰富自己的人生阅历。这些经历将成为大学生成长成才过程中最宝贵的财富，使大学生在面对未来的生活和工作时更加从容和自信。

在社会实践中，大学生难免会遇到各种挫折和困难。如在进行市场调研时可能会遇到拒绝和不配合的情况，在参与文创项目开发时可能会遇到技术难题，以及时间紧

迫等问题。然而,这些挫折和困难可以有效锻炼大学生的意志品质,培养大学生的坚韧精神和解决问题的能力,使大学生在面对未来的挑战时能够保持乐观积极的心态,勇敢地迎接并努力克服困难,最终战胜它们。

三、大学生劳动教育与社会实践的关系

在当今社会,教育的内涵不断丰富和拓展,大学生的全面发展成为高等教育的重要目标。劳动教育和社会实践作为大学生教育体系中的两个重要组成部分,二者相互促进、相辅相成,对于培养德智体美劳全面发展的社会主义建设者和接班人具有深远意义。

(一)劳动教育是社会实践的基础

劳动教育是培养大学生劳动观念、劳动技能和劳动习惯的重要途径。通过劳动教育,大学生能够树立正确的劳动价值观,认识到劳动的重要性和意义,从而激发大学生参与社会实践的积极性和主动性。

1. 劳动教育培养了大学生的基本劳动技能

在日常生活和学习中,大学生参与各种劳动实践,如校园卫生清扫、手工制作、农业生产劳动等,这些活动不仅锻炼了大学生的动手能力,还能促使大学生掌握一些实用的劳动技能。如在农业生产劳动中,大学生可以学习农作物栽种、施肥、浇水等方面的知识和技能,了解农业生产的全过程。这些基本的劳动技能为大学生参与更广泛的社会实践活动奠定了基础。当大学生参与农村调研、农业科技推广等社会实践项目时,就能够更加得心应手地开展工作。

2. 劳动教育培养了大学生的责任感和团队合作精神

在劳动过程中,大学生需要承担一定的任务和责任,如按时完成劳动任务、保证劳动质量等。通过持续履行责任,大学生逐渐养成了责任感。许多劳动项目需要团队协作才能完成,如校园环境整治、社区志愿服务等,在团队劳动中,大学生学会了与他人沟通、协作,明白了团队合作的重要性。责任感和团队合作精神在社会实践中至关重要。在社会实践中,大学生往往需要与不同的人群合作,共同完成调研、公益活动等任务。具备责任感和团队合作精神的大学生能够更好地与团队成员配合,高效地完成社会实践任务。

(二)社会实践是劳动教育的延伸和拓展

社会实践为大学生提供了更广阔的劳动平台,是劳动教育在社会领域的延伸和拓展。社会实践让大学生将自己的价值观及在校园内学到的劳动技能应用到实际生活中,进一步深化对劳动的认识和理解。

1. 社会实践丰富了劳动教育的内容和形式

在社会实践中,大学生可以参与到各种不同类型的劳动中,如企业实习、社区服

务、社会调研等。这些劳动形式与校园内的劳动教育有所不同,更加贴近社会实际和生产生活需求。如在景区实习实践中,大学生可以参与到票务、管理、营销等各个环节的工作中,了解景区的运作模式和经营流程,通过不同类型的劳动方式,体验劳动价值。这种多样化的劳动实践能够让大学生更加全面地认识劳动,拓宽大学生的劳动视野,丰富劳动教育的内涵。

2. 社会实践能够让大学生在真实的社会环境中锻炼和提升劳动能力

与校园内相对稳定和单纯的环境相比,社会环境更加复杂多变。在社会实践中,大学生需要面对各种挑战和困难,如人际关系的处理、工作压力的应对等。通过克服这些困难,大学生的劳动能力能够得到进一步的锻炼和提升。如在参与社区服务活动时,大学生可能会遇到居民不理解、不配合等情况,这就需要大学生运用沟通技巧,发挥解决问题的能力,积极协调各方关系,顺利完成服务任务。这种在社会实践中积累的经验和能力,将使大学生在未来的工作和生活中更加游刃有余。

(三)劳动教育与社会实践相互促进,共同推动大学生全面发展

劳动教育和社会实践的有机结合,对于促进大学生的全面发展具有不可替代的作用。

1. 劳动教育和社会实践能够培养大学生的综合素质

从个人成长的角度来看,劳动教育和社会实践能够培养大学生的综合素质。通过劳动教育,大学生不仅能够掌握劳动技能,还培养了良好的品德和行为习惯。社会实践则让大学生的这些素质得到检验和提升,增强了大学生的社会责任感和使命感。如在开展与环保相关的社会实践中,大学生通过劳动教育培养的环保意识和劳动技能,能够更加积极地参与到环保宣传、垃圾分类等工作中,为保护环境贡献自己的力量。在与社会各界人士的交流和合作中,大学生的沟通能力、组织能力等也得到了锻炼和提高。

2. 劳动教育和社会实践培养的大学生能够更好地适应社会需求

从社会发展的角度来看,劳动教育和社会实践培养的大学生能够更好地适应社会需求,为社会的发展作出积极贡献。随着社会的不断进步和发展,对人才的要求越来越高。具备劳动精神和实践能力的大学生能够更快地适应工作岗位,在各自的领域中发挥出自己的优势和潜力。大学生不仅能够为社会创造物质财富,还能够弘扬劳动精神,带动更多的人积极参与到劳动中来,推动社会的进步和发展。

简答题

1. 请简述大学生劳动教育的主要内容。
2. 大学生劳动教育与社会实践的关系是什么?

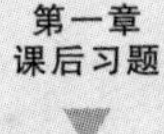

第二章
大学生文化和旅游社会实践概述

学习目标

1. 理解文化、旅游的定义及内涵，掌握文化旅游的种类、特点，了解文化旅游的资源形态。

2. 了解文化和旅游融合的趋势，弄清文旅融合“为什么融、如何融、融什么”等关键问题。

3. 掌握大学生文化和旅游社会实践的含义、特点、作用、类型和实践渠道，学会如何获取实践选题。

能力目标

能够准确把握文化和旅游之间的关系，具备组织开展文化和旅游社会实践的思维能力和一定的文化融合能力。

素养目标

1. 增强文化自信和对文旅专业的认可。

2. 树立文旅融合意识，具备站在文旅融合的角度来看待文旅产业发展的视野。

案例阅读2-1

2018年，广西桂林市灵渠成功入选第五批世界灌溉工程遗产名录。灵渠被称为“世界古代水利建筑明珠”，于公元前214年修成通航，是世界上非常古老的运河之一。它连通珠江流域的漓江与长江流域的湘江，是较为少见的跨流域水利工程。历史上，灵渠不仅有水运功能，还兼有灌溉效益。宋代已有文献记载，灵渠干渠上以有坝或者无坝引水、提水等多种形式，灌溉两岸的农田。至今，灵渠的灌溉功能依然在发挥作用，灌溉面积约6万亩(1亩≈666.67平方米)。灵渠是集文化和旅游于一体的旅游资源，2024年国庆节，“歌从灵渠来”大型音乐晚会在灵渠景区上演，为来自全国各地的游客和本地观众带来了一场视听盛宴。活动将秀美的自然风光、深厚的文化底蕴与爱国情怀完美融合，赢得了观众的一致好评。

在当今社会经济发展中，文化发挥的作用越来越重要，作为一种“无形资源”，文化不仅为人类带来物质财富，也对人类精神财富的积累和传承起着重要作用。旅游作为一种休闲方式，已越来越受到人们的青睐，特别是对当代大学生来说，旅游“打卡”已成为他们热衷的休闲娱乐活动。

随着国民经济的发展和人民生活水平的提高，人们对精神消费的需求也不断攀升。文化和旅游相融合，将文化融入旅游目的地、旅游资源和旅游景区中，使得旅游目的地更加“内秀”、旅游业发展“内在”竞争力更强，从而达到“1＋1＞2”的效果。“诗与远方”的完美融合是当今文化和旅游业蓬勃发展的新趋势。作为当代大学生，唯有熟悉和掌握当下文化和旅游的内涵、形态和发展趋势，才能更好地开展文化和旅游社会实践。

第一节 文化和旅游

纵观中华文明五千多年的历史，中国有着辉煌的历史文化和丰富的文化遗产。文化兴则国家兴，文化强则民族强。民族复兴离不开强大的物质基础，也离不开强大的精神力量，文化兴盛是国家强盛的支撑。因此，传承和弘扬中华文化、提升人文素养是广大青年义不容辞的责任。

一、文化的内涵

文化的概念广泛而复杂。广义上说，人类社会在历史发展过程中，创造的物质和精神财富都可以称为文化。

在我国，“文”最早出现在甲骨文中，其本义为纹理，释义是“身有花纹、袒胸而立之人”。按照《说文解字》的提法：文，错画也。与甲骨文中的意思相近，可以指代为各色交错的纹理。随着历史的演变，“文”的意义也越来越丰富，用于指代文德教化、文物典籍等。“化”意为教化。按照《说文解字》的提法：匕，变也，从倒人。可以理解为改易、变化、生成等意思。

文化的概念宽泛。查阅各类文献和书籍，不难发现，不同的学科、不同的理论体系对于文化的定义都不一样，要精确地定义它的内涵不是一件容易的事。有文献提到，英国有一位人类学家叫爱德华·伯内特·泰勒，他首先提出了文化的概念。他将文化定义为文明，认为文化是复合的整体，包括知识、习俗、信仰等内容，是一个社会人的一切能力和习惯。

20世纪80年代以来，我国的“文化热”热度不减。据不完全统计，我国有200多种有关文化的定义。众说纷纭的文化定义，各有侧重，各有千秋。较为官方的提法就是《现代汉语词典》中文化的定义：文化是人类在社会历史发展过程中所创造的物质财富

和精神财富的总和。

文化是一种多维度、多层次现象，它的属性与特征重合性很高，因此，可以从物质文化、精神文化、行为文化等方面来理解文化的内涵。物质文化，涉及人们的生产、生活中产生的物质产品，如建筑、服饰、交通工具等；精神文化，涉及人们的信仰、思想、价值观等，如教育、文学、思想理论、艺术、道德风尚等；行为文化，涉及人们的行为习惯和生活方式，如风俗、节日庆典等。从文化的属性来看，它具有多样性、传承性、教育性等特征。不同地区、不同民族都有独特的文化，文化通过教育、传统、习俗等方式代代相传。文化的融合性很强，它能够吸收各种新的元素后形成新的文化。无论文化的概念如何，所有关于文化的定义大都突出了文化是人们生活的重要组成部分，无论对个人还是社会都有重要意义。正确认识文化的属性和特征，有利于更好地尊重、认识不同文化，更好地开展文化和旅游社会实践。

二、旅游与旅游资源

（一）旅游

关于旅游的概念，至今尚未有公认的、权威的定义，更没有统一、完善的表述。在国际和国内、不同时代背景、不同学者之间都有不同理解。国内学术界还曾就“旅游到底是经济活动还是文化活动”进行过热烈的讨论。大致的观点，归纳起来，主要分为以下两类：一类认为，旅游作为文化事业，其经济性强，同时作为经济事业，其文化性也同样很强。另一类认为，旅游发展必然会经历“经济—文化产业”到“文化—经济产业”两个阶段。从上述观点中不难看出，虽然两种类型的侧重点不一样，但学者们普遍认为文化性是旅游的一个重要属性。

对“旅游”一词的理解，也可以分解开来解释。总的来说，“旅”包含外出游览、旅行，是人们从一个目的地到另一个目的地的游览过程。“游”包含观光、游览、娱乐等，是为了达到游玩目的所开展的特定行动。在国外，有学者把为了达到休闲、娱乐目的所进行的活动统称为旅游。在我国，关于旅游的定义，至今没有公认的和比较权威的定义。不同的学者对其的理解和看法不一，但基本上都有共通之处。例如，有学者认为，旅游是人们为寻求精神上的愉悦，开展具有休闲和消遣属性的短暂旅程，涵盖游览过程中所有内容的总和。

随着社会经济的飞速发展，旅游业从小到大、由弱渐强，日益成为新兴的战略性支柱产业和具有显著时代特征的民生产业、幸福产业。旅游的意义深刻而广泛，既可以从社会、政治、经济等方面去概括和总结，又可以从个人发展与体验等方面去研究和分析。作为文化和旅游相关专业的大学生，只有深入理解旅游本质和意义，才能在开展社会实践中，从更加专业的角度去看待文旅行业中的现象和问题，拿出科学、合理的对策和解决方案，不断推动文旅行业的发展。

（二）旅游资源

关于旅游资源，国外学者将其概括为“旅游地吸引旅游者的所有因素的总和”，简称为旅游吸引物。随着研究不断深入，西方关于旅游资源的概念演变逐渐丰富。在我国，随着旅游业的不断发展，学者从20世纪80年代开始重视对旅游资源概念的探讨，但至今尚未形成一个统一、广为大家认可的概念。概括来说，有以下几种定义和表述：一些学者认为，旅游资源是可以被旅游业开发利用且能产生经济、社会、环境效益的各种因素的总和。另外一些学者认为，旅游资源主要是指具体的事物，比如自然景观和历史文化遗产、人工创造的旅游景观资源等。还有的学者将其概括起来表述，旅游资源是指能够吸引旅游者，同时为旅游业带来各类效益的自然、人文景观、设施和服务的总和。

综上所述，尽管不同的学者对“旅游资源”这一概念的理解各有不同，但都指出旅游资源对于旅游者来说具有开发性和吸引性等属性。本书采用的是由国家旅游局（现变更为文化和旅游部）等相关部门制定的《旅游资源分类、调查与评价》(GB/T 18972—2017)标准中关于旅游资源的定义：自然界和人类社会凡能对旅游者产生吸引力，可以为旅游业开发利用，并可产生经济效益、社会效益和环境效益的各种事物和现象。

三、文化和旅游的关系

从文化和旅游的关系上看，旅游活动与文化关系密切。文化和旅游的关系是相互促进、相互影响的，它们为人们提供了丰富的精神享受和物质利益，共同构成了人类社会丰富多彩的生活体验。文化和旅游需要在发展中寻求彼此的平衡，以保护文化资源和环境的可持续性。对于大学生来说，只有真正弄清了文化和旅游之间的关系，才能更好地明白文旅融合的可行性和必要性，才能在开展文化和旅游社会实践中明确方向、确定主题、提升实践成效。

（一）文化是旅游的灵魂

1. 文化是旅游资源的核心内容

旅游不仅仅是去某个地方看风景，更重要的是体验和了解当地的文化。文化资源内涵丰富、形式多样，只要开发利用得当，很多文化资源都能变成吸引力极强的旅游产品。当然，这对游客和旅游工作者提出了较高的文化素养要求。旅游从业者要善于开发、利用文化资源，而游客要善于发现、欣赏并深切感悟其中的文化内涵。唯有如此，文化和旅游的效果才能达到最佳。

2. 文化是旅游业高质量发展的内在源泉

一个地区的独特文化可以增加该地的旅游吸引力，使游客旅游体验更加丰富和有趣。文化活动和节庆可以成为旅游的亮点，吸引更多的游客。如云南傣族泼水节、广西“壮族三月三”传统节日等已经成为彰显城市个性与魅力的盛大节日。文化提升旅

游体验，让旅游既具烟火气，又有文化味，文化已成为旅游业蓬勃发展的内生动力。

（二）旅游是挖掘文化内涵的载体

旅游是文化有效传播的途径。旅游产品缺乏文化内涵，就如同缺少了灵魂和载体，容易出现文化品位不高的情况，这样的旅游产品其吸引力就会不足。通过旅游，大学生可以亲身体验不同的文化，这种直接的体验比单纯通过书本学习更加生动且深刻。旅游使文化教化功能与娱乐功能得以实现，是挖掘、优化、丰富、保护文化的有效途径。

1. 旅游业的发展助力文化挖掘

随着旅游业的快速发展、文化和旅游融合的不断深入，近年来文化内涵成为旅游从业者竞相追逐、竞相挖掘的对象。从早期兴起的大理、香格里拉、凤凰古城等旅游目的地，到近年来崭露头角的热门打卡地，如贵州千户苗寨、肇兴古镇、《黑神话：悟空》山西取景地等，这些地区的旅游业快速发展起来，都是从挖掘其特殊文化内涵入手，从而赢得广大游客的认同和青睐。可见，旅游业快速发展，已经成为助力挖掘文化内涵的助推器。

2. 旅游业的发展丰富文化内涵

旅游业是极具创造性的产业，旅游从业人员从文化入手，通过提升文化品位、丰富文化内涵和底蕴等方式，实现旅游业的快速发展。我国许多城市，正是由于对文化的挖掘和利用较好，近年来不断“出圈”和“走红”。例如，敦煌是丝绸之路上的一颗明珠，是自汉唐以来政府经营西域地区的基地，同时也是连接中原与西域的交通要道。敦煌在发展旅游的同时，进一步加强了对敦煌文化的保护研究和利用。腾讯和敦煌研究院共同打造了“寻境敦煌——数字敦煌沉浸展”，进入展厅后只要戴上VR眼镜，1400多年前的各类壁画就会迎面而来，还可以飞越云端，奏响“天乐”，身临其境参与壁画故事情节，沉浸式感受敦煌文化的魅力。

3. 旅游业的发展助推文化保护

旅游资源开发的过程，其实也是对文化开展保护和抢救的过程。旅游业的发展，为文化遗产的保护提供资金支持，同时也提高了人们对文化遗产重要性的认识。为了更好地开发和保护重要的、特殊的地域文化，各地管理部门和旅游景区各景点都会对特殊的旅游资源进行修葺、保护。如西藏的布达拉宫、青海的塔尔寺等文化遗产，均因旅游开发而得到了更好的保护。此外，旅游还可以带动当地文化产业的发展，如手工艺品、特色美食等。值得注意的是，各地管理部门和相关机构在规划旅游发展时，都要充分考虑文化保护和可持续发展的问题，制定相应政策和措施，以确保文化和旅游和谐发展。

（三）加强文化旅游资源的保护、挖掘和利用

1. 保护文化资源，就是保护旅游资源

在旅游资源开发和利用过程中，既要合理利用文化资源，又要兼顾文化资源的保

护，不能只为追求眼前利益而破坏难以恢复的文化资源。这条底线和红线必须坚守，文化资源得以更好保护，其实也是旅游资源得以更好发挥作用的前提。只有这样，旅游产业才能实现可持续发展。

2. 挖掘文化资源，就是挖掘旅游资源

从我国一些景区的成功案例中可以看出，越是具有唯一性的文化资源，越容易赢得市场和游客的青睐，它本身自带的吸引力和“流量密码”是不容忽视的。因此，文化旅游资源开发，首先需要进行深入、系统的调研，深挖其文化内涵，同时要做好特殊文化资源的遴选、保护工作，以便更好地形成旅游资源的独特魅力和特色优势。从某种意义上看，文化资源的挖掘，也是旅游资源的挖掘，只有两者兼而有之，产生的经济效益和社会效益才会最大化。

3. 抓住文化市场，就是开发旅游市场

旅游开发者应把握好文化和旅游融合发展的新趋势，善于研究旅游市场规律和特点，准确把握游客对旅游景点的预期值与旅游景点实际情况，找准休闲娱乐与文化需求的融合之处。从当下一些成功的文旅案例中不难发现，但凡文化和旅游“牵手”成功的，文化的市场价值、消费作用发挥得更加明显，经济效益也更为突出。同样，但凡旅游紧紧抓住了文化内涵和特质，旅游的内涵也将更加丰富、更有魅力、更有品位。

第二节 文化旅游

文化旅游，是旅游的一种方式、一种类型、一种形态。不同的地域、不同的习俗、不同的文化，使得文化旅游呈现出不同的样式。丰富多彩的社会文化、民族文化、民俗文化、艺术文化的出现，不仅丰富了文化旅游资源的种类，还催生了多种多样的文化旅游体验方式。

一、文化旅游的概念

文化旅游是近年来关注度较高的一个概念，它的出现可以说与游客需求的变化有着密不可分的关系。最早出现此类提法的是20世纪70年代。罗伯特·麦金托什、夏希肯特·格波特提出过“文化旅游”的概念。他们认为文化旅游涉及旅游各方面，人们通过文化旅游了解不同地域人们的生活和思想。这一概念的提出，得到了当时许多学者的认同。世界旅游组织将文化旅游定义为：文化旅游包含了旅游的各个方面，是人们为了体验了解彼此的文化而发生的旅游。

在我国，虽然众多学者对文化旅游进行了深入探究和广泛探讨，但未能对文化旅游的概念形成统一的定论。认真梳理后不难看出，对文化旅游概念的界定可以概括为以下几种主要观点。有学者认为，文化旅游对游客来说是一种旅游的方法，但对经营

者来说则是产品设计的思路。另有学者认为,文化旅游是一种产品,是给消费者提供学习、研究考察、游览为目的的旅游产品。[①]还有学者认为,文化旅游是“活动”,是通过这类特定的行为方式,达到增加知识、陶冶情操的目的。甚至还有学者提出了文化旅游属于集政治、经济、教育、科技等于一体的大旅游专项活动。

随着旅游实践的不断发展,文化旅游概念的内涵也越来越丰富。本书认为,文化旅游是游客通过旅游来达到感知、了解各地区、民族不同文化的行为,通过对特定文化群体、区域文化内涵的了解和体验,从而达到提高文化素养、陶冶情操等目的。

二、文化旅游的种类

文化旅游的种类繁多,不同的专家学者有不同的理解。一些常见的文化旅游种类有民俗旅游、研学旅游、红色旅游、体育旅游、艺术旅游、生态旅游等。

(一)民俗旅游

民俗旅游是一种文化旅游形式,也是非常受现代人欢迎的旅游形式之一。它具有参与性、差异性、娱乐性等特点,涉及体验和了解不同民族的风俗习惯和传统文化、节庆活动等多个方面。通过体验不同地区、不同民族的生活方式与传统习惯,让游客感受不同的文化情调,促进当地文化的保护和传承。如瑶族的盘王节、傣族的泼水节、毛南族的分龙节,以及潍坊的风筝节、岳阳的国际龙舟节等,属于内涵丰富、层次较高的民族文化节专项旅游。这些民族节日活动的形式与现代快节奏的城市生活有很多的差异性,传统烙印很深,旅游的同时也带动了文化的保护和传承。此外,我国有许多著名的民俗旅游目的地:将少数民族文化与古建筑相融合的人造景观深圳锦绣中华民俗村,就是民俗旅游的胜地;因巴渝传统建筑和民俗风貌特色而成为“网红打卡地”的重庆洪崖洞,是体验重庆饮食民俗文化、市井民俗文化的好去处。随着文旅融合的不断深入,民俗旅游和非物质文化遗产结合得更加紧密,为游客提供了更为丰富的文化体验。

(二)研学旅游

研学旅游是一种结合教育与旅游的新兴旅游业态。它以中小学生为主体,以集体旅行和食宿的形式,开展研究性学习、旅行体验相融合的课外教育活动。研学旅游具有实践性、教育性等特点,不仅能够让学生在实践和学习中成长,还能将课程学习与实践体验深度融合,是开展实践育人的有效途径。研学旅游的目的地极为丰富,涵盖历史文化遗址、自然景观及红色教育基地等多个领域,涉及博物馆、历史古迹、革命历史遗址、国家公园、自然保护区、科技馆、研究所等。通过开展研学旅游,学生能够有效地将知识学习与实践体验相结合,从而获得更加丰富的成果。通过参与研学旅游,学生可以在真实的社会和自然环境中学习、锻炼和成长,这对于他们的全面发展具有重要意义。

---

① 蒙古军,崔凤军.北京市文化旅游开发研究[J].北京联合大学学报,2001(1):139-143.

Note

（三）红色旅游

红色旅游主要是以中国共产党领导人民在革命和战争时期建树丰功伟绩所形成的纪念地、标志物为载体，以其所承载的革命历史、革命事迹和革命精神为内涵，组织接待游客开展缅怀学习、参观游览的主题性旅游活动。红色旅游并非简单地将红色文化与旅游进行叠加，而是根植于红色文化，整合多元产业资源，对文旅产业价值进行重估和开掘深挖。红色旅游创新性地将老区传统与现代相结合，在将红色资源优势转化为经济动力的同时，完善地区基础设施建设，持续助力红色文化传播和旅游产业的综合发展。开展红色旅游，可以实现传播红色文化、传承红色基因、促进地方经济社会发展和弘扬爱国主义精神等多重目标。

（四）体育旅游

体育旅游是一种结合体育活动与旅游体验的新兴旅游形式，不仅满足人们对健康生活方式的追求，还为人们提供了丰富的旅游体验。随着全民健身热潮的兴起，健康中国成为国家战略，体育旅游供需也在不断增长，涵盖了骑行、登山、徒步、露营、桨板、漂流、龙舟竞渡、舞狮表演、无人机飞行、滑翔伞体验、载人飞艇游览等多样化户外体育、民族传统体育、低空运动项目。体育旅游涵盖户外体验线路、水上乐园、体育旅游综合体、民族传统节事等类型。随着人们对健康生活方式的重视，“体育＋旅游”“体育＋文化”进一步融合升级，作为一种新兴的旅游方式，体育旅游逐渐成为拉动消费的重要引擎，呈现出广阔的发展前景。

（五）艺术旅游

艺术旅游是一种将旅游体验与艺术欣赏相结合的活动，涵盖音乐、绘画、雕塑、工艺、戏剧等多个艺术领域。艺术旅游不仅能够让人们在旅行中领略艺术的魅力，深切感受艺术品的感染力，还可以陶冶情操，让人们获得更高层次的精神享受。如上海泖田艺术节、桂林艺术节、海口城市艺术周等艺术旅游系列活动，能够让游客体验不同于风景游览的艺术文化，满足人们的精神文化需求。艺术旅游还有一个重要的领域，就是旅游演艺，它是文旅融合的重要抓手，结合了艺术性和商品性，为游客提供丰富的文化体验。中国的旅游演艺经历了城市剧场的驻场表演、主题公园演出、山水实景演出等阶段，如桂林阳朔的《印象·刘三姐》《桂林千古情》等实景演出，沉浸式的体验吸引了众多游客慕名前来。

（六）生态旅游

生态旅游是一种全新的旅游体验和旅游活动，其注重保护自然环境和维护地方居民生活环境。生态旅游倡导保护生态环境，注重可持续发展，实现人与自然和谐共生，尤其将环保教育与生态环境的保护、促进地方经济社会发展有机融合，提高当地人民的生活质量，促进地方经济社会发展。生态旅游形式多样，如游览观赏、垂钓采摘等都

属于此种类型，包含回归大自然、促进自然生态系统的良性互动等方面的内容。我国拥有丰富的生态旅游资源，如西藏巴松湖国家森林公园、四川九寨沟景区等。近年来，国家明确了要加快发展方式绿色转型，提升生态文明建设的主导地位，以此更好地实现生态优先、绿色发展。作为一种可持续的旅游方式，生态旅游的发展前景更为广阔。

除了上述类型，还有商务旅游、探险旅游、寻根旅游、考古旅游、美食旅游等。

三、文化旅游的特点

文化旅游以文化资源和文化体验为核心。它的发展不仅充实了旅游产品的内涵，也为文化遗产的传承和保护提供了新的途径，有效促进了文化多样性的保护和不同文化之间的对话，其特点主要如下。

（一）创新性和科技性

文化旅游的制胜点在于创新，寻求特色和差异是其特点之一。当前，新质生产力和科学技术快速发展，为文化旅游带来了新的发展理念和广阔的发展空间。文化旅游不断创新发展，充分利用现代科技手段开阔游客的视野，发掘旅游策划创意灵感，保护和展示文化遗产。如在一个本不具特色和旅游资源的区域，利用VR、AR等技术手段进行旅游创意策划包装，为游客提供沉浸式体验，这种“旅游＋科技”的形式，容易推出成功的旅游产品，实现旅游资源“无中生有”。再如，武汉的长江“知音号”、珠海的长隆海洋王国等，以其高技术模拟情景，让游客有了身临其境的感觉，获得了市场的高度认可。

（二）体验性和教育性

文化旅游很大一部分内容，就是对当地文化、历史、艺术、风俗习惯的深入体验和了解。随着人们生活水平的不断提高，全新的体验经济时代已经到来。文化旅游的体验性是其显著的特征。它以文化作为旅游的吸睛点，让游客亲身参与和亲历其中，使他们通过旅游活动，开阔眼界、增长知识。如游客通过参观博物馆、历史遗迹，以及参加当地的各类文化活动等方式，开阔眼界和增长见识，实现体验性与教育性的完美结合。

（三）个性化和定制化

文化旅游的个性化和定制化体现了游客对于深度、独特和有意义旅行的需求，其核心目标是为游客提供更加丰富、深入和有意义的旅游体验，具体通过个性化服务、主题旅游、体验活动、文化解读、个性化纪念品等多元形式，根据游客需求定制不同的旅游产品，以满足不同游客的特定兴趣。如为艺术爱好者安排艺术工坊参观，为历史爱好者提供专业解说，让游客不仅观看而且还能亲身参与当地传统手工艺制作。这些个性化、定制化旅游产品，需要通过客户访谈、问卷调查等方式收集反馈信息，以便更好地优化和调整。

（四）可持续性和经济性

文化旅游要实现可持续性和经济性相统一，要求在旅游发展中平衡好文化保护、环境保护和社会福祉与经济利益之间的关系，确保旅游活动给当地社区和环境带来积极影响，实现长期和谐发展。一方面，可持续的文化旅游有助于社会环境的建设和文化遗产的保护与传承，通过保护和合理利用自然资源和文化遗产，促进生态环境的保护和社会文化的繁荣。另一方面，文化旅游有助于地方品牌形象的塑造，以独特的文化资源和体验，打造具有辨识度的旅游目的地吸引游客，带动地方文化的传播和产品的推广，从而提高当地居民收入水平，促进地方经济社会发展。

四、文化旅游资源

关于文化旅游资源的分类，目前并没有一个统一标准。文化旅游资源所包含的内容丰富，它们不仅能独立存在，也能相互促进，为游客提供独特的、多样化的体验。一般来说，文化旅游资源大致分为建筑文化旅游资源、文化与自然景观旅游资源、聚落文化旅游资源、民俗文化旅游资源和艺术文化旅游资源。

（一）建筑文化旅游资源

建筑文化旅游资源主要指的是我国的古建筑，它以其深厚的文化底蕴构成了我国文化旅游资源的基础。我国古建筑的类型非常之多，主要有宫殿、陵墓、园林、城墙、桥梁、堤坝、楼阁等，故宫、天坛、明十三陵、苏州拙政园等都是建筑文化旅游资源的代表。山西被誉为“古代建筑艺术宝库”，2024年8月，随着国产3A游戏《黑神话：悟空》在全球爆火，主要取景地山西受到全球玩家关注，山西古建筑的热度持续飙升，仅国庆假期，山西全省接待国内游客量较上年同期增长84.99%，游客旅游总花费较上年同期增长101.85%。

（二）文化与自然景观旅游资源

文化与自然景观的结合，为旅游提供了丰富的体验和深厚的文化内涵。国家公园、自然保护区、世界遗产地等往往融合了自然风景和人类文明。比如黄河流域拥有丰富的文化与自然景观资源：沙漠草原景观资源，如腾格里沙漠、鄂尔多斯草原等；生物景观资源，如宁夏贺兰山脉、甘肃积石山地区、山西吕梁山等。而长江流域的江河峡谷、湖泊岛屿、温泉飞瀑等景观在干支流中比比皆是，金沙江虎跳峡、长江三峡、鄱阳湖、洞庭湖、太湖、杭州西湖，以及风景名胜黄山、庐山、九寨沟、张家界等都是全国著名的游览胜地。

案例阅读2-2

2024年，广西桂林喀斯特成功入选第二批100个世界地质遗产地名录，其非凡价值和独特魅力得以彰显。桂林喀斯特是大自然赋予的宝贵财富，以

秀美漓江及其支流周边的塔状及锥状岩溶地貌为主,此外还发育有许多洞穴。洞穴中的景观丰富多彩,有奇特的石花、石瀑布、石幔等。被誉为“国宾洞”的桂林芦笛岩,它的美丽和神奇令人叹为观止,吸引了国家元首、政府首脑及各界政要前来参观。桂林山水是融文化和自然景观为一体的旅游资源,大学生群体在欣赏美丽风景、深入其中开展文化和旅游社会实践的同时,要坚持文明出行,注重对资源的保护与合理利用,唯有如此,桂林山水这颗璀璨的明珠方能长久闪耀迷人光彩。

（三）聚落文化旅游资源

聚落文化旅游资源是历史、文化、艺术的综合体,能够反映一个地区的生活习俗、文化传统,以及艺术和审美观念,能够让游客体验物质文明和精神文明融合下的区域风采。从城市来看,古都名城、红色文化名城、具有历史纪念意义和特色风貌的名城,如北京、西安、延安、南昌、平遥等,都是重要的聚落文化旅游资源。从乡村来看,我国的古村落呈现形式就是民间传统文化的集中展现,是重要的聚落文化旅游资源,如安徽的皖南古村落、桂黔滇地区的少数民族村寨等都属于此类型。

（四）民俗文化旅游资源

民俗文化具有地域性、社会性、丰富性、传承性、稳定性等特征,涉及节庆、饮食、社会、风俗、民间艺术、民族手工艺品等多个方面,涵盖了一个地区或民族长久的历史文化沉淀,反映了一个地区或民族的生活方式和文化特色。我国民族众多,民俗文化旅游资源丰富,主要分为观光型、参与型、娱乐型、商品型等,如白族的火把节、内蒙古的那达慕大会等都属于民俗文化旅游资源。

（五）艺术文化旅游资源

艺术文化旅游资源是指以艺术文化为核心吸引物的旅游资源,包括历史建筑、民族艺术、宗教等方面的内容。这些资源具有深厚的文化内涵和独特的艺术价值,能够为游客提供丰富的文化体验和审美享受。艺术文化旅游资源具有创意性、科技性、体验性、融合性等特点。艺术文化旅游资源的开发注重创新创意,注重科技应用,注重游客体验,注重文化遗产的保护和传承。如吉林金达莱民俗村的朝鲜族文化体验、陕西袁家村的关中民俗体验等,为游客提供了丰富的文化体验和旅游服务。

除了以上提到的几类,文化旅游资源还包括城市文化旅游资源、美食文化旅游资源、工业遗产旅游资源等。作为旅游业的重要组成部分,文化旅游资源对于推动地方经济发展、促进文化交流和提升旅游体验具有重要意义。

躬行蕴道 2-1

大学生在文化和旅游社会实践中如何保护文化遗产

首先,大学生社会实践团队可以通过参与文明旅游宣传实践活动,进入景区景点、社区、场馆等地,通过发放宣传单、宣讲、制作宣传海报等形式,普及文化遗产保护的重要性,倡导文明旅游行为,以此提高游客的文化遗产保护意识。

其次,大学生群体可以以“非遗传承与保护”为主题组建实践团队,亲身体验和学习非物质文化遗产,通过“非遗+文明旅游”的方式,讲好和传播文化资源保护故事,增强人们对文化旅游资源的认识和保护意识。

最后,大学生社会实践团队可以利用微博、抖音、B站、小红书、微信公众号等社交平台,分享文化遗产保护的实践经验,通过制作视频、撰写稿件等形式,传播文化遗产保护理念,吸引更多人关注和参与此项工作。

第三节 文旅融合

案例阅读 2-3

中华民族自古就把旅游和读书结合在一起,崇尚“读万卷书,行万里路”。近年来,“考古热”“博物馆热”“非遗热”“古籍热”蔚然成风,故宫、三星堆博物馆等在节假日常常出现“一票难求”的现象,国潮、国风成为年轻人的新时尚。文化遗产进一步“活起来”,成为假日旅游市场的一大亮点,“为了一座馆,奔赴一座城”的游客越来越多。珍宝荟萃的博物馆、承载文明的古迹遗址,都以独具特色的文化属性吸引了众多游客。国家文物局的数据显示,2024年,我国博物馆全年接待游客超14亿人次。“文博热”反映了游客对深入了解历史文化的需求,折射了人们学习中华优秀传统文化的渴望,彰显了推进文化和旅游深度融合发展的成效,也体现了文化“出彩”和旅游“出圈”的“双向奔赴”。

文化和旅游如同一对孪生姐妹,两者相辅相成、如影随形、密不可分。文化是旅游的灵魂,旅游是文化的重要载体。文化可以使旅游的品质得以提升,旅游则让文化的传播更加广泛,文化旅游融合被视作“诗与远方的携手”。了解并掌握文旅融合的意义、方式和趋势,对大学生深入开展文化和旅游社会实践活动具有重要意义,并能为他们提供坚实的理论参考。

一、文旅融合的重要意义

推动文化和旅游融合发展，是以习近平同志为核心的党中央作出的重要决策。党的十八大以来，习近平总书记关于文化和旅游工作的重要论述，为文旅高质量融合发展指明了方向。2018年，文化和旅游部正式组建，截至当年12月，31个省（自治区、直辖市）文化和旅游厅（委）也全部完成挂牌。这从机构和职能角度，为文旅融合发展提供了坚实的体制机制保障，开启了文旅融合的新篇章。以此为契机，文化和旅游部确立了新时期文化和旅游“宜融则融、能融尽融、以文促旅、以旅彰文”的工作思路，这也标志着我国文旅融合发展进入了一个新的发展阶段。

2021年，文化和旅游部印发了《“十四五”文化和旅游发展规划》，明确指出要“完善文化和旅游融合发展的体制机制，推动文化和旅游更广范围、更深层次、更高水平融合发展”。2022年，党的二十大报告指出，要“坚持以文塑旅、以旅彰文，推进文化和旅游深度融合发展”，为新时代文旅融合指明了方向。2024年，中国共产党第二十届中央委员会第三次全体会议通过《中共中央关于进一步全面深化改革、推进中国式现代化的决定》，该文件聚焦建设社会主义文化强国，对深化文化体制机制改革作出全面部署，为新时代新征程文化和旅游融合发展提供了根本遵循。

（一）推动文化和旅游融合发展有助于促进文旅产业高质量发展

一般来说，重要旅游资源主要包括两种类型：一是自然景观资源，如自然形成的优美风景及壮丽河山等；二是历史人文资源，如经上千年中华文明洗礼留下来的文化遗产遗迹、文化传统、民族风情等。在现实生活中，这两类资源往往交叉相融。其中，历史人文资源是旅游业提升发展的基础，没有人文特征的旅游是没有灵魂的。旅游要“讲特色、创精品”，其中重要的一点就是应注重对文化内涵、文化底蕴的挖掘和利用。

文化和旅游两者相辅相成、密不可分。文化是“诗”，旅游是“远方”。文化对旅游具有引领作用，能够为旅游业发展进行“诗意”的表达；旅游对文化具有承载作用，可将诸如文化遗产和文化创意等带到“远方”，为游客带来更加美好的呈现和沉浸式体验。从经济意义上来讲，文旅融合发展不仅能够提高文旅资源利用效率，增加产业附加值，还能提供多元旅游产品，优化旅游服务质量，从而更好地满足人民群众日益增长的精神文化需求。

（二）推动文旅融合发展有助于坚定文化自信、传承中华文化

旅游兼具文化属性，是中华优秀文化传承、传播和交流的重要依托和载体，具有覆盖面广、参与度高、体验感强等特点。加快文旅融合发展，一方面有利于推进文化精品的打造与文化业态的创新，另一方面也有利于促进文化产业的集聚和规模化发展。为有效推动中华优秀文化的传承，在文化保护利用和产品创新创造过程中，应该瞅准市场需要，融入旅游需求导向，适当灵活应用旅游发展的技能和手段，助推现代文化产业的发展。

中华民族历史悠久、人文荟萃，自古崇尚“读万卷书，行万里路”的豁达境界。旅游从本质来讲，是人们认识世界、体验旅途、感悟人生的一种精神文化活动。人们可以通过旅游获取知识、开阔视野、感悟文化、净化心灵。中国最古老的诗歌总集《诗经》中就有很多源自民间采风的内容，那时就已突出了“游”的主题，边游边抒发情感。例如：

> 泛彼柏舟，亦泛其流。耿耿不寐，如有隐忧。微我无酒，以敖以游。
>
> ——《国风·邶风·柏舟》
>
> 南有乔木，不可休息。汉有游女，不可求思。
>
> ——《国风·周南·汉广》

旅途中的所见所闻、所思所感，为文化创作提供了丰富的素材和无限的灵感，如唐代诗人杜甫的《登岳阳楼》，宋代词人辛弃疾的《菩萨蛮·书江西造口壁》等。同时，旅游也是不同国家、不同文明和文化交流互鉴的桥梁纽带，每位商旅人都是文化交流的使者，每次商贸往来活动都可带来文化的碰撞，促进文化的相通。如中国古代的丝绸之路，既是一条商旅之路，也是一条文化交往和文明互鉴之路。

（三）推动文化和旅游融合发展有助于满足人民对美好生活的需要

随着全国人民的生活达到小康水平，丰富健康的文化生活一跃成为衡量人们生活质量的重要标志。中国已经进入大众旅游时代，旅游是人们生活水平提高的一个重要指标，旅游业是提高人民生活水平的重要产业。推动文化和旅游深度融合发展，是提高人民群众幸福感和获得感的重要内容。从满足人民群众对美好生活和精神文化的需求来看，文化建设和文化事业的繁荣发展与旅游业发展的目标是一致的。

当下，人民群众对文化和旅游的需求，已经从“有没有、缺不缺”逐步跃升至“好不好、精不精”的发展新阶段。文化和旅游业从业者应立足文化和旅游发展的内在要求，不断顺应文旅融合发展的新趋势，全面推动文化和旅游相互支撑、优势互补、协同共进，不断培育新的文旅业态、拓展新的发展空间、创造新的发展优势，提升两者关联度、耦合度和融合度，努力实现文化创造活力持续迸发、旅游发展质量持续提升、精神文化需求得到极大满足、人民美好生活指数全面提升的目标。

通过以上阐述可以看出，文旅融合的终极目的就是谋求高质量发展，就是为了满足人民群众日益增长的精神文化需求。这也是当代大学生，特别是文化和旅游相关专业的大学生需要了解和掌握的文旅融合要义。

二、文旅融合的方式

新时代下，文化和旅游工作要坚持“宜融则融、能融尽融”的原则。要找准文化和旅游工作最大公约数，理念融合是基础，职能融合是关键，产业融合是目的，市场融合是重点，服务融合是抓手，交流融合是合力。这六个方面相互关联、相互呼应、相互促进。

（一）理念融合

文化和旅游的融合，绝不是简单的“拉郎配”，不是单纯地对文化资源进行旅游产业化开发，不是产业之间的消融解构和此消彼长，应树立以文促旅、以旅彰文、和合共生的理念，从思维上全面树立起融合发展的意识，发挥各自资源优势，有效推动文化和旅游全融合、深融合、真融合。

（二）职能融合

自上而下的文化和旅游部（厅、局）的组建，解决了文化和旅游两个行业主管部门多头管理、职责分散交叉，以及旅游文化资源在保护和利用方面难以统筹把握、难以协调管理等问题。当然，部门的合并组建只是理顺了管理机构的体制机制，今后还应强化统筹利用，充分整合资源、人才、资本、技术优势，深层次、宽领域、多维度地推动文化和旅游的可持续发展。

（三）产业融合

近年来，各地均在实施“文化＋”“旅游＋”战略上下功夫。“＋”所涵盖的内容很广泛，包括体育、生态、康养、农业、工业、非遗、演艺等多个方面，不断推动文化、旅游及相关产业的融合发展，培育更多新业态、新产品。如通过对文化旅游资源的挖掘整理和创新创意，推动更多文化资源转化为旅游产品，推出系列研学、地学、寻根、City Walk、文化遗产等文化旅游线路。此外，还可推动文化、旅游与声、光、电等现代技术融合发展，通过科技赋能，推进旅游演艺等业态提质升级，持续释放大众文化和旅游消费需求。

（四）市场融合

市场是文化和旅游融合发展的重要基础，要鼓励文化机构和旅游企业对接合作，形成统一有序、供给有效、富有活力的文旅消费大市场。一方面，文化资源应以更加开放的思维、更为创新的理念应用推动旅游消费；另一方面，旅游也要以更加包容的方式、更加精准的营销，为文化资源价值变现提供更便利的路径。要进一步优化营商环境，积极支持文旅产业和文旅事业发展，为文旅领域的民营企业甚至小微企业营造更加便利的政策环境。要强化市场监管，不断建立健全文化和旅游市场执法改革制度体系，及时关注、引导和扶持文旅融合新业态的发展。

（五）服务融合

协同推进公共文化服务和旅游公共服务的融合、市民服务和游客服务的融合，打造“主客共享、近悦远来”的文化和旅游新空间。一方面，要统筹公共服务设施建设管理，集中资金、财力，建设、改造一批文旅综合服务设施，提升文旅消费的通达性和便利度，让文化空间成为旅游消费新场景，旅游空间成为文化传播新舞台；另一方面，要统

筹公共服务资源配置，促进面向市民的公共文化服务和面向外地游客的公共旅游服务之间的融合，全力推动公共服务进旅游景区景点。

（六）交流融合

“唯以心相交，方成其久远”。文化和旅游的民生属性，决定了两者是推动文明交流互鉴的桥梁，是传播先进文化、增进人民友谊的纽带。要加强交流融合，进一步整合外交资源，借助国际传播渠道，同步推进文化传播和旅游推广，传播和展示中华优秀传统文化，讲好中国故事、传播好中国声音。推动更多优秀文化产品、优质旅游产品走向国际舞台，在交流互鉴、增进友谊中提高国家文化软实力和中华文化影响力。

三、文旅融合发展的实现路径

推动文旅融合发展就是要坚持以文塑旅、以旅彰文，不断丰富融合发展的内涵，拓展融合发展的路径。为推动文化和旅游在更广范围、更深层次、更高水平上实现融合发展，必须坚持以品质为引领，更加关注广大群众多元化、个性化、体验化的需求，以“精品内容＋精细服务”，打造一批具有辨识度的文旅融合产品。

（一）构建文旅融合新模式

当下，文化的价值与旅游的场域跨界组合后，形成了网红经济、夜间经济、创意经济、体验经济等辐射面广、自带流量、深受年轻人青睐的文旅新经济模式。这些新经济模式，容易打造“爆点”，形成“破圈效应”，有效吸引区域范围内的资本、知识、信息、技术和人才等要素集聚，是新时期推动文旅融合的有益探索。

1. 网红经济

网红经济是新媒体、新技术和社交平台完美结合的产物。网络红人借助社交平台，通过展示自身在时尚、美食、游戏竞技等领域的技能和个性进行引流，不断吸引观众打卡、粉丝追捧，并通过多种变现渠道将流量转化为收益。近年来，随着网红、网络大咖植入强 IP 事件，对文旅产品的内容及服务进行场景重构，带给人们新奇、刺激的体验，让传统旅游六要素“吃、住、行、游、购、娱”和新的旅游六要素“商、养、学、闲、情、奇”在时空变换和交互组合中得到全方位、立体化呈现。

2. 夜间经济

夜间经济是人间烟火气的再现，是稳就业的重要抓手。结合具有地域特色的历史文化，借助“夜间”这一特定时间和特定的城市空间节点，大力发展摊位经济、健康养生、文化休闲、影视娱乐等服务业态，创新推出“夜游”“夜娱”“夜食”“夜购”“夜宿”等一系列消费活动，这些举措有力地推动了经济增长。当前，全国各地涌现出了许多夜间经济的成功案例，打造了一批布局合理、管理规范、各具特色、功能完善的“夜间经济”主地标、商业圈和生活圈，如西安“大唐不夜城”、长沙“文和友”等，为提振消费信心、释放消费需求开辟了新路径。

3. 创意经济

创意经济，也称创意产业、创新经济、创意工业、创造性产业等。在当今网络信息时代，发展创意经济已经被许多国家或地区上升到了发展战略层面，将传统的文旅项目与新媒介、新技术充分融合，并紧密结合文创产品等创新元素。如近年来热卖的故宫系列文创产品，就是借助传统文化的创新呈现、现代表达、青春表达，迎合青年客群的喜好，实现了优秀传统文化的创造性转化和创新性发展，带来了“破圈效应”。

躬行蕴道 2-2

大学生别样的文化和旅游社会实践——筹办文化创意市集

创意市集是一项旨在激发大学生创新精神和创业能力的实践活动，也属于大学生文化和旅游社会实践的范畴。它不仅能够丰富校园文化生活，还能为学生提供一个展示和实践创意的平台。

文化创意市集策划方案基本要素包括活动背景与目的（如培养学生的创造性、增强团队意识、营造创新氛围、促进创意成果转化等）、活动主题、活动时间（选择一个持续2—3天的时间段）、活动对象、活动形式及内容（创意作品展示、创意经济讲堂、创意作品评选、互动体验区等）、活动地点、活动负责人、奖项设置、预算与资金、宣传推广及注意事项等。

通过活动的策划和组织实施，为在校大学生提供了一个展示创意、交流思想、实践创业的平台，也为主办者提供了一次难得的文化和旅游社会实践机会。

4. 体验经济

体验经济是以商品为道具、以服务为舞台、以提供体验为主要经济供给品的经济形态。近年来，很多景区景点都面向游客推出了基于当地历史文化、民族文化、传统文化等深度体验的游玩项目，进一步丰富了游客的游玩体验，增强了景区景点对游客的吸引力。同时，随着数字经济和元宇宙时代的到来，各类虚拟现实（VR）体验项目与文旅项目相结合，不仅让游客在亦幻亦真的虚拟世界深度沉浸，也进一步激活了VR产业链。

（二）拓展文旅融合新业态

推进文旅融合发展，就是要紧紧抓住当前旅游新特点、新趋势、新需求，拓展乡村旅游、工业旅游、康养旅游等新业态，更好地满足人民群众个性化、多层次的旅游需求。

1. 乡村旅游

我国乡村旅游资源丰富，但由于位置偏远、交通不便，长期未得到开发，资源优势没能转化为旅游产业的胜势，合理进行文旅融合开发，能有效带动农民就业、增收致富和乡村振兴。可结合农事民俗、传统村落、山地资源、特色种养等优势，打造极具特色的田园采摘、山地度假、农事体验、亲水娱乐、乡土美食等文旅精品线路，通过这些精品线路，促进乡村文化与旅游的深度融合，进而带动第一产业、第二产业与第三产业的协同发展。

2. 工业旅游

深入挖掘工业遗产和工业记忆，改造老旧厂房，增强工业体验，建设工业博物馆，再现城市记忆，提升工业遗产品牌影响力，推动工业与文旅产业融合发展。老旧厂房自带"时代滤镜"，是展现工业文化的重要窗口，也是延续城市文脉的重要载体，将旧厂房改造为文旅产业园，由工业记忆转向文化创意，由旧空间转向新地标，必将进一步拓展城市文化发展空间，成为城市产业升级的强大推力。另外，还可借助现有特色工业生产方式，促进工业旅游产品向创意化、互动式、体验型发展。

3. 康养旅游

康养旅游是一种结合了健康、养生和旅游休闲的新型旅游方式，通常包含健康导向、自然环境、专业服务、文化体验、个性化定制等要素。此类旅游模式强调健康和养生，往往选址于自然环境优越的地方（如山区、海滨、森林等），旨在为游客营造放松身心的环境，同时提供专业的健康咨询和养生服务（如瑜伽、冥想、按摩、温泉浴、食疗等）。此外，还可根据游客的健康状况和需求，提供个性化的旅游产品和服务，如海南、云南及广西巴马等地，凭借得天独厚的自然条件和丰富的旅游资源，成为康养旅游的热门目的地。

（三）打造文旅融合新引擎

文旅产业要实现可持续发展，须创新呈现方式、传播方式和服务方式。

1. 创新呈现方式

推动文旅产业呈现方式创新，有利于提升游客体验，增加旅游目的地吸引力，促进当地经济发展。例如：通过智能手机应用提供个性化的旅游推荐和导览服务，借助大数据和人工智能技术分析游客行为，优化旅游服务和产品；通过虚拟现实（VR）和增强现实（AR），游客可以体验身临其境的虚拟旅游，增强数字化体验；结合视频、音频、互动屏幕等元素，打造多媒体展览、体验式展览，提供丰富的信息和互动体验；举办特定主题的文化节庆活动，如音乐节、电影节、美食节等，吸引游客全身心参与体验。这些创新手段不仅为文旅产业带来更加丰富和多样化的旅游体验，满足不同游客的需求，同时也促进文化的传承和发展。

2. 创新传播方式

随着新媒体技术的发展和融媒体手段的创新，文旅产业的传播方式越来越广泛。可利用微博、抖音、B站、小红书等社交新媒体平台，发布吸引人的内容，增加用户参与度和互动性，也可与文旅达人、网红等合作，共同创作高质量的文章、视频、播客等内

容，通过直播平台进行实时的旅游体验分享，讲述目的地的故事，展示目的地自然风光、文化活动和特色美食等，并提供旅游攻略，让游客与目的地建立情感联系。通过创新传播方式，文旅产业可以更有效地吸引和留住游客，同时提升目的地的品牌形象和市场竞争力。

3. 创新服务方式

数字化创新赋能文旅产业服务，利用移动智能终端、自动化和智能化设备，实现自助全流程跟随讲解、自助游览路线查阅、自助购票、自助购物、自助餐饮等，在服务上做到"一键云游"，提升游客的参与感和文旅服务活动的便利性。另外，打造智能驱动的文旅虚拟数字人模式，为游客提供多样化、个性化、有温度的交互性强的文旅服务。总之，通过创新服务方式，提升文旅产业服务质量，满足游客多样化需求，打通文化和旅游服务"最后一公里"，促进文旅产业可持续发展。

（四）形成文旅融合新标志

坚持以文塑旅、以旅彰文，打造一批立得住、传得开的文旅融合标志性成果，以典型示范推动发展争先，加速推进文旅深度融合发展。

1. 组建大产业

以旅游带、文化带为点，串点成线、串珠成链，形成高技术支撑、高价值附加、高能级传播的全产业链集群，提升文化和旅游产业层次。如"十三五"期间，广西加强林业与旅游产业融合发展，重点打造了森林旅游景区300多处，实现四季有景、四季有游、四季有客。旅游合作方面，强化粤桂画廊建设，借助广东游客资源、广西旅游资源，开发"肇庆—贺州—桂林"黄金旅游线，形成高附加值、大流量旅游产业链。

2. 形成大平台

结合实施旅游景区转型提质行动，培育创建国家级和省级重大文旅平台载体。具体而言，依托5A级旅游景区、国家级旅游度假区和各类国字号载体，大力创建世界级旅游景区，高质量举办世界性、区域性论坛、会议等，以加速文旅融合发展的进程。如永久落户桂林的联合国世界旅游组织/亚太旅游协会旅游趋势与展望国际论坛、中国—东盟博览会旅游展区，提升了桂林旅游的国际知名度和美誉度。

3. 树立独特文化标识

文化标识代表了一座城市的"精气神"，它不仅凝聚了城市独特的精神，也承载着城市深厚的历史文化品格。文化标识之所以有足够的"流量"，成为一个城市的"打卡地"，是因为拥有独特的"灵魂和气质"。如到西安，看的是历史文化；到上海，看的是都市文化；到桂林，看的是山水文化。

4. 培育文艺精品

文艺精品是文旅产业最生动的邀请函。一方面，古今中外，经典文艺作品往往具有跨越文化、超越时空、直抵心灵的力量，其中蕴含的人文风情与文化价值总能潜移默

化地影响一代代受众，如20多年前就开始公演的中国首个印象系列山水实景演出《印象·刘三姐》，至今仍长盛不衰；另一方面，利用热点流量剧作促文旅融合，吸引人们到故事发生地寻找共鸣、体验文化、打卡分享，由此提升该地的文旅价值和长期收益，如电视剧《我的阿勒泰》热播，带火了新疆阿勒泰地区的旅游。

5. 打造出圈爆款

坚持内容侧与传播侧双向发力，挖掘区域资源和比较优势，加强创意策划，区、市、县、乡、村集成网红打卡矩阵，以产品创新、业态创新、运营创新赢得"出圈效应"。推进文旅品牌创建行动，围绕"吃、住、行、游、购、娱"，大力拓展"白＋黑"消费场景，创新农文旅、文商旅、文体旅融合方式，打造更多彰显"文化味＋烟火气"、地方辨识度高的爆款产品。如近年来的山东淄博烧烤、贵州榕江村超、广西柳州螺蛳粉、黑龙江哈尔滨冰雪等，都是引发城市"出圈爆款"的成功案例。

第四节　大学生文化和旅游社会实践

文化和旅游社会实践，是大学生众多社会实践中的一种类型。随着文化和旅游的影响力、覆盖面、火热度不断提高，文化和旅游社会实践已成为当下备受大学生群体欢迎并乐于开展的社会实践种类。特别是与文化和旅游相关专业的大学生，在社会实践环节均会主动选择与自己专业联系密切的主题和内容开展实践。

一、大学生文化和旅游社会实践的含义及特点

（一）大学生文化和旅游社会实践的含义

大学生文化和旅游社会实践是指以在校大学生为实践主体，开展的与文化和旅游相关的社会实践。这里的"与文化和旅游相关"包含两层含义：一是前往与文化和旅游相关的单位、部门、区域等开展的社会实践，如文化馆、图书馆、展览馆、博物馆、纪念馆、剧场、主题乐园、各大景区景点等；二是开展的实践活动内容与文化和旅游相关，如文化宣传、政策宣讲、知识普及、技能培训、非遗传承、交流翻译、志愿讲解、秩序维护、礼宾礼仪、导览服务等(图2-1)。

图2-1　大学生在景区开展文化和旅游社会实践

通过开展文化和旅游社会实践，大学生

能将课堂学到的文化和旅游理论知识与校外的生产劳动有机融合，实现课堂教学与课外实践活动的有机衔接。这一过程不仅有助于提升大学生的实践能力和社会责任感，还能促进其对文旅融合、文旅行业、文旅专业的全面认知和深刻理解。

（二）大学生文化和旅游社会实践的特点

大学生文化和旅游社会实践除了具备一般性社会实践的特点，还具有实践性强、内容广泛、形式多样、创新性强、社会贡献显著等特点。

1. 实践性强

大学生通过文化和旅游社会实践，直接参与文旅一线岗位工作或从事相关实际操作，如参与文化活动策划与实施、为游客提供志愿服务等。这些工作和操作均具有较强的实践性，大学生能从实践中增强对文旅行业的直观认识。这种亲身的参与方式，成为大学生了解文旅行业的重要途径和提升实践能力的重要手段。

2. 内容广泛

文化和旅游社会实践涵盖了文化和旅游的诸多领域，这些领域涉及面广、所含内容丰富，只要是与文化和旅游相关的都可以纳入其中。这里，既有专业性、技术性强的内容，如新媒体传播、旅游规划；也有灵活简单、易于操作的内容，如乡村支教、景区导览等。大学生可以根据自己的兴趣和专业背景，选择适合自己的实践项目，从而完善自己的知识结构，开阔视野。

3. 形式多样

文化和旅游社会实践形式多样，包括生产劳动、社会调查、志愿服务、创新创业等，如在文旅行业一线岗位实习、在博物馆从事文化传播工作、在景区景点做志愿者、在少数民族地区开展非遗传承保护工作、在农村开展乡村旅游技能培训等。这些形式不仅满足了不同大学生的成长需求，还有助于培养大学生的团队协作、创新思维和实践能力等综合素质。通过参与这些活动，大学生能够不断充实自己，提高自己的文化内涵与底蕴，进而增强自身的文化自信。

4. 创新性强

文化行业、文旅工作和文旅岗位，本身就具有较强的创新性。在文化和旅游社会实践中，大学生尤为需要发挥创新思维和创新能力，运用所学的知识和技能解决实际问题，积极应对文化行业、文旅工作和文旅岗位带来的机遇与挑战。通过实践，大学生能够锻炼自己的创新思维和实践能力，为未来的职业发展打下坚实的基础。

5. 社会贡献显著

文旅行业与人民文化生活、娱乐生活、健康生活联系密切，与社会发展息息相关。大学生在文化和旅游社会实践中，不仅能够提高自己的综合素质和能力，还能够为文旅行业的发展和社会进步作出贡献。如在爱国主义教育基地做志愿讲解员，成为红色文化传播的使者；在景区景点进行秩序维护，成为文明旅游的倡导者；在少数民族地区

参与非遗项目,成为中华优秀传统文化传承和保护的践行者;在农村为村民开展"农家乐"技能培训(图2-2),成为乡村振兴的助力者;等等。

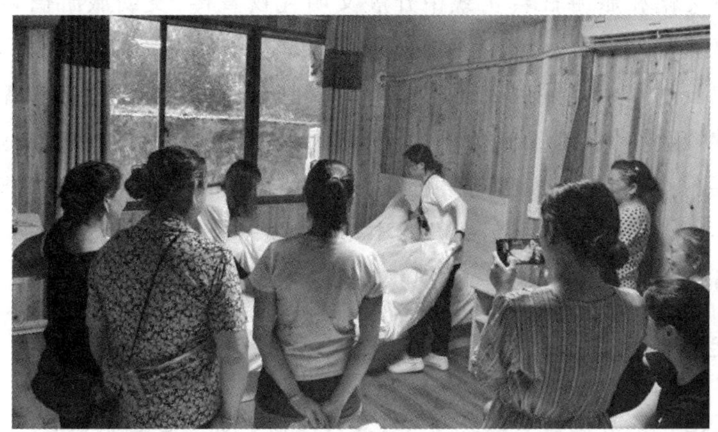

图2-2 某高校大学生在农村为村民们开展"农家乐"技能培训

二、大学生文化和旅游社会实践的作用

大学生文化和旅游社会实践的作用广泛,概括起来主要体现在以下三个方面。

(一)对大学生群体的作用

通过开展文化和旅游社会实践,首先,大学生可以把课堂中学到的理论知识有效应用到实际工作之中,从而提高他们在文化和旅游相关领域的专业技能,更好地认识和了解自己的专业,增强对专业的认知,提升专业自信。其次,大学生的团队协作能力、领导力、沟通力、创新力、处理问题的能力等都能得到锻炼,文化内涵、文明修养、个人自信也会得到提升,为将来更好融入社会打下坚实基础。最后,大学生可以借此机会,熟悉并了解社会结构和文旅行业发展动态、文旅企业运作方式,以便能更准确、全面地认识自己的职业方向,做好职业生涯规划,为将来的就业和职业发展提供积极帮助。

(二)对高校的作用

高校通过组织开展大学生文化和旅游社会实践,能够进一步实现高校的人才培养目标,为社会输送更多合格的社会主义建设者和接班人。大学生文化和旅游社会实践活动的开展,有助于高校促使大学生将理论知识与实践结合,全面提升个人能力和综合素质;有助于高校进一步加强和改进大学生思想政治教育工作,让大学生深刻认识到为祖国发展贡献自身力量的重要意义,更加坚定投身国家建设的决心;有助于发挥高校职能,促进文化传承与创新,让大学生成为文化传承与创新的践行者;有助于推动高校教育的延伸,让大学生在社会中得到锻炼的同时,引领和带动更多人为文明社会建设贡献力量。

（三）对社会和国家的作用

大学生在文化和旅游社会实践中开展文明礼仪宣传、文明旅游倡导等活动，对于提升公民道德素质、推动社会文明程度的提升、促进文明风尚的形成，以及推动文明社会建设具有积极的作用。同时，大学生是文化和旅游融合的重要参与者和推动者，开展文化和旅游社会实践，有助于大学生群体在保护和传承文化遗产、加强文化传播与交流、推动文旅行业高质量发展等方面发挥更大作用。此外，大学生文化和旅游社会实践可以更多地聚焦“国之大者”，服务国家重大发展战略，如乡村振兴、生态文明等，促进地方经济社会发展，为实现中国梦贡献大学生群体更多的青春力量。

三、大学生文化和旅游社会实践的类型

大学生文化和旅游社会实践立足专业，从有利于学生思想成长、专业学习、能力提升等方面进行安排和组织，主要涉及生产劳动、社会调查、志愿服务、创新创业四类。

（一）生产劳动

大学生到与文化和旅游相关的管理部门、企事业单位等一线深入了解行业情况、深度参与（体验）生产劳动、勤工助学、实习实训等，或到其他管理部门、企事业单位从事与文化和旅游相关的工作，均属于生产劳动类型。例如，大学生到旅行社计调岗位实习，在主题乐园进行勤工助学，在地方文化和旅游部门进行暑期实践等。

（二）社会调查

图 2-3　大学生在景区开展游客满意度调查

大学生开展与文化和旅游相关的专题调研、课题（项目）调查研究等均属于社会调查类型。如大学生在革命老区开展红色文化保护和开发方面的调研，在景区开展游客满意度调查（图 2-3），在少数民族地区开展非遗文化传承和保护方面的调研等。大学生通过深入了解行业现状，发现问题，分析问题成因，向当地管理部门提出合理的意见和建议，从而实现和提升文化和旅游社会实践的价值。

（三）志愿服务

大学生开展与文化和旅游相关的普法宣传、政策宣讲、支教支农、知识传播、帮残助困、公益活动、传承保护、志愿服务等均属于志愿服务类型。如大学生在各大体育赛事或文化交流活动中做志愿者，到农村地区小学进行义务支教，进养老院开展尊

老敬老服务，赴景区景点举办文明旅游宣传活动，在红色教育基地、爱国主义教育基地等做志愿讲解员等(图2-4)。

（四）创新创业

大学生参加与文化和旅游相关的创新创业竞赛(学科竞赛)，申报创新创业项目，开展创新创业训练和实践等均属于创新创业类型。如大学生参加中国国际大学生创新大赛、“挑战杯”全国大学生课外学术科技作品竞赛、“挑战杯”中国大学生创业计划竞赛、全国大学生艺术展演、全国大学生广告艺术大赛、全国大学生红色旅游创意策划大赛、全国导游大赛等。

图2-4　大学生在红色教育基地做志愿讲解员

四、大学生文化和旅游社会实践开展的渠道

大学生文化和旅游社会实践开展渠道有很多，概括起来主要包括进文化场馆和景区景点、进各类文化活动和赛会、进地方文旅管理部门和文旅企业、进基层和社区、进农村等五个方面。

（一）进文化场馆和景区景点

大学生可以前往博物馆、展览馆、红色教育基地、爱国主义教育基地、主题乐园、文化公园等文化场馆和景区景点，开展与文化和旅游相关的社会实践活动，从事调查研究、志愿讲解、咨询服务、秩序维护、游览引导、文艺演出等工作。

（二）进各类文化活动和赛会

大学生可以前往文化节、艺术节、晚会、会演、运动会、体育比赛、博览会、展销会、研讨会、节庆活动等各类文化活动和赛会，从事会务服务、礼宾礼仪、翻译协助(图2-5)、咨询引领、秩序维护、展会搭建等工作。

（三）进地方文旅管理部门和文旅企业

大学生可以前往各级文旅管理部门、宣传部门、文旅科研院所、博览局、融媒体中心、文化站、广播电视台等，或文化传播公司、传媒企业、旅行社、酒店、景区管理公司、餐饮企业等，从事与文化和旅游相关的实践工作。

（四）进基层和社区

大学生可以前往敬老院、幼儿园、中小学及居委会、村委会、街道办等基层和社区，开展与文化和旅游相关的政策宣讲、文化传播、关爱幼老、环境美化等实践活动。

图 2-5　某高校大学生在博览会上为外方参展人员提供翻译协助

（五）进农村

大学生可以紧密围绕乡村振兴、生态文明等主题，开展支农支教（图 2-6）、调查研究等与文化和旅游相关的实践工作。如大学生为村民开展"农家乐"从业人员技能培训、协助当地挖掘和保护非遗文化、打造旅游工艺品、撰写乡村旅游景点讲解词、培训乡村旅游导游员、普及推广电子商务知识等。

图 2-6　某高校大学生在农村小学开展支教活动

五、大学生文化和旅游社会实践选题的获取

大学生文化和旅游社会实践选题的获取途径有很多，以下是一些常见的获取途径和方法。

（一）高校

高校是大学生文化和旅游社会实践的组织者，自然也是社会实践选题最主要的提供者。很多高校都会为即将开始社会实践的大学生提供一些选题作为参考。大学生可以从自己的专业学习和兴趣爱好出发，从中选择适合自己的选题进行研究和实践。

高校提供的选题，主要来源于上级部门、社会实践基地、有教改或科研项目的教师、社会实践指导教师、毕业论文指导教师、实习实训指导教师、校企合作单位、校内科研平台或院所，以及各类赛事或活动等。大学生在实践前，应留意学校或学院发布的选题内容，或者提前与相关教师联系，获取选题。

（二）校外单位或组织

各地文旅管理部门、共青团组织或文旅企业，知晓大学生有开展社会实践的需求，会向外发布并提供实践选题(机会)。大学生可以提前关注这些部门、单位和企业的网站、微信公众号等对外宣传平台，第一时间获取实践信息。同时，他们也可以主动与这些机构取得联系，表达实践愿望，寻求实践指导。

（三）社会文旅热点

当下，经济社会快速发展，文旅行业发展迅速，各类文旅热点频出，这也是大学生获取文化和旅游社会实践选题的重要渠道。大学生应该时刻关注社会文旅热点，结合自身专业特长，从中寻找可以开展的实践选题并积极开展实践，让自己的专业知识与实践结合，紧跟时代发展步伐，满足社会实际需求。

躬行蕴道2-3

大学生文化和旅游社会实践内容推荐

第一，大学生社会实践团队可通过实地调研和文献整理的方式，深入了解乡村的传统文化、历史文化等。通过与当地村民访谈，收集口述历史和民间故事，形成系统的文化资料，挖掘当地的文化内涵，为文化旅游资源的保护和利用提供基础资料。

第二，大学生社会实践团队能够充分利用其专业特色，结合现代审美和市场需求，将乡村文化元素巧妙地融入文创产品的设计中。例如，艺术设计专业学生可根据地方传统手工艺技术，设计并制作具有乡村特色的手工艺品和旅游纪念品，这不仅能促进乡村文创产品的开发，还能提升乡村旅游吸引力。

第三，大学生社会实践团队可以围绕乡村的美丽风景、特色美食等，开展线上线下相结合的宣传推广活动。例如：大学生可以制作宣传册、海报、导览图等宣传资料，帮助乡村进行线下宣传；利用公众号、抖音、小红书等新媒体平台展示乡村的美丽风景和独特文化，进行线上营销。这些都有助于增强乡村文旅的知名度。

第四，大学生社会实践团队可依托所学的旅游服务专业知识为乡村旅游从业人员提供培训。他们可以在接待礼仪、餐饮服务、住宿服务等方面为乡村旅游从业人员提供相关技能培训。旅游管理专业和酒店管理专业的大学

生可利用其管理专业知识和技能，设计并优化游客接待流程，从而提升地方的文旅服务水平。

第二章
课后习题

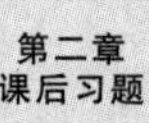

简答题
答案

简答题

1.请简述文化和旅游的关系。

2.文融融合的方式包括哪些方面？

3.请简述大学生文化和旅游社会实践的含义及其特点。

第三章
大学生文化和旅游社会实践的设计与组织

学习目标

1.掌握文化和旅游社会实践设计的基本原则和实践流程。

2.掌握社会实践中生产劳动、社会调查和志愿服务三个类型的基本概念、常见形态和组织实施的程序。

能力目标

1.能够设计大学生文化和旅游社会实践项目并组织实施。

2.能够组织开展大学生文化和旅游社会实践中的生产劳动、社会调查和志愿服务等三个类型的活动。

3.提升独立思考能力和组织策划能力。

素养目标

1.加强对大学生文化和旅游社会实践的认知。

2.明确自身发展方向,培养主动规划、善于规划的良好习惯。

案例阅读3-1

阿者科村地处云南红河哈尼梯田世界文化遗产核心区内,海拔1880米。村寨因其保存完好的四素同构、空间肌理、蘑菇房建筑和哈尼族传统文化,成为红河哈尼梯田申遗的5个重点村寨之一,同时也是第三批国家级传统村落。"阿者科计划"是中山大学旅游学院保继刚教授团队于2018年发起的一项针对该村的旅游减贫帮扶计划。该计划是对"旅游吸引物权"这一概念的应用实践,通过平衡遗产保护和旅游发展的矛盾,促进当地旅游的可持续发展,进而助力阿者科乡村振兴。计划实施多年以来,先后派出20名研究生组成驻村团队,协同地方政府和村集体,发展乡村旅游经济,取得了显著的经济效益和社会效益。截至2024年11月,阿者科村累计接待国内外游客18.8万人次,实现旅游总收入494.1万元,该计划也因此荣获多项荣誉,成为全球旅游减贫的一个中国解决方案。

第一节　设计原则和实践流程

大学生文化和旅游社会实践是一个系统性的活动。明确实践的目的和主题,规划好如何开展实践,以及具体的组织方式等,这些都需要在实践前准备妥当。完善的设计是高效执行的蓝图,清晰规划实践各阶段任务与时间安排,确保实践团队成员各司其职,是开展高质量大学生文化和旅游社会实践的关键。合理的设计不仅能精准定位实践方向,还能有效指导实践任务顺利完成。同时,设计所确定的预期成果将成为实践考核评价的标尺之一,便于对比实际成效,总结经验,为后续实践积累素材,持续提升实践质量与影响力。

一、设计原则

一般来说,大学生文化和旅游社会实践在设计时须遵循目标导向性、现实性、可行性、创新性、教育性和文旅特性等原则。

(一)目标导向性

明确实践活动的目标是首要原则。目标需清晰、具体、可衡量,如探索某文化旅游资源的开发潜力,或是研究如何提升游客对某文化旅游产品的满意度等。所有的实践设计内容,包括团队组建、活动安排、资源准备等都应围绕既定目标展开,以确保实践不偏离主题和相关要求。

(二)现实性

文化和旅游社会实践的设计要注意实用价值,应选择与社会生产生活联系紧密、与文旅行业密切相关、为民众所关心的问题。现实性原则包括现实意义、应用价值和锻炼培养三个层面的内涵。首先是现实意义。选题应与文化和旅游行业发展密切相关,反映社会现象、体现人民关注,还要结合自身专业特色。其次是应用价值。实践项目能解决某一具体需求或问题,为相关单位部门献计献策,形成某一具体成果。最后是锻炼培养。实践团队成员应结合专业学习或职业规划,通过参加社会实践得到实实在在的收获,达成自身实践能力和综合素养提升的目标。

(三)可行性

可行性,即需要考虑和分析各种条件,如人力、物力、财力等各方面资源是否足以支撑社会实践的开展。首先,需要充分评估选题的主观条件,量力而行,客观地评估自己的能力。其次,充分考虑实践团队是否具备相关专业知识与技能,实践所需的交通、食宿、设备等物资能否有所保障,资金预算是否合理且有来源等。最后,时间安排也要合理,不能与学校正常教学安排冲突,确保实践活动能够在规定时间内顺利完成。

（四）创新性

大学生文化和旅游社会实践的设计，切忌盲目赶“热门”和“一窝蜂”。创新可以从两个方面考虑：一是从题目、形式到内容都是新的；二是从旧的题目拓展出新的内容，从而提出新的观点和看法。创新性原则具体包括“人无我有、人有我精”两层含义：一是人无我有，即从社会实践的题目、形式、内容进行创新，达到别人没有的新阶段；二是人有我精，即从旧的题目中挖掘新颖的文化旅游元素或独特的实践方式，提出新的观点和看法，为文旅行业发展提供新的思路与视角。

（五）教育性

社会实践应注重对大学生自身的教育意义。让大学生在实践过程中不仅能深入了解文化和旅游行业，还能锻炼多种能力，如沟通协作、问题解决、数据分析等。通过与当地文旅行业从业人员交流、实地调研等，拓宽视野，提升综合素质，促进专业知识与实践技能的有机融合，为未来的职业发展和个人成长奠定良好基础。

（六）文旅特性

既然是围绕文化和旅游开展的社会实践，自然在设计时就要突出文旅特性。这不仅体现在主题设计、项目选择、内容安排等环节，还涉及如何结合自身文化和旅游相关专业特点，运用文旅知识解决文旅实际问题方面。同时，在社会实践设计时秉承文旅特性原则，有助于大学生更好地贴近文旅行业，加强对文旅行业的认知，提升行业归属感和专业自信。

二、实践流程

社会实践的设计是大学生进行社会实践的第一步，也是社会实践组织实施的重要前提。大学生文化和旅游社会实践工作的流程，共分为动员、筹备、实施和总结等四个阶段(图3-1)。

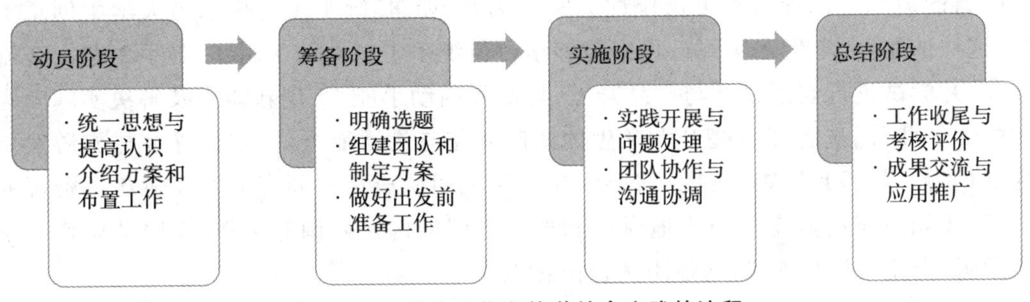

图3-1 大学生文化和旅游社会实践的流程

（一）动员阶段

动员阶段，是整个社会实践工作的起始阶段。社会实践是以大学生为主体，教师

则主要起指导和辅助作用。大学生积极参与和主动作为，是社会实践取得实效的重要前提条件之一。因此，在动员阶段，就要着手充分调动大学生的积极性、自觉性和主动性，充分发挥大学生的主体作用。

1. 统一思想与提高认识

通过举办专题讲座、培训、动员会、分享会等形式，向大学生介绍文化和旅游社会实践的重要意义、广阔前景及可能带来的个人成长与社会价值。如邀请专家学者讲述文化传承在当代社会的紧迫性，邀请旅游行业专家分享旅游发展对地方经济与文化交流的促进作用，安排高年级学生分享具体实践经历和成长体会等，进一步激发大学生对文化和旅游领域实践的兴趣与热情。

2. 介绍方案和布置工作

通过举办社会实践说明会、工作部署会，或发布通知、公告等形式，把当年学校、学院社会实践整体方案对大学生进行介绍和解读，并就具体工作进行布置，强调社会实践考核评价要求，以便大学生了解学校、学院的社会实践安排，熟悉工作要求和任务内容，明确考核评价标准，更好地结合自身实际情况着手准备实践相关工作。

（二）筹备阶段

1. 明确选题

基于学校、学院的社会实践整体方案，结合自身专业、学习、兴趣爱好、个人特长、实际情况等，选择合适的主题。

(1) 满足实践育人要求。

大学生社会实践作为高校教育教学的重要环节，选题首先要满足实践育人的要求。一方面，选题要有助于提升大学生的社会责任感。这可以通过聚焦社会热点问题（如文旅融合、生态保护、社区发展、弱势群体关爱等）来确定主题，如“景区游客环保意识与垃圾分类实施情况调研”这一选题，能让大学生深入景区进行实地调研并开展相关宣传活动，从而增强社会责任感与使命感。另一方面，选题要有利于大学生实践操作能力的锻炼。选择具有可操作性的实践选题，如“传统手工艺传承与大学生创意实践”这一选题，大学生在实践过程中能够学习传统手工艺并动手制作，与手工艺人交流合作，并尝试进行创意设计与产品开发，切实提高动手能力、创新能力及解决实际问题的能力。此外，选题还应提升大学生的团队协作与沟通能力。如“做好乡村旅游发展规划助力乡村振兴”这一选题，需要大学生实践团队成员共同完成对乡村旅游资源的调研、规划方案的制定及与当地村民和相关部门的沟通协调等工作，在团队协作中学会倾听、交流与相互支持，增强团队合作意识。

(2) 理论联系实际。

理论联系实际是大学生开展文化和旅游社会实践的关键要求之一。首先，选题应基于大学生自己所学的专业理论知识，特别是文旅相关专业的理论知识。以旅游管理专业为例，大学生可运用所学的游客行为学、旅游服务管理等专业理论知识，深入旅游

Note

景区进行游客行为观察与问卷调查，分析存在问题，提出基于理论依据的改进建议，实现理论知识与实践的有效对接。其次，选题要关注社会现实需求，特别是文旅行业发展需求。当今社会，文旅行业蓬勃发展，融合创新成为趋势。应选择符合当下文旅行业发展的实际情况，能让大学生运用传播学、旅游市场营销等理论，对城市文旅资源进行整合与分析，探索品牌建设的有效路径，为地方文旅产业发展提供实际支持。最后，实践活动应注重理论知识的检验和深化。通过实践调研与操作，帮助大学生发现所学理论知识在实际应用中的不足与问题，从而进行自我反思，不断探索，进一步加深对理论知识的理解与掌握。

(3) 科学选题。

科学选题对大学生文化和旅游社会实践尤为重要。其一，选题要有明确的目标与范围。避免选题过于宽泛或模糊，应明确研究(实践)对象与范围，便于聚焦重点，制订详细的实践计划，选择合适的实践方法。其二，选题要具有可行性。社会实践所需的时间、资金、人力等资源需符合大学生的实际能力范畴。其三，选题应具有创新性。鼓励学生选择具有新颖视角或方法的选题，将新兴技术与文化和旅游相结合，能够为文旅融合和文旅实践带来新的思路与方法，推动行业创新发展，同时也激发大学生的创新思维与探索精神。

(4) 具备专业属性。

大学生文化和旅游社会实践选题还应体现文化和旅游相关专业的专业属性要求。选题应有助于大学生深入文化和旅游专业领域进行探索与研究，促进专业知识的深化与拓展。同时，选题还应考虑与未来职业发展的衔接，通过实践让大学生提前熟悉文化和旅游行业相关职业的实际情况，积累实践经验，为未来的职业发展奠定良好基础。

2. 组建团队和制定方案

(1) 组建实践团队。

发布实践选题，组建实践团队雏形。应根据确定的选题先组建团队的雏形，形成3～5个核心团队成员，制定详细的实践方案。随后，基于该实践方案，有针对性地在全校或全学院范围内招募其他团队成员，最终成立实践团队。在招募过程中，应吸引不同专业背景(如文化传播、历史研究、旅游管理、酒店管理、市场营销、艺术设计等)、不同特长(如写作、摄影、绘画、组织协调、数据分析等)的大学生加入，组建多元化、互补性强的实践团队。

实践团队成员应以大学生为主体，除了社会实践指导教师，还可以邀请其他专业领域的教师加入，对实践提供专业支持。招募结束后，再次商讨和明确实践团队成员的分工，成员间达成共识，共同进一步完善社会实践方案。

大学生文化和旅游社会实践团队的分工涉及多个方面，每个角色和职能小组都具有不可或缺的作用。一名大学生，可同时在不同的组中进行工作，分工也可以根据现场情况及时、灵活调整。通过分工和协作，团队能够高效地完成社会实践任务，实现既定目标。

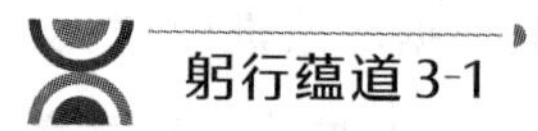

躬行蕴道3-1

大学生文化和旅游社会实践团队常见分工

在大学生文化和旅游社会实践团队中，常见的分工如下。

1.实践团队负责人与核心成员

实践团队负责人(1人)，也称队长，是整个实践团队的核心人物，负责带领实践团队进行有效运作及整个团队与学校、学院的联络工作。其主要职责包括时时关注社会实践的各项通知及工作要求，积极进行团队的内部建设，合理分配工作任务，增强团队凝聚力，促进团队高效运转等。

副队长(1～2人)，协助队长工作，负责团队内部事务管理及活动策划等。

队长与副队长是整个实践团队的组织和领导核心，肩负着带领整个实践团队成员完成实践任务的重要使命。队长与副队长应配合默契、相互支持、团结协助，展现出较强的组织、协调和沟通能力，同时兼具责任心、耐心和细心等。

2.职能小组与具体分工

宣传组：负责实践团队宣传工作的策划、实施及对外发布等工作，包括制作实践团队旗帜、拍摄照片或视频、撰写新闻稿等，同时还负责维护团队在微信公众号、微博、抖音、小红书等新媒体平台的日常运营。

活动策划组：负责具体活动方案的设计、修改及实施，包括策划社会实践项目的具体活动内容，制定详细的活动流程，以及负责活动过程中的场地安排、物资准备等工作。

后勤保障组：负责社会实践过程中的物资采购、后勤保障及安全保障，包括活动过程中的交通、住宿安排，以及突发事件处理等。

设备组：负责社会实践过程中主要设备的管理、操作、维护和保养等工作，确保设备安全、可靠，能随时在社会实践过程中投入使用。

3.其他可能涉及的分工

除了上述核心分工外，根据社会实践的具体内容和需求，还可能涉及以下分工。

财务负责人：负责团队经费的管理、登记及账目明细表的整理，确保经费的合理使用。

摄影摄像人员：负责记录实践活动的全过程，拍摄照片和视频，为后续宣传和总结提供素材。

安全人员：负责实践过程中的安全相关工作，包括购买保险、开展安全教育与提醒、进行安全隐患排查等。

(2) 制定实践方案。

制定详细的实践方案，包括实践地点选择(考虑文化旅游资源丰富度、可达性、代表性等因素)，实践时间和日程安排(结合学校和学院的计划、实践地实际情况及项目任务量合理规划)，实践方法和活动内容确定，团队分工，后勤保障，资源准备等。同时，通过实践方案的制定，进一步整合各类资源，如争取学校、学院的资金支持，以及与当地文旅部门或企业建立合作关系获取实践场地、信息资源等，统计实践团队成员可提供的设备(如相机、电脑等)资源、技能(如数据分析、文案撰写、视频制作等)等。这一系列举措旨在确保实践活动具备充足的人力、物力和财力保障。

此外，还应对实践过程中可能出现的各类风险和突发情况进行全面预估，制定相应的应急预案。如针对实践地可能出现的恶劣天气，制定调整实践行程安排的预案；针对实践团队成员可能发生的意外伤病、意外伤害等，准备急救药品并确定当地医疗机构信息以便及时就医；针对与当地居民或相关机构可能出现的沟通障碍或矛盾，制定妥善的沟通协调策略等。这些应急预案的制定确保在遇到突发情况时能够迅速、有效地应对，保障实践团队成员的安全和实践工作的顺利进行。

在制定实践方案过程中，可以征求社会实践指导教师和其他专业人士的意见和建议，使实践方案更加科学、合理和可行。

(3) 上报社会实践申请。

待实践方案和实践团队成员基本确定后，实践团队应在征得社会实践指导教师审批同意后，向所在学院提交实践申请。实践申请材料主要包括社会实践申请书、实践方案、安全承诺书、应急预案等材料。学院批准后，实践团队就可着手准备出发前的相关工作了。

3. 做好出发前准备工作

(1) 开展或参加相关培训。

组织开展或参加与社会实践相关的培训，是社会实践活动开始前最重要一项内容。除社会实践指导教师的指导和培训外，实践团队也可邀请有相关经验的其他教师或往届社会实践优秀个人对团队成员进行培训。培训的主要内容包括相关法律法规、学校和学院的实践管理规定、专业知识、实践技能知识、体能知识、安全常识、急救知识等。

(2) 工作准备及检查。

依据实践需求，采购各类物资，准备各类器材、宣传用品、急救用品等。同时，与实践地取得联系，再次确定相关工作细节。查看实践地天气情况，购买往返车票、预订食宿地方。在出发前，务必再次确认是否带齐相关物品，包括证件、文件等重要材料，是否购买保险等。实践团队成员也要自行准备好生活必需品，如个人衣物、通信工具、充电器、充电宝、笔记本电脑、文具、雨具、水杯及个人常用药品等。

（三）实施阶段

1. 实践开展与问题处理

按照实践方案，围绕实践主题和目标，开展一系列实践活动。如为提升某旅游景点的文化内涵，实践团队成员策划并组织文化体验活动，邀请游客参与传统手工艺制作、民俗文化表演等。再如为推广当地红色文化旅游资源，实践团队成员利用新媒体平台进行宣传推广，以精美的短视频和图文并茂的推文来吸引游客关注；开展文化资源调研，对当地历史遗迹、民俗文化、传统技艺等进行实地观察、记录，并与当地文化传承者、专家学者进行深度访谈，挖掘文化内涵与传承现状；开展旅游市场调研，在旅游景区、酒店、旅行社等场所向游客发放调查问卷，了解游客需求、消费行为、旅游体验等信息，同时与旅游企业管理人员进行交流，获取旅游经营数据与行业发展动态等。

在社会实践过程中，大学生会遇到各种困难和问题，要及时发现并妥善处理。如在文化体验活动组织过程中，若发现参与人数较少，要及时调整宣传策略，增加活动趣味性与互动性；在新媒体推广中遇到技术难题，要积极寻求专业人士帮助或学习相关技术知识；遇到极端天气，要按照应急预案的内容及时调整实践计划，做好自我防护，主动规避风险等。

2. 团队协作与沟通协调

实践团队成员之间要保持密切协作。定期召开团队会议，分享各自在实践过程中的发现、问题与经验，共同商讨解决方案。团队负责人要充分发挥协调作用，根据成员特长和任务进展情况合理调整分工，确保每个成员都能充分发挥作用，提高团队整体工作效率。同时，加强与实践地相关部门、机构、居民及其他利益相关者的沟通协调。如与当地文旅部门保持联系，及时汇报实践进展情况，获取政策支持与指导；与当地居民建立良好关系，尊重当地风俗习惯，争取居民对实践活动的理解与配合，为实践工作开展营造良好外部环境。

（四）总结阶段

1. 工作收尾与考核评价

实践结束时，要做好收尾工作。整理好团队及个人物品，清洁实践场所及周边环境，向提供帮助的单位或个人表示感谢。整理实践过程中收集到的各类数据资料、文献资料、活动资料等，在此基础上召开实践团队总结会议，进行总结和反思，撰写实践总结报告、调研报告、新闻稿等。按照学校、学院要求，提交相关材料，参加社会实践考核评价和评优评先工作，获取社会实践鉴定和相应成绩。

2. 成果交流与应用推广

通过举办实践成果汇报会、分享会、实践成果展等形式，将实践成果对外展示。一方面，接受各方的评价与反馈，进一步完善实践成果；另一方面，扩大项目影响力，为其

他大学生开展类似实践活动提供借鉴和参考。对于具有较高应用价值的实践成果，积极寻求与当地文旅企业和相关部门合作，推动成果的转化与应用。如将实践中形成的文旅产品创意与当地企业进行合作开发，或将通过社会调查形成的意见建议(调查报告)提交给相关部门，为地方文旅产业升级与可持续发展贡献力量，从而实现社会实践价值的最大化。

第二节 生产劳动

案例阅读3-2

暑期是旅游旺季，也是各大景区景点对人才需求最旺盛的季节。某高校组织大学生成立暑期社会实践团队，利用假期时间到某一主题乐园开展了为期40天的大学生文化和旅游社会实践活动。实践团队由来自旅游管理、酒店管理、旅游英语、市场营销、网络与新媒体、食品工程、休闲服务与管理、导游等专业的大学生组成。实践团队到达主题乐园后，首先经过简单的岗前培训，然后根据各自的专业特长，被分配到销售、客服、策划、宣传、运营、餐饮等部门的相关工作岗位上，与一线的正式员工一起，直接参与主题乐园的生产经营活动。同时，为了更有效地实现实践目标并充分发挥实践团队成员的潜力，主题乐园为每位大学生分配了企业导师，进行一对一指导。在企业导师的精心辅导下，实践团队成员很快适应了工作岗位的要求，能够独立完成相关工作任务，有效缓解了主题乐园人手紧张的问题。同时，这次实践也让他们真正了解文旅行业生产一线的实际情况，加深了对相关专业的认知，提升了实践能力。实践结束后，主题乐园向实践团队成员发放了实习实践补贴，并邀请实践团队成员今后继续参与企业实践活动，并非常乐意为其提供实习就业岗位。

社会实践中的生产劳动是大学生群体将理论知识与实际生产相结合，参与到创造物质财富或为物质财富创造提供必要条件的实践活动。

一、生产劳动概述

(一)生产劳动的概念

从人和自然的角度来看，生产劳动是人和自然的相互作用过程，是具体劳动，是人类最基本的实践活动。人类社会要存在和发展下去，作为主体的人和作为客体的自然必然要发生作用，从自然中获取生活资料。在任何社会形态下，作为具体劳动，其创造

的是使用价值，创造的是财富。因此，从人和自然的角度，生产劳动就是人为了获得生活资料和对自然的认识而与自然发生的相互作用的实践活动。

不论是科学劳动、管理劳动，还是服务劳动，只要能够为社会创造新价值，能够使资本增值，且新价值为社会所占有的劳动就是生产劳动。生产劳动是一个多维度的概念，它涉及劳动的物质内容、生产关系、形式及与法律的关系等多个方面。在理解生产劳动时，需要综合考虑这些因素。

（二）生产劳动的常见类型及重要作用

1. 农业生产劳动

农业生产劳动主要是指在农业领域中进行的、以生产农产品为目的的各种劳动活动。农业生产劳动包括种植、养殖等不同类型：种植劳动包括粮食作物（如小麦、水稻）、经济作物（如棉花、油料作物）等的种植劳动，涵盖播种、施肥、灌溉、收割等工作，最终收获农产品；养殖劳动包括畜牧养殖（如养猪、养牛）、水产养殖（如养鱼、养虾）等，通过饲养管理产出肉、蛋、奶及各类水产品。农业生产劳动具有季节性、周期性、地域性和自然依赖性等特点。农业生产劳动是生产劳动的重要组成部分，它对于满足人类基本生活需求、推动经济发展、维护生态平衡和传承农耕文化都有着不可替代的作用。

农业生产劳动在大学生社会实践教育领域具有多方面意义。它不仅有助于大学生理解实践的重要性、培养对劳动的尊重和感恩之心，还能增加对自然环境、生态环境的关注和认识，培养团队合作精神、创新精神和实践能力，同时也是塑造个人品质的重要途径，如培养吃苦耐劳、勤俭节约的品质，以及培养珍惜劳动成果的良好习惯。

2. 工业生产劳动

工业生产劳动是劳动者运用机械设备或燃料，在工厂或其他工业生产场所进行的，旨在创造物质财富的劳动过程。工业生产劳动涉及众多领域，从轻工业到重工业均有涵盖。如在电子工业领域，进行芯片安装操作，组装手机、电脑等电子产品；在机械制造行业，通过车、铣、刨、磨等工艺加工金属零件，生产出各类机械设备。这些都是典型的工业生产劳动，具有机械化、程序化、标准化、技术性、规模性、连续性的特点。

在大学生社会实践教育领域，工业生产劳动具有重要意义。通过参与工业生产劳动，大学生可以直接经历物质财富的创造过程，体验从简单手工业生产劳动向复杂现代化工业劳动、创造性生产劳动发展的过程。这有助于培养大学生的劳动技能、工匠精神和实践能力，为未来的职业生涯奠定坚实基础。

3. 服务行业生产劳动

服务行业生产劳动是指那些不直接生产物质产品，但通过提供无形的服务产品来满足人们的需求并创造经济价值的劳动。服务行业生产劳动具有无形性、即时性、异质性和不可分离性。如酒店行业为旅客提供居住服务，餐饮行业为食客提供餐食服务，景区景点为游客提供游玩服务，传媒行业为企业提供宣传服务等。这些服务与生产、生活的劳动同样归属于生产劳动范畴。

服务行业生产劳动涵盖多个领域,如商业服务、文化服务、旅游服务、教育服务、医疗服务、金融服务、交通服务等。服务行业生产劳动是现代经济中不可或缺的一部分,它对于创造就业机会、促进经济增长、提高生活质量具有重要意义。同样地,在大学生社会实践教育领域,服务行业生产劳动同样作用显著。通过参与服务行业生产劳动,大学生能更好地理解和体验服务的价值和意义,从而培养服务意识和责任感。服务行业生产劳动需要大学生具备较强的沟通、协调和解决问题的能力。通过接触不同类型的服务行业生产劳动,大学生能更好地了解服务业的发展趋势和就业前景,从而拓宽自己的职业视野和选择范围。

大学生文化和旅游社会实践中的生产劳动,就属于服务行业生产劳动的范畴。大学生到与文化和旅游相关的企事业单位等一线深入了解行业情况、深度参与(体验)生产劳动、勤工助学、实习实训等(图 3-2),或到地方管理部门、企事业单位从事与文化和旅游相关的工作,均属于大学生文化和旅游社会实践中的生产劳动类型。

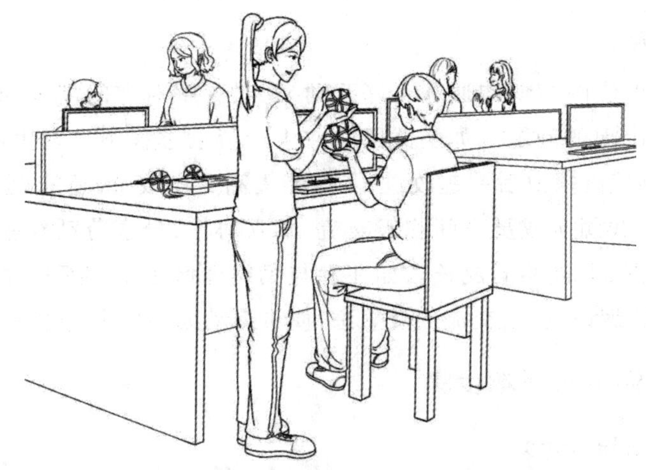

图 3-2 大学生在企业内部的旅游工艺品设计岗位上进行生产劳动

二、大学生文化和旅游社会实践生产劳动的组织实施

(一)组织实施原则

1. 教育性原则

教育性原则是组织实施生产劳动类型社会实践的首要原则。大学生本质上是学生,接受教育是其基本权益,在生产劳动中获得实践锻炼和技能提升是第一目标。大学生文化和旅游社会实践生产劳动,应紧密联系参与大学生的文旅相关专业背景,能够让大学生将课堂所学的文旅专业相关理论知识运用到实际生产劳动中。如组织酒店管理专业的大学生到酒店行业进行实践,在前台、客房、营销、人事等部门的岗位上参与生产劳动,有助于他们加深对酒店管理专业知识的理解和对酒店行业的认知,提高运用知识解决实际问题的能力。

2. 安全性原则

生产劳动类型的社会实践是在一线进行的劳动，是最贴近生产实际的劳动。因此，其安全性最为复杂。在组织开展生产劳动类型的社会实践前，必须对参与者进行全面且深入的安全教育和培训，内容涵盖劳动过程中可能遭遇的各类安全风险及其相应的防范措施。如在景区景点进行生产劳动时，参与者要熟悉紧急疏散通道的方位，以及急救药品、急救设备的存放位置等信息。

3. 可行性原则

制定实践方案和安排劳动任务时，要充分考虑实践团队成员的专业能力水平、实践时间、实践地点等实际因素，确保各项安排是切实可行的。例如，如果实践时长只有两周，就不宜选择过于复杂、周期长的生产劳动项目，可选择如撰写策划书、拍摄制作短视频等短期可完成的劳动任务。此外，因为是参加生产劳动类型的社会实践，产出了具体的实践劳动成果，可积极向实践单位争取实践补助。

4. 互动性原则

保持与实践单位的密切沟通和良好互动，及时了解对方的需求和意见，共同解决生产劳动过程中出现的问题。如实践团队在生产劳动过程中发现生产流程有优化空间时，与实践单位交流探讨后一起改进，不仅能提高生产效率，还能提升社会实践的效果。同时，鼓励实践团队成员之间积极交流、相互协作，分享劳动经验和心得体会，营造良好的团队氛围，促进共同成长。如在参与民族地区手工编织的生产劳动中，团队成员可以相互分享编织技巧，交流创意想法，使得劳动成果更加丰富和优质。

（二）组织实施的基本步骤

1. 明确实践目标和意义

要明确生产劳动类型的大学生文化和旅游社会实践的特点和范畴、目标和意义。明确什么内容的生产劳动属于大学生文化和旅游社会实践，通过参加生产劳动需要达到什么样的目标，实现什么样的意义和价值。

2. 选择实践地点和岗位

结合文旅专业特色和实践需求，选择适合的实践单位和岗位。了解实践岗位的工作内容、技能要求等，评估自己是否能符合要求或满足基本条件，提前与实践单位达成初步实践意向。

3. 制定实践方案并组建实践团队

根据实践单位和实践岗位情况，结合实践要求，在指导教师的指导下，制定切实可行的实践方案，并组建实践团队，做好工作分工。

4. 开展生产劳动

与实践单位明确实践岗位、实践补助、提前需要准备的物资等细节。购买实践保

险，开展岗前业务、安全等培训。前往具体岗位进行生产劳动。如配备有企业导师，在实践过程中应多向企业导师学习请教。及时撰写实践日志，记录实践过程。

5. 实践总结

在实践结束前，整理好工作岗位相关资料、工具和设备等并移交给实践单位，并感谢实践单位的支持帮助和企业导师的关心指导。认真撰写实践总结，领取实践鉴定表，回校参加社会实践考核评价、分享交流等。

第三节 社会调查

社会调查，作为大学生文化和旅游社会实践中的一个主要类型，因其具有能在深入社会、深入文旅行业，充分接触和认识社会及行业发展现状的同时，结合专业知识锻炼提升思维能力、分析问题和解决问题的能力、实践能力等特点，在社会实践中被广泛使用。

一、社会调查概述

（一）社会调查的概念

大学生社会实践中的社会调查，是一种有目的、有计划、系统地收集、分析和解释与社会现象相关的数据，并以此来认识社会、了解社会问题或探索社会规律的研究活动。大学生社会实践中的社会调查和学术研究中的社会调查有一定的相似性，都强调科学性和客观性，但大学生社会实践中的社会调查侧重应用，主要锻炼大学生的实践能力，让大学生能够将所学知识运用到实际的社会观察中，并且对社会现象有初步的认知和理解。文化和旅游社会实践中的社会调查，就是重点围绕文化和旅游相关内容展开的研究活动。

社会调查的构成要素包括调查主体、调查对象和调查内容。调查主体可以是个人、社会组织、政府机构等。在不同的社会调查中，主体的目的和角色有所不同。通常情况下，相关管理部门进行的社会调查通常是为了制定政策，学术机构开展的调查可能是为了学术研究，而企业进行的社会调查可能是为了市场调研。调查对象包括社会中的个人、群体、组织、社区等各种社会实体。如调查某一景区的服务质量，调查对象应该是在该景区游玩和消费的游客；研究某地非遗文化的保护和传承工作，调查对象应该是该地居民、相关企业和协会、管理部门等。根据调查目的，调查内容可以涵盖或者涉及多个方面。就大学生文化和旅游社会实践的社会调查而言，调查内容可以是群体特征、经济状况、行为习惯、心理态度、意见建议等。

社会调查常见的方法有参与观察法、访谈调查法、问卷调查法、抽样调查法等。

（二）社会调查常见的类型

社会调查常见的类型有很多，这里重点就大学生文化和旅游社会实践中的社会调查常见类型进行简要介绍。

1. 市场需求调查

市场需求调查主要是了解消费者对文化和旅游相关产品的需求情况，涵盖文化产品或旅游目的地偏好、文化或旅游活动类型喜好、消费预算等内容。市场需求调查有助于文旅管理部门做好发展规划，有助于文旅企业有针对性地开发和推广文旅产品。大学生可以设计问卷，对不同年龄段的人群的旅游目的地偏好情况进行调查，可以询问"您在选择旅游目的地时，首选因素是什么？（A. 拥有厚重的历史文化 B. 有丰富的民俗文化体验 C. 自然风光独特 D. 旅游目的地的知名度高）"。还可以询问"您每年计划用于出游的预算，占您全年收入总额的比重是多少？（A.5% 以内 B.5%～15% C.16%～25% D.25% 以上）"通过这样的社会调查，可以了解消费者对于旅游的需求倾向，为旅游市场开发提供数据支持。

2. 市场竞争调查

市场竞争调查，主要是调查分析不同文化产品、旅游目的地之间的竞争态势，包括竞争对手的优势、劣势、市场份额、营销策略等内容。这有助于文旅管理部门做好发展规划或文旅企业制定有效的竞争策略。以两个相邻的历史文化名城为例，大学生可以通过参与观察法、访谈调查法、网络文本分析法等方式，对比这两个城市的旅游市场发展情况，了解二者的旅游资源开发程度、营销方式，包括广告投放渠道、线上旅游平台的推广策略等。同时，分析游客对两个城市旅游产品的评价差异，从而了解市场竞争情况，为提升城市旅游产品的竞争力提供依据。

3. 资源调查

资源调查聚焦于对某个地区文化和旅游相关资源的种类、分布、特色及开发利用现状的调查。其目的是更好地保护和开发文化和旅游相关的资源，挖掘潜在的文化和旅游价值。如在对某古镇进行文化和旅游资源的调查时，大学生可以实地考察古镇的古建筑（如古民居、古寺庙、历史遗迹等）的数量、建筑风格、保存状况，同时调查古镇的民俗文化资源（如传统节日、剪纸、刺绣等民间手工艺）的传承情况，记录这些文化和旅游相关资源的分布位置，并评估目前这些资源在文化传承和旅游开发中的利用程度，如是否被列为非物质文化遗产进行保护、是否能开发成旅游景点、是否具有开发成文创产品的价值等。

4. 满意度调查

满意度是消费者对文化和旅游相关产品、服务、体验或情境满足其需求和期望的程度所做出的主观评价。通过开展满意度调查，有助于文旅管理部门和企业发现工作中存在的问题并有针对性地进行改进。如在某历史文化名城的旅游景点周边，大学生

可以对游客进行问卷调查，了解游客对景区讲解服务的满意度，可以询问“您对景区讲解员的讲解内容和讲解方式是否满意?(A.非常满意　B.满意　C.一般　D.不满意　E.非常不满意)”。还能了解游客对景区设施设备配置的满意程度，可以询问“您认为景区内的公共厕所数量是否足够?(A.足够　B.基本足够　C.不够　D.不好说)”。根据游客的反馈，明确文化和旅游相关产品、服务、体验或情境需要改进的方向。

5. 影响调查

影响调查主要研究文化和旅游的相关活动对当地社会、经济、环境等方面产生的影响，包括正面影响(如促进经济增长、推动文化传承与交流等)和负面影响(如加剧环境污染、文化过度商业化等)。如对于一个因生态旅游而兴起的乡村，大学生可以调查旅游对当地经济发展和生态环境保护的影响。他们可以收集当地村民的收入数据，分析旅游旺季和淡季村民收入的变化情况，了解旅游行业对当地就业的带动作用，以及旅游发展前后当地环境保护、生态修复变化情况等。此外，还可以就某地每年定期举办的民俗文化艺术节对当地经济和社会发展情况的影响进行调查，探究节庆活动的举办是否能更好地传承和传播了当地特色民俗文化，以及是否出现了因过度商业化而导致传统文化变味等情况。

（三）开展社会调查对大学生群体的重要意义

在大学生文化和旅游社会实践中，组织大学生开展社会调查，对于大学生群体的成长与发展具有重要意义。

1. 提升社会责任感与公民意识

通过开展文化和旅游相关方面的社会调查，大学生能够深入社会基层，了解国情、民情和文旅行业发展情况，从而增强自身的社会责任感。在调查过程中，大学生会接触到各种社会问题、行业问题，这些问题将促使他们更加关注社会动态、关注行业发展，意识到作为公民和未来文旅行业从业者应承担的责任。社会调查还能帮助大学生树立正确的价值观，提升公民意识，为未来的社会参与和行业谋生奠定坚实基础。

2. 培养实践能力与团队协作精神

社会调查是一项实践性活动，要求大学生具备较强的沟通能力和组织协调能力。在调查过程中，大学生需要与不同背景的人进行交流，收集数据和信息，这将极大地锻炼他们的实践能力。社会调查往往需要团队成员密切配合，共同完成任务。这将有助于培养大学生的团队协作精神，提高他们在未来文旅职场中的竞争力。

3. 拓宽知识视野与提高专业素养

通过参与文化和旅游相关方面的社会调查，大学生可以接触到丰富的文旅知识资源，拓宽自己的文旅专业知识视野。社会调查还能帮助大学生将所学文旅知识应用于实践中，加深对专业知识的理解，提高专业素养，增强专业自信。这将为大学生未来的学术研究和职业发展提供有力支持。

4. 培养创新思维与解决问题的能力

社会调查过程中，大学生需要面对复杂多变的社会现象和问题，这就要求需要具备创新思维和解决问题的能力。在分析问题、提出解决方案的过程中，大学生将不断锻炼自己的思维能力，培养创新意识和创造力。这些能力对于大学生未来的个人发展和社会进步具有重要意义。

5. 促进职业规划与明确发展方向

通过社会调查，大学生可以更加深入地了解自己的兴趣所在和潜在能力，从而为职业规划提供有力依据。在调查过程中，大学生可能会发现自己的兴趣和特长与文旅行业中的某些领域或方向契合，这将有助于他们明确未来的发展方向，并据此制定合理的职业规划。社会调查还能让大学生了解文旅行业发展趋势和市场需求，为未来的求职和创业做好准备。

二、社会调查组织实施的基本程序

（一）选题阶段

1. 发现问题

发现问题是社会调查的起点，大学生可以从自身兴趣、社会热点、专业学习等多个角度出发来寻找调查的主题。如对旅游管理专业的大学生来说，可能会关注到乡村旅游现象，发现乡村旅游在发展过程中可能存在基础设施不完善等问题，从而产生调查乡村旅游基础设施建设情况的想法。

2. 初步探索

在确定大致方向后，需要对选题进行初步探索。初步探索包括查阅相关文献资料，了解前人在该领域的研究成果和现状。如在调查乡村旅游基础设施建设时，大学生需要查阅学术论文、政府工作报告、旅游行业杂志等，获取乡村旅游基础设施包含的内容（如交通、住宿、餐饮设施等）、目前的建设标准及各地乡村旅游基础设施建设的案例信息。还可以进行小规模的访谈或观察，与当地村民、游客、旅游从业者等交流，获取关于乡村旅游基础设施建设的第一手资料，如游客对住宿设施的满意度、村民对交通设施改善的期望等。

3. 明确选题

经过初步探索，选题更加具体、明确。一个好的选题应该是有价值的、新颖的和可行的。如可以将选题明确为“乡村旅游交通基础设施建设对游客流量的影响——以某市县某村为例”，这个选题聚焦于交通基础设施这一具体方面，研究其对游客流量的影响，具有一定的针对性和研究价值，且在一个具体的乡村进行调查，具备可行性。

（二）设计阶段

1. 确定调查目的和内容

调查目的要清晰，明确是描述现状、解释原因、探索影响还是预测趋势等。如在乡村旅游交通基础设施调查中，目的可能是描述某乡村交通基础设施的现状，分析其对游客流量的影响，进而为改善其交通设施、提升游客流量提供建议。

根据调查目的来确定调查内容，如该村的公路里程数、道路质量、公共交通的线路和班次、停车场的规模、村内及周边各景区景点到生活区的交通便利情况、交通价格等，以及不同时期（旅游旺季、淡季）的游客流量数据等。

2. 选择调查方法

根据调查内容和对象的特点选择合适的调查方法。在乡村旅游交通基础设施调查中，可以采用问卷调查法收集游客对交通设施的评价和出行方式的选择等信息；运用访谈调查法与当地文旅和交通管理部门负责人、交通运营人员等交流，了解交通设施建设和运营的情况；通过参与观察法实地察看交通设施的使用状况、游客的交通行为等。

3. 设计调查工具

如果选择问卷调查，需要精心设计问卷，包括确定问卷的结构、设计问题类型及具体问题内容等。问卷开头可以写“尊敬的游客，您好！我们是来自××大学的社会实践队，当前正在开展社会调查工作。为了解某村的旅游交通情况，希望您能抽出几分钟时间填写这份问卷，感谢您的支持！”主体问题可以有“您对该村的交通状况是否满意？(A.非常满意 B.满意 C.一般 D.不满意 E.非常不满意)”等。

若是访谈，要设计访谈提纲，明确访谈的主要问题和顺序。如在与当地交通运营人员进行访谈时，提纲可以包括“当地的交通运营环境如何？”“目前在交通运营方面存在的最大困难是什么？”等问题。

（三）实施阶段

1. 培训调查人员

如果是实践团队进行集体调查，要对参与调查的全体成员进行培训。培训内容包括熟悉调查目的、内容和方法，掌握调查工具的操作技巧，以及有效应对调查过程中可能出现的问题，如遇到不配合的调查对象应如何处理等。

2. 收集数据

按照设计好的调查方法进行数据收集。在发放调查问卷时，要确保问卷的质量，提醒调查对象认真填写；在访谈过程中，要营造良好的氛围，记录好访谈内容；采用参与观察法收集数据时，要及时、准确地记录观察到的现象。此外，要注意数据收集的完整性和真实性。如在记录游客对交通设施的评价时，要完整记录所有选项的选择情况，不能只记录自己感兴趣的部分。

（四）分析阶段

1. 整理数据

对收集到的数据进行整理，包括对数据的审核、分类、编号和汇总等。调查数据的审核主要是推究数据是否真实可靠和合乎要求。经过审核后的数据，根据其性质、内容或特征进行分类。资料简化的主要任务就是编号，将数据按照一定的标准来进行编号。汇总就是根据研究目的，对大量的调查数据资料进行汇集、整理和加工，将原始资料转化为综合资料。

2. 数据分析

根据数据的特点和调查目的选择合适的分析方法。如果是描述性数据，可以采用统计描述方法，如计算平均数、百分比等，如计算选择“满意”选项的游客占总游客数的百分比来描述游客对交通设施的满意程度。对于探索变量之间关系的数据，可以采用相关性分析、回归分析等方法，如分析交通设施改善程度与游客流量增长之间的相关性。

（五）总结阶段

1. 撰写调研报告

调研报告的写作格式一般包括标题、开头、正文、落款四个部分。在撰写调研报告时，必须遵循内容完整、结构清晰、逻辑严密、语言规范等要求，使用规范的学术语言，确保报告的专业性，同时注意格式的统一和整洁。

2. 评估和应用

对调查过程和结果进行自我评估，检查调查方法是否合理、数据是否可靠、结论是否准确等。可以就调研报告与指导教师、同学、调查对象等进行交流，听取他们的意见和建议，进一步完善调查成果。在完成评估后，可以将调研报告提交给相关管理部门、利益相关方等以供参考，也可使用调查报告参加相关的学术竞赛或交流活动，更可以形成学术论文进行发表。

第四节　志愿服务

大学生志愿服务活动，是实践育人的重要环节，是思想政治教育的重要途径，是大学生社会实践的重要组成部分。在大学生文化和旅游社会实践中，与文化和旅游相关的志愿服务活动，深受社会、文旅行业和大学生群体的欢迎。

一、志愿服务概述

（一）志愿服务的概念

志愿服务是指志愿者、志愿者组织自愿、无偿贡献自己的精力、智力、体力，旨在服务大众和促进社会进步而进行的服务行为，体现"奉献、友爱、互助、进步"的核心价值，具有自愿性、无偿性和公益性等基本特征。大学生志愿服务是大学生自愿并积极参与社会公共服务的活动，在为他人和社会奉献的同时，提升自我的行为表现。

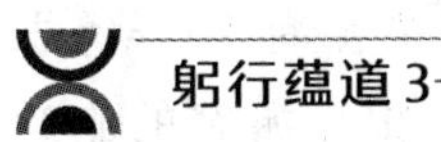
躬行蕴道 3-2

大学生志愿服务的四个鲜明特征

与其他人群的志愿服务相比，大学生志愿服务具有四个鲜明特征，即时代性、组织性、专业性和育人性。

时代性是指大学生志愿服务往往紧跟时代潮流，满足时代发展需要，更符合社会期望。

组织性是指大学生志愿服务大部分是由学校组织，有计划、有安排，有人员和时间保障。

专业性是指大学生志愿者结合自己所学专业知识，在自己的专业领域开展志愿服务，使志愿服务更加高效和有针对性。

育人性是指大学生志愿者在开展服务的同时，也是自身接受锻炼和教育的过程。

（二）文化和旅游社会实践中志愿服务常见的类型

1. 文化类志愿服务

（1）志愿讲解。

大学生志愿者在博物馆、纪念馆、红色文化教育基地等为参观者提供导览和讲解服务，解释背景和历史，帮助参观者更好地了解文化和艺术。

（2）节庆活动志愿者。

大学生志愿者为当地的节庆活动提供志愿服务，包括活动组织、场地搭建、秩序维护、礼宾礼仪等。

（3）文化保护与传承。

大学生志愿者开展保护和传承非遗文化、中华优秀传统文化等活动。

（4）文化宣传与教育。

大学生志愿者在社区、学校等场所开展文化宣传、政策宣讲和支教活动等，或向外传播中国文化（图 3-3）、讲好中国故事等。

图3-3 大学生志愿者在向留学生传授筷子的使用方法

2. 旅游类志愿服务

(1) 旅游大使。

大学生志愿者为游客提供旅游信息和导游服务,介绍当地的景点、美食、购物和文化特色,帮助游客更深入地了解并体验当地风情。

(2) 交通枢纽志愿接待。

大学生志愿者在交通枢纽(如机场、火车站、汽车站等)为游客提供咨询、引导等志愿服务,以缓解交通压力,提升游客的旅游体验。

(3) 旅游救援服务。

大学生志愿者参与旅游救援服务,为遇到突发情况的游客提供紧急救助,确保游客的安全。

(4) 旅游景区景点志愿服务。

大学生志愿者在旅游景区景点为游客提供咨询、导览等服务,同时,协助工作人员维护景区景点秩序,提升游客满意度。

(5) 文明旅游和环境保护宣传。

大学生志愿者在公共场所宣传文明旅游理念,倡导游客文明出行,保护旅游环境等。

二、文化和旅游志愿服务的组织实施

(一) 组织实施的原则

1. 自愿性原则

自愿性原则是志愿服务的核心原则。大学生参与志愿服务应完全基于自身的意愿,没有任何强迫因素。如在组织文化艺术节志愿者招募时,要通过宣传让学生充分了解志愿服务的内容、时间和要求,由学生自主决定是否报名参加。这种自愿性能保证志愿者以积极主动的态度投入到服务中,对活动本身有较高的兴趣和热情,从而提高服务质量。

2. 公益性原则

志愿服务的目的是满足社会公共利益需要。大学生志愿者可能会参与到景区的讲解、文化遗产的宣传、旅游环境的维护、文明旅游秩序的倡导等工作中。这些工作通常是无偿的,旨在促进文化和旅游资源的合理利用和可持续发展。如大学生志愿者在景区内开展环保活动,清理垃圾、维护景观设施,向游客宣传环保理念,保持景区的整洁美观等。这些都有助于提升旅游环境质量,让更多游客能够拥有更好的旅游体验,

同时也有利于生态环境的可持续发展。

3. 安全性原则

在志愿服务过程中，要保障志愿者和服务对象的安全。对于大学生志愿者而言，无论是在景区内进行引导服务，还是参与一些户外文化体验活动，都可能面临各种安全风险。如在山地景区进行志愿服务时，要提前对大学生志愿者进行安全培训，内容包括应对自然灾害、游客突发疾病等情况的处理方法。同时，还要准备必要的安全装备，如安全帽、急救包等，确保在遇到紧急情况时能够有效应对。

4. 专业性原则

从事文化和旅游相关方面的志愿服务，也需要一定的专业知识和技能。对于讲解类的志愿服务，大学生志愿者需要对当地的历史文化、风俗习惯等有深入的了解。如在讲解古代建筑时，大学生志愿者要能够准确地阐述建筑的风格特点、历史背景、建造工艺等专业知识。因此，在选拔志愿者时，应结合大学生的专业特点进行筛选，同时还需要提供相关的岗前培训，以提高大学生志愿者的专业素养，使其能为游客提供高质量的志愿服务。

（二）组织实施的基本步骤

1. 需求调研

与当地文旅管理部门、景区、社区等相关单位沟通，了解它们在文化和旅游相关活动中的志愿服务需求。如景区在黄金周期间可能需要引导游客的志愿者，举办文化活动时可能需要协助布置场地和讲解文化知识的志愿者等。

2. 团队组建

通过校园宣传、社团组织等渠道招募志愿者。发布招募信息时，要明确志愿服务的主题、时间、地点和内容要求。对报名的大学生志愿者进行初步筛选，考虑专业背景（如旅游管理专业的学生可以在导游词撰写和景点讲解方面发挥优势）、沟通能力、服务意识等因素。组织大学生志愿者培训，培训内容包括活动目的、内容和要求、志愿服务理念、文化和旅游相关知识（如当地历史文化、旅游景点特色等），以及基本服务技能（如礼仪规范、沟通技巧）等。

3. 物资准备

根据志愿服务的具体内容准备相应的物资。景区引导方面的志愿服务，需要准备扩音器、指引牌、饮用水等；文化活动方面的志愿服务，可能需要准备活动道具、宣传资料等。同时，还需准备志愿者服装、工作牌等标识性物品，方便游客识别。

4. 现场组织开展

在志愿服务开始前，大学生志愿者应提前到达现场，再次确认物资准备情况和工作分工。如在旅游景区，志愿者会被分配到不同的入口、热门景点、游客服务中心等岗位。为确保志愿服务过程顺畅，需要建立有效的沟通机制，设置现场负责人联系群，及

时解决志愿服务过程中遇到的问题，如游客投诉、突发状况等。大学生志愿者按照培训内容和工作分工，有组织地开展志愿服务活动。

5. 总结宣传

活动结束后，组织大学生志愿者分享志愿服务经验，交流在志愿服务过程中遇到的问题、解决方案和个人感受。针对活动中出现的问题（如物资准备不足、分工不合理等）制定改进措施，为下一次志愿服务活动提供经验与参考。整理志愿服务的成果，制作活动照片集、撰写服务报告等，在校园、社区或网络平台上进行展示，宣传志愿服务的理念和成效。

践履试金

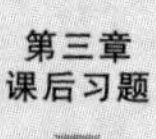
第三章
课后习题

简答题
答案

简答题

1. 在大学生文化和旅游社会实践的具体流程中，动员阶段需要做哪些工作？
2. 请简述大学生文化和旅游社会实践中生产劳动的组织实施的基本步骤。

Note

第四章
大学生文化和旅游社会实践的调查研究方法

学习目标

1. 掌握访谈调查法和问卷调查法的概念、特点、类型和开展的基本技巧。

2. 了解数据分析方法，掌握信度、效度等专业术语的概念。

能力目标

1. 能够针对不同的调查情境，使用访谈调查法或问卷调查法完成社会调查任务，获得调查资料和数据并完成初步分析。

2. 提升团队协作与沟通能力。

素养目标

1. 培养科学、求真、务实和严谨的做事态度。

2. 能够客观、全面和理性地看待问题，具有批判性思维和探索精神。

案例阅读4-1

某高校“蜡染青春，传承有我”大学生文化和旅游社会实践团队，利用暑假时间，前往某市县乡镇，开展社会调研实践活动。实践团队成员以蜡染为核心，以蜡染文化多渠道发展及利用蜡染文化实现乡村振兴为主线，以促进蜡染文化传播与弘扬、继承与发展为目的，积极开展实践工作。在蜡染发源地，实践团队成员前往博物馆参观，向蜡染传承人学习，采用访谈、问卷调查等方式深入当地，围绕实践主题进行深入调研。最终，实践团队的实践活动成果丰硕，达到了预期效果，并形成了调研报告，为当地后续开展蜡染保护和传承工作，以及利用蜡染助力乡村振兴提供了积极帮助。

随着全球化的不断深入和经济的快速发展，文化和旅游产业已成为推动社会经济发展的重要力量。文化是旅游的灵魂，旅游是文化的载体，两者相互依存、相互促进。在这一背景下，基于文化和旅游开展社会实践活动显得尤为重要。社会调查是文化和旅游开展社会实践的一种重要形式，为达到社会调查研究的目的，必须采用适当的调查研究方法，并有效地运用这些方法于文化和旅游的社会实践中。其基本方法主要有观察法、访谈调查法、问卷调查法等。其中，观察法是最容易实施的方法，运用最为广泛和直接，但存在较大的局限性。访谈调查法、问卷调查法因具备一定的科学性，在正式社会调查和研究中的运用较为普遍。

第一节　访谈调查

访谈调查法作为大学生文化和旅游社会实践中定性调查研究的有效途径和方法，在大学生实践过程中的应用非常广泛。

一、访谈调查法的概念和特点

访谈调查法也称访谈法，是在所有社会调查中较先出现、较为常用且使用范围广泛的方法之一。通常情况下，该方法主要通过组织方在与调查对象的交流来收集口头信息。访谈调查法根据事先设定的范围或者主题，由一位或者多位访谈者与受访者进行交谈以此促进社会实践的深入开展，属于定性调查方法。访谈调查法有三个区别于其他形式方法的特征：一是以口头形式为主；二是需要向受访者提出相关问题；三是操作灵活，适用范围广泛。

访谈调查法的焦点是“人”，整个研究过程都以人为中心。通过直接与受访者交流，访谈者能够获取第一手的信息或数据，这些信息对于调查研究至关重要。可以说，没有人与人之间的互动，访谈调查法就失去了其核心价值。因为它本质上是一种人与人之间就特定主题进行的信息交换过程，一方提供信息，另一方接收并记录，最终为调查研究提供宝贵的数据资源。

图 4-1　某高校社会实践团队成员就旅游景区执行维护和管理问题对景区安保人员进行访谈调查

与其他定性研究方法相比，访谈调查法的独特之处在于它侧重口头沟通。这种以口头交流为主的信息收集方式，为定性研究提供了基础和保障。通过这种方式，访谈者能够深入了解受访者的观点、感受和经验，从而为社会实践提供深刻的洞见（图 4-1）。

二、访谈调查法的优缺点

(一)访谈调查法的优点

(1)通过有效的沟通技巧,可以鼓励受访者分享更多深入且有价值的信息。

(2)在某些特定情况下,访谈调查法是获取信息的唯一可行方法,其他方法无法替代它的作用。

(3)适应范围相对广泛。与其他的调查研究方法相比,不同性格、不同年龄,甚至是不同职业、不同受教育水平的个体,在符合调查标准的前提下,均可以采用访谈调查法进行调研。特别是对一些不识字的老年人进行的调查,访谈调查法是最合适的选择。

(4)访谈调查法具有很强的灵活性。如受访者对某些问题不理解或有疑问,他们可以要求访谈者重新解释或以不同的方式重新表述。这种灵活性有助于确保调查信息的完整性、准确性和流畅性。

(5)访谈调查法的成功率较高。由于访谈过程通常在访谈者的控制之下完成,因此回答率和完成度往往较高。

(二)访谈调查法的缺点

(1)访谈调查法在资源投入方面相对较高。与观察法等其他研究方法相比,它需要更多的时间、精力、人力、物质等资源和财务成本。

(2)访谈调查法容易受到主观因素的影响。访谈者的个性特征,如态度、语气、口音和价值观等,都可能引起受访者不同的反应,进而影响他们提供信息的质量和深度。

(3)访谈过程中的信息记录存在挑战。访谈者在进行访谈时往往很难即时记录受访者的所有反应和语言等细节,因为这会受到受访者态度、语气、语速、表达方式等多种因素的影响。此外,访谈过程中的不确定性较多,使得准确记录信息变得困难。

三、访谈调查法的分类

(一)结构化访谈和非结构化访谈

根据有无固定模式,访谈调查法可分为结构化访谈和非结构化访谈两种形式。

1. 结构化访谈

结构化访谈的主要特征是其高度的标准化。在这种访谈中,访谈者会事先准备一个详细的访谈指南,包括问题的具体内容、提问的方式、受访者可能的回答类型及整个访谈的流程等内容。访谈者会按照这个预先设定的顺序向受访者提问,以获取关于特定问题的答案。因此,结构化访谈有时也称为问卷调查的对话形式,通常也包含开放式的问题。

2. 非结构化访谈

非结构化访谈,又称为非标准化访谈、深度访谈或自由访谈。非结构化访谈不采用预先设定的问卷。它只有一个大致的题目或问题大纲,而不是详尽的问题列表,这使得访谈过程更加灵活,可以是无控制或半控制的。在非结构化访谈中,访谈者和受访者在既定的主题范围内自由对话,具体的问题往往在访谈过程中自然产生。对于访谈的环境设置、提问的方式和顺序,以及如何记录回答等方面,没有设置固定规则,可以根据实际情况灵活调整。

(二)个别访谈和群体访谈

根据参与访谈的人数,访谈调查法可分为个别访谈和群体访谈两种形式。

1. 个别访谈

个别访谈是访谈调查法中最常见和广泛使用的方法。它允许访谈者根据每个受访者的个性特点进行调整,确保受访者在回答问题时不会受到其他人意见的影响。

2. 群体访谈

群体访谈涉及对多个个体或一个群体同时进行访谈。这种形式的访谈解决了个体访谈可能存在的效率问题,因为多个受访者可以同时参与,从而形成一种类似于调查会议的形式。

(三)直接访谈和间接访谈

访谈调查法的传统形式是面对面直接访谈,但随着时代的进步,信息交流方式多样化,间接访谈也成为一种常见的方法。

1. 直接访谈

直接访谈通常有两种实施方式:一种是访谈者主动“走出去”,即亲自前往受访者的所在地进行访谈;另一种是“请进来”,即邀请受访者到一个指定的地点进行访谈。这两种方式都涉及面对面交流。

2. 间接访谈

间接访谈主要通过电话、即时通信软件(如QQ、微信等)及电子邮件等远程通信手段进行,一般在访谈者和受访者相隔较远、时间较紧、不能及时面对面沟通的情况下使用。在电话访谈中,沟通完全依赖于声音的传递,这对访谈者和受访者都提出了较高要求。由于传统观念和安全防范意识的影响,电话访谈通常涉及的内容较为简单和直接。在即时通信软件、电子邮件等访谈中,容易出现回复不及时、沟通效率较低等问题,这就需要使用其他方式予以补充和完善。

四、访谈调查法的技巧

（一）如何有效提问

1. 区分主要问题（或核心问题）和次要问题

要注意区分主要问题（或核心问题）和次要问题，避免在细节上过分深究。访谈者需要提出主要问题以获取所需的信息，但同时也不能急于求成，直接跳到核心问题。一般情况下，访谈者不能直接向受访者提出研究问题，因为这些问题往往过于抽象，难以得到有深度的回答。因此，访谈者需要将研究问题分解成一系列适合受访者理解的小问题，而不是直接将研究问题作为主要问题来提问。

下面以某地红色旅游资源开发现状的调查为例，进行说明。

Q1：随着人们生活水平的提高，旅游已经成为一种较为普遍的休闲娱乐方式，请问您可以先为我们讲讲××红色旅游区的开发历程吗？（从哪一年开始开发建设？如何逐步开展？目前的规模、状况如何？）

Q2：相比其他地区的红色旅游场所，您认为××红色旅游区的发展优势是什么？

Q3：与其他旅游景点不同，红色旅游景点可以更多地吸引具有革命情怀的老一辈人或者是中年人，对于青少年及儿童可能没有那么大的吸引力，您认为应该如何打造该景区的亮点，吸引更多不同年龄段的游客？

Q4：从您的表述中我可以感觉到，您认为这个旅游区开发的意义主要体现在“环境”这一方面，但其他很多地方其实会通过开发红色旅游去实现经济效益或者文化效益。您认为××开发红色旅游的意义除了“环境”外，是否还有其他方面？

Q5：××的旅游资源虽然丰富，但是并未得到很好的开发与利用，很多地方虽然承载着厚重的历史底蕴，但参观者寥寥。面对这种有些尴尬的情况，您有何感想？未来是否有对应的解决方案？

Q6：请问您未来是否考虑为景区增设一些配套设施？或是对其进行整体规划以便开发？

Q7：非常感谢您在百忙之中接受我们的采访，通过这次采访，我们也了解到了很多原本没有考虑到的问题，对××红色旅游区的规划有了更深刻的了解。最后，请您对××红色旅游区的主题形象与品牌建设做一个归纳总结。

2. 掌控提问的节奏与情绪

访谈者的提问应让受访者感到轻松、愉快和有意义。访谈的氛围往往受到访谈者

的语气、表情和提问方式的影响。如果访谈气氛显得沉闷，访谈者有责任调整语气或转换到一个更轻松的话题。访谈者应展现出愉快、真诚和亲切的态度。

3. 注意提问的结构和顺序

访谈者的提问应尽量使用简单的句子，避免连续提出太多"是"或"不是"的封闭式问题。问题之间的转换应自然流畅，保持提问的连贯性。如果受访者对某个话题感到不适或不愉快，应适时转换话题，并在适当的时候再回到原话题。对于复杂或有争议的问题，应先保持克制，学会等待，直到访谈的后期再逐步提出或讨论。

（二）何谓真诚倾听

访谈者应始终扮演一个谦逊的学习者角色，真诚地聆听受访者的话语，避免进行争辩或审问。争辩和审问可能会让受访者感到压抑和沮丧，甚至激怒他们，严重时可能导致访谈被迫中断，引发受访者的抗拒和不满。

访谈者应避免频繁打断受访者的话语或突然改变话题。虽然访谈者是带着研究的目的进行访谈，但受访者有时参与访谈可能只是为了表达自己的感受或情绪。因此，访谈者需要尊重受访者的心理预期。即使受访者的话题偏离了原定的方向，访谈者也应认真倾听，展现出对受访者话题的理解和关心，尊重他们的情感需求。

通常情况下，访谈者应该尽量少说话。因为往往访谈者说得越少，能够收集到的信息就越多。此外，倾听也包括对沉默的接纳，而不仅仅是急于打破沉默。当受访者突然停止说话时，访谈者应该学会耐心等待，倾听那些未被言语表达出来的情感。

（三）如何有效追问

拓展资源包 4-1

东北某冰雪文化博物馆访谈提纲

追问实际上也是一种倾听，是倾听之后的回应。追问在访谈中是一个重要的技巧，恰当、友好且准确的追问总是显示出访谈者的智慧和人格魅力。

访谈者应该巧妙地引导对话的方向，但应尽量减少对谈话进程的强制性控制。当受访者对某个话题表现出浓厚的兴趣时，访谈者应避免因为时间限制或其他原因而强行改变话题。

拓展资源包 4-2

某文化旅游公司调查访谈提纲

如果真的需要转换话题，访谈者可以提出一个过渡性的问题来平滑过渡，这样可以减少受访者的抵触感或不适。通过这种方式，访谈者可以在不打断受访者思路的情况下，温和地引导对话回到原先预定的讨论轨道上。"在一个进行得比较流畅的访谈中，访谈者所提的问题相互之间在内容上应该有比较一致的联系。在一个完整的访谈记录中应该可以看到一条贯穿访谈全过程的内容线，而将这条线连起来的是一个一个的提问。问题与问题之间的衔接应该自然、流畅，与前面受访者的回答在内容上有内在的联系。访谈问题应该以受访者的思想作为起承转合的主线，问句的构成应该使用受访者自己使用过的词汇和造句方式。如果访谈者顽固地坚守自己事先设计好的访谈提纲，不管对方说什么都定期地将自己的问题一个一个地抛出去，那么这个访谈不仅在形式上会显得十分生硬、僵化，而且在内容上也没有内在的生命。反之，如果访谈者将自己放到与对方情感和思想的共振之中，用对方的语言和概念将访谈的问题像串

一串珍珠一样串起来，那么这个访谈便不仅会如行云流水，而且会展现出自己生动活泼的生命。”①

第二节 问卷调查

案例阅读 4-2

为深入了解莱州草辫（草编）这一非物质文化遗产在现代社会的认知度、发展现状以及未来趋势，进一步传播草编文化，助力乡村振兴，“人生三部曲”大学生社会实践团队成员奔赴莱州市，就莱州草辫文化的现状展开了全面且深入的社会调查实践活动。

此次社会调查以问卷调查的形式开展，所使用的调查问卷在内容设计上考虑得比较周全，涵盖了莱州草辫的历史渊源、技艺传承、市场接受度、创新方向等诸多内容，并且采用了线上线下相结合的方式，以确保调研结果的全面性和准确性。

社会实践团队成员向当地居民发放了100余份调查问卷，详细介绍本次问卷调查的目的和意义，耐心讲解调查问卷内容，并记录大家对于草编文化传承与发展的看法和期望。

社会实践团收集到了大量宝贵的第一手资料。这些资料涵盖了市民对莱州草辫文化的了解程度、草编产品的市场需求、传承面临的困境及对未来发展的建议等多个方面的内容。社会实践团队成员将对这些资料进行系统的整理和分析，为后续提出有针对性的传承和发展策略提供有力依据。

问卷调查法作为大学生文化和旅游社会实践中进行定量调查研究的主要方法，在实践过程中的应用极为广泛。问卷调查法所使用的核心工具就是调查问卷。一份合格且优秀的调查问卷，是开展问卷调查的基础和前提。

一、调查问卷的概念和特点

（一）调查问卷的概念

调查问卷是一种研究工具，用于收集人们的意见、态度、行为和背景信息。它通常由一系列问题组成，这些问题可以是开放式的，也可以是封闭式的，以便于收集和分析

① 陈向明．教师如何做质的研究[M]．北京：教育科学出版社，2001.

数据,最终获得有价值的信息。

(二)调查问卷的特点

调查问卷一般具有如下特点。

1. 目的性

调查问卷设计时应具有明确的目的,旨在收集特定主题或问题的数据。

2. 标准化

问卷中的问题是预先设定的,以确保所有受访者对相同的问题做出回应,这有助于数据的比较和分析。

3. 可量化

问卷中的问题设计是可量化的,即能够将受访者的回答转化为可以统计和分析的数据。

4. 匿名性

为了鼓励诚实回答,问卷调查通常是匿名的,以保护受访者的隐私。

5. 灵活性

问卷可以设计成纸质形式或电子形式,以适应不同的调查环境和受访者偏好。

6. 成本效益

相比于面对面访谈,问卷调查可以更经济高效地收集大量数据。

7. 可重复性

问卷调查可以被重复使用,以跟踪变化或趋势。

8. 可靠性和有效性

设计良好的问卷应具有高可靠性(一致性)和有效性(测量的准确性),以确保收集的数据是可信的。

9. 多样性

问卷可以包含不同类型的问题,如单选题、多选题、量表题(如李克特量表)、开放式问题等。

10. 数据分析

问卷收集的数据通常需要通过统计软件进行分析,以识别模式、趋势和关联性。

二、问卷调查的分类

问卷调查按照问卷填答者类型,可分为自填式问卷调查和代填式问卷调查。自填式问卷调查,是指调查者将问卷送达给被选中的受访者,等受访者填答完后再回收调查问卷。代填式问卷调查,是指由调查者协助受访者完成问卷填写工作(图 4-2)。代填

式问卷调查一般可分为访问式问卷调查和电话式问卷调查。访问问卷调查是调查者按照提前设计的问卷向受访者当面提问，调查者根据受访者的口头回答来自行填写问卷。电话式问卷调查是通过互通电话的形式，向受访者提问，调研者根据受访者的电话回答记录填写问卷。

图4-2 某高校社会实践团队成员向游客发放景区游客满意度调查问卷并指导填写

此外，根据问卷载体的不同，问卷调查还可分为纸质问卷调查和网络问卷调查。纸质问卷调查是一种传统的数据收集方法，通常涉及调查机构聘请人员来分发纸质问卷，并在完成后收集这些答卷。这种调查方式存在一些局限性，如在数据分析和统计上可能更为烦琐，同时成本也相对较高。网络问卷调查则是一种现代的在线调查方式，用户可以利用专门的在线调查平台来设计问卷、分发问卷及分析调查结果。这种调查方式的优势在于它不受地理限制，并且成本相对较低；其不足之处是可能面临答卷质量不一、问卷填写缺乏真实性、问卷调查结果易泄露等问题。

三、调查问卷的设计

（一）设计原则

1. 主题明确原则

设计问卷时，应首先确立一个清晰的核心主题，并围绕这个主题来设计相应的问题。所涉及的问题应该具有明确的目的，突出重点内容，并确保问题具备必要的针对性。

2. 结构合理原则

问卷的结构应该合理。问题的排列应该遵循一定的逻辑顺序，与受访者的思维习惯相匹配。通常，问题应该按照从简单到复杂、从具体到抽象、从容易到困难的顺序排列。

3. 易于作答原则

问卷应该易于理解，使受访者能够迅速把握问题的要点，并愿意诚实地作出回答。问卷的语言应该友好、亲切，确保符合受访者的理解能力，避免使用难以理解的专业术语。对于敏感问题，应采用适当的提问技巧，确保问卷的合理性和可回答性，避免使用引导性或暗示性的问题，以防止答案失真。

4. 长度适中原则

问卷的长度应该适中，以确保受访者在20分钟内能够完成。问卷中的问题应该既

全面又精炼，既不冗余也不遗漏。

5. 方便后续操作原则

问卷的设计应该便于后续的数据审核、整理、统计分析和展示呈现。

（二）设计和使用步骤

调查问卷的设计和使用过程主要包括八个步骤（图4-3），具体如下。

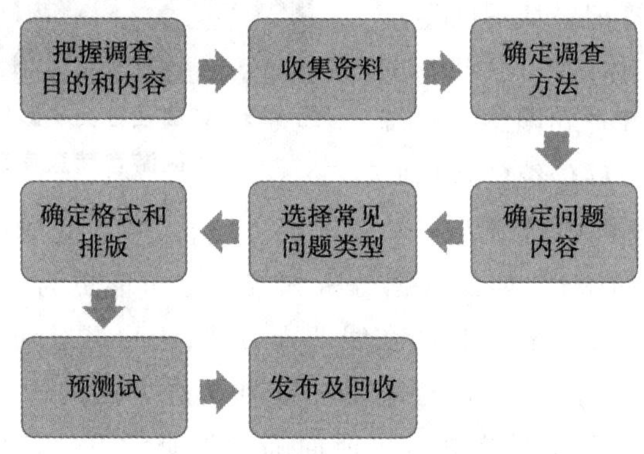

图4-3 调查问卷的设计和使用步骤

1. 把握调查目的和内容

在设计问卷时，首要任务是准确把握调查的目标和内容，这涉及明确问卷需要收集哪些信息，这是问卷设计过程的起点。对于直接参与调研问卷设计的人员，可能已经对调研目的和内容有了深入的了解，因此可以跳过这一步，直接进入问卷设计的下一个阶段。然而，对于那些还未曾参与调研方案设计的人员来说，问卷设计的首要任务是深入理解调研项目，涵盖研究的目的、内容、主题和理论假设。这包括仔细阅读研究方案，与方案设计者进行讨论，并将研究问题具体化、条理化，转化为可操作的一系列量化指标。通过充分理解问卷的目的和需求，可以提高问卷的可信度和实用性，提高问卷调查的效率，并为后续的数据分析打下坚实的基础。

2. 收集资料

问卷设计不是随意的创作过程，它需要遵循科学的原则和理论指导。问卷设计是技术与艺术的结合，它既需要设计者的经验，也需要他们的智慧和创造力。一份优秀的问卷往往源自调查者创新思维的火花。只有在经验与创新思维的双重作用下，调查者才能设计出一份高质量的问卷。

收集相关资料的目的主要有三个：首先，它帮助调查者更深入地理解所需要调查研究的问题，从而使设计的问卷更具代表性，对后续的调查研究产生积极的影响；其次，它为问卷设计提供了丰富的素材，使得问卷设计更加多样化，能够多角度全面分析问题，找到解决问题的关键点，提高调查的效率；最后，它有助于明确对目标总体的认识。在收集资料的过程中，对个别调查对象进行访问，可以了解他们的经历、文化水平及对问卷问题的理解程度等，这些信息有助于设计出更符合群体特征的问卷。由于调

查对象之间存在个体差异，设计一份完全适合整个群体的问卷是一项挑战。但是通过收集资料，调查者可以在了解群体特征的基础上，最大限度地发挥问卷的效能。

3. 确定调查方法

不同的调查方法对问卷的设计有着直接的影响。在面对面的访谈中，受访者可以直接与调查者交流并查看问卷问题，基于这一特点，问卷中的问题可以设计得更复杂、更详细。而在电话调查中，虽然受访者可以与调查者进行口头交流，但由于无法直接看到问题，这限制了问题的复杂程度和长度。

对于通过邮寄方式进行的问卷调查，受访者需要独立完成问卷，缺乏与调查者的直接沟通。因此，这类问卷的问题应该设计得相对简单，并提供清晰的指导说明。在计算机辅助的访谈中，可以利用技术实现复杂的跳转逻辑和随机化问题排列，从而减少顺序问题导致的潜在偏差。

在设计访谈问卷和电话调查问卷时，应该采用对话式的风格，以便于调查者和受访者交流。这样的设计有助于提高受访者的参与度，确保准确收集信息。

4. 确定问题内容

在选择了适合的调查方式之后，下一步是精心设计问卷中的每个问题。这需要确定每个问题应该包含哪些内容，以及整个问卷应该覆盖哪些问题，确保问卷内容全面且切中要害。在设计每个问题时，设计者应该进行自我审视，思考诸如“这个问题是否必要？问题之间是否存在重复？”等问题。

问卷的设计原则是确保每个问题都能服务于收集特定信息或实现特定目标，也就是每个问题的必要性。如果某个问题无法有效收集到有用的数据，那么这个问题就应该被剔除。在某些特定情境下，可以有意设置一些与主要信息收集无直接关联的问题，以建立与受访者的良好关系，特别是在问卷主题较为敏感或有争议时。此外，为了准确收集信息，有时需要借助多个问题来实现。

在确定问题内容时，调查者不应预设受访者能够对所有问题提供准确或合理的答案，也不应假设受访者愿意回答每一个他们知道的问题。调查者需要尽量采取措施，避免出现受访者无法回答或不愿意回答的情况。

为减少“不知道”这类回答，可以评估受访者过去的经验和熟悉程度。对于受访者可能难以回忆的问题，可以通过在问卷中提供相关提示来激发他们的记忆，如事件的具体情况、发生的时间范围或可能帮助记忆的其他相关事件。

对于受访者难以准确表达答案的问题，可以提供适当的辅助，如图片、地图、描述性词汇等，帮助他们回答那些他们原本“不清楚”“不确定”的问题。

5. 选择常见问题类型

调查问卷中常见的问题类型，从不同维度有不同划分方式。按题目形式划分，可分为开放性问题和封闭性问题；按提问方式划分，可分为直接性问题、间接性问题、假设性问题；按题目类型划分，可分为事实性问题、行为性问题、动机性问题和态度性问

题等。在实际设计调查问卷时，应根据具体调查的问题内容，结合各类型问题的适用范围组合使用。

6. 确定格式和排版

为了让受访者更好地填写，调查问卷应尽可能完整。一份精心设计的调查问卷通常包含以下五个主要部分：标题、调查的介绍（引言）、问卷填写说明（答题指南）、问卷正文（问题和提供选择的答案）、结束语。如涉及个人资料，应有隐私保护说明。设计调查问卷的基本步骤如下：首先确定问卷的标题，接着撰写调查的介绍（引言）和问卷填写说明（答题指南），然后设计问题，设定可能的答案选项，最后添加结束语。按照这一顺序来设计问卷，可以使受访者在填写时感受到逻辑的连贯性。

问卷的版式设计有竖版和横版两种。竖版通常使用A4或B5纸张大小，一般不进行分栏处理。而横版则通常使用A3纸张大小，并常采用分栏设计，是否分栏取决于问题和答案的长度。问卷的版面应该保持清晰、整洁和美观。行距应保持适当的间隔，建议至少为1倍行距，1.25倍至1.5倍行距更为理想。问题的后面应留有足够的空白空间，以便受访者填写答案。要避免为了节省版面空间而使内容过于拥挤，这样会影响受访者的阅读体验，容易导致看错或遗漏信息。字体大小也应适中，一般推荐使用小四号或五号，如果受访者中包括老年人，字体大小不应小于三号。

7. 预测试

问卷的预测试通常采用两种方法：预调查和专业人士评审。

预调查涉及从目标总体中随机抽取一部分样本，对这些样本进行问卷的先行测试。这一步骤有助于提前识别问卷实施过程中可能遇到的问题，并对问卷进行必要的调整，以减少在正式调查中出现错误的可能性。预调查后，需要对问卷的各个问题进行统计分析，包括回答率、难度、区分度和选项的百分比等。通常，区分度较高的问题更有价值。如果问题数量不多，还可以计算题目之间的相关性。如果两个问题之间的相关性过高（如超过0.8），则可以考虑删除其中一个。

专业人士评审则是邀请2到10位具有相同研究领域背景（经历）的人员，对问卷的概念框架、整体结构、问题设计和选项设置等方面进行全面评估。建议问卷设计者也作为专业人士之一参与评审，这将对问卷的改进提供重要帮助。

拓展资源包
4-3

关于某主题乐园餐饮服务质量的调查问卷

预测试完成后，根据发现的问题对问卷进行相应的修改。修改内容可能包括删除不需要的问题、调整表述欠佳的问题、优化问题和选项的设置等。此外，如果问卷的引言、指导语或排版存在问题，也需要进行相应的调整。如果问卷的修改幅度较大，修改后应再次进行预测试，以确保问卷具有较高的可靠性和有效性。这一过程可能需要重复几次，直到问卷的质量达到满意的标准。

8. 发布及回收

当调查问卷设计完成并通过预测试后，就可以启动正式调查工作，通过适当的渠道（如电子邮件、社交媒体、纸质分发或面对面交流填写等）发布问卷。待调查结束后，

Note

回收问卷，进行数据整理和清洗，判断问卷是否有效，然后使用统计分析方法对数据进行分析，根据分析结果形成调查报告。

（三）设计技巧

1. 注意问题的单一性

为了避免问卷问题设计效率低下、过度重复、消耗精力，在设计调查问卷问题时要坚持单一性原则，即不问复合型问题。例如，“针对旅游小镇的业态创新，您认为应该如何结合当地文化特色，创造出符合市场需求的新业态？请从‘吃、住、行、游、购、娱’等方面进行阐述。”这类问题，就属于复合型问题。单一性原则同时可以控制调查问卷的时长，不会使受访者产生厌烦的情绪，从而导致出现过度随意的答案。

2. 确保通俗性

通俗性，即用词清晰、合理、简单、为受访者熟悉，不使用术语、专业名词、浓缩词等。尤其要根据受访者的背景特征、文化层次和知识水平等，进行不同的个性化区分，避免因为个别词语的理解错误对调查结果造成影响。

3. 表达要准确

在部分调查问卷中，调查者会加入一些起到修饰作用的词语，如“经常”“几乎”“大多数”“很多”“少数”，这些词的标准都比较模糊，缺乏统一的衡量标准，不同的人对这些词的感觉是不一样的，所以很容易产生误差。因此，应该尽量确保问题表达的准确性，避免模糊或产生歧义。

4. 避免使用否定的句式

大多数人在日常生活中习惯使用肯定句，这是因为否定的句式大多用于强调和加强语气，不符合人们的思维习惯，会使受访者在理解和回答问题时产生一定程度的偏差。因此，在问题设计中，应尽量避免使用否定的句式。如“您不认为下列选项中哪些是您本次出游的原因?”等这类问题，就属于否定句式，应尽量避免使用。使用双重否定会使问题更难理解。如不要问“您不认为这个景区的票价不贵吗?”而应该问“您认为这个景区的票价贵吗?”

5. 做到“一事一问”

在设计调查问卷时，遵循“一事一问”是提高问卷质量和数据准确性的关键原则之一。第一，应该明确问题目标。在设计每个问题之前，明确想要了解的具体信息是什么，确保每个问题都围绕一个特定的调查目标。第二，应该避免复合问题。避免将多个问题合并成一个，这样会导致受访者难以理解或回答。例如，不要问“您喜欢这家酒店的住宿和餐饮吗?”而应该分成两个问题：“您喜欢这家酒店的住宿吗?”和“您喜欢这家酒店的餐饮吗?”第三，应该限制问题的长度。尽量保持问题简短，避免出现长句子和过多的细节，这有助于受访者快速抓住问题的核心。第四，要使用单一变量。每个问题应该只涉及一个变量，如不要问“您为什么不喜欢这家酒店？是因为价格太高还

是服务不好?”而应该分别询问价格和服务问题。第五,要学会逻辑分组。将相关的问题分组在一起,但每个问题仍然保持独立,这样可以提高问卷的连贯性,同时保持“一事一问”的原则。

6. 不使用诱导性的语言表述

调查问卷的本质就是通过问卷的形式广泛收集信息数据,从而为调查提供支持。保证问题客观、避免诱导性语言表述是保证调查问卷质量的重要因素之一。在调查问卷中,诱导性问题可能在无意间影响受访者的回答,使他们倾向于给出某种特定的答案。以下是一些可能具有诱导性的问题示例,以及相应的修改方法,以降低诱导性。

诱导性问题:“您认为这个景区的服务质量是否非常高?”修改后的问题:“您如何评价这个景区的服务质量?”

诱导性问题:“您是否觉得本次文化节非常有趣和吸引人?”修改后的问题:“您对本次文化节的整体感受如何?”

(四)调查问卷中的常见问题类型

1. 按题目形式划分

(1)开放性问题。

开放性问题即没有固定的、可供选择的答案或范围,受访者可以根据自己主观的看法对所调查的内容进行回答。表达的内容相对灵活,适用于调查者无法预料的问题答案。此类问题的出题形式较为简单,一般是在问题下方留出适当空白,以供受访者书写。例如,“您对本纪念馆在提升导览服务质量方面还有什么好的意见建议?”

(2)封闭性问题。

封闭性问题为受访者提供了一组预设的答案选项。这种类型的问题使得答案格式统一,便于受访者理解和作答,同时也便于研究者进行数据的统计和分析。然而,设计这类问题时需要精心考虑,确保答案的全面性,因为不全面的答案设计可能会限制受访者的思路,影响调查结果的准确性。封闭性问题的答案必须是互斥的,即每个答案选项都是独立的,并且要尽可能覆盖所有可能的答案。如果无法列出所有可能的答案,应提供一个“其他”选项,以便受访者选择。例如,“您在入住前是通过什么方式了解到该酒店的? A.他人推荐　B.各类广告　C.平台检索查询　D.其他”。

2. 按提问方式划分

(1)直接性问题。

直接性问题是指在问卷中直接询问受访者,要求他们对一个明确的问题给出答案。这种方式的优点在于问题清晰明确,容易得到直接的回答。但同时,直接提问可能会引起受访者的警觉或防备心理,这可能导致他们的回答偏离真实情况,特别是在涉及敏感话题时。因此,直接式问题不太适合敏感性问题的调查。

(2)间接性问题。

间接性问题是指针对不宜直接询问的问题,采用间接提问的方式,这样可以降低

Note

人们对问题答案的焦虑感，也可以在更大程度上提高问题的准确性。这类答题的处理方法包括转移法、释疑法等。转移法是指在处理敏感问题时，使用第三人称方式进行提问，可以使受访者不用从自身角度对其发表意见，从而降低受访者对问题的敏感性。释疑法是指在问题前加上一些尽可能消除受访者疑虑的功能性文字描述，从而有利于受访者表达出自己内心真实的想法。

(3) 假设性问题。

假设性问题，是通过设置一个假设性的条件或情景作为前提，通常涉及将某种假设的情景融入现实生活。这种假设的前提是要求合理，虽然是基于虚构的情景，但应尽可能接近现实，以便受访者能够产生共鸣。因此，假设不应过于夸张或超出一般人的认知范围。假设性问题还应考虑时间性，假设的时间跨度不宜过长，应贴近现实。此外，假设应符合可能发生的事实，即使这种假设性问题允许一定的想象空间，但其根本目的仍然是解决现实问题，因此应遵循客观事物发展的规律和可能性。例如，"假设您在本市有3天的旅游日程安排，您会选择游览本市的几个景区？ A.1～3个 B.4～6个 C.7个或更多 D.一个也不想游览"。

3. 按题目类型划分

(1) 事实性问题。

事实性问题是指用于询问特定事实的问题，回答围绕"是什么"展开。例如，"该景区在为您提供的游览服务中，您最满意的一项是什么?"

(2) 行为性问题。

行为性问题是询问受访者行为特征的问题。为了避免由于受访者记忆模糊而出现回答偏差，要注意对对象目标行为尺度进行设定，回答围绕"如何做"展开。例如，"您是如何确定您出游的目的地的?"

(3) 动机性问题。

动机性问题是询问受访者产生某种行为的原因或动机的问题，这种问题期望的回答围绕"为什么"展开。例如，"您为什么会选择从事文旅行业?"

(4) 态度性问题。

态度性问题是用于询问受访者对调查目标的态度、意见或评价等感受性的问题，回答围绕"怎么样"展开。例如，"您对当地文化旅游产业发展的前景持什么样的态度?"

(五) 量表题与非量表题

在调查问卷中，量表题与非量表题经常被用到。量表和非量表是两种不同的数据收集形式，它们各自有独特的特点和用途。

1. 量表题

(1) 量表题的定义及用途。

量表题通常包含一系列标准化的问题，这些问题被设计来量化特定的概念或变

量，如态度、感受、行为等。

（2）量表题的设计注意事项。

①评价问题的数目要适量。

在量表设置过程中，如果评价内容过多，或者陈述项目太多，就会超出受访者的承受能力，迫使其随意回答，使测量效果下降。

②要均衡选项数目。

量表问题中所提供的不同表述方向的选项数目应该是均衡的，即肯定选项和否定选项的数量是相等的，这有利于解决在统计分析过程之中有可能出现的偏分布问题。例如，若正面选项多于负面选项，可呈现为：非常同意、比较同意、同意、有点同意、中立、有点不同意、不同意、非常不同意（正面选项4个，中立选项1个，负面选项3个）；若负面选项多于正面选项，可呈现为：非常不同意、比较不同意、不同意、有点不同意、中立、有点同意、同意、非常同意（负面选项4个，中立选项1个，正面选项3个）。在设计量表时，为了减少偏差和提高量表的平衡性，最好提供相同数量的正面和负面选项，以及一个中立选项，这样可以确保量表不会因为选项的不均衡而引导受访者倾向于某一方向的回答。例如，一个平衡的五点李克特量表选项可设置为：非常不同意、不同意、中立、同意、非常同意。这种设计提供了2个正面选项、2个负面选项和1个中立选项，从而减少了因选项不均衡而产生的统计偏差。

③适当设置选项分值。

在量表测量中，为了清晰展现选项间的差异，设计时一般采用5分制，有时候为了做得更细致一些，也可采用7分制，或者更多级选项。选项设置过少，各选项之间的差异太大，会牺牲测量精度，使调查结果过于粗略，进而影响调查的精准度，甚至造成严重失实。一般而言，5分制或7分制是比较常用的分制设置形式。

④选择合适的数字或形容词来界定量表。

在设计时可以选择合适的数字或两个不同方向的极端形容词进行替代，提高回答的准确性，以避免受访者出现记忆偏差，从而影响实验结果。

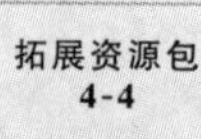

关于某景区游客满意度的调查问卷

2. 非量表题

（1）非量表题的定义及用途。

非量表问卷更多地包含开放式问题或定性问题，可以允许受访者以自由文本的形式回答，而不必选择预设的选项。

（2）非量表题的设计注意事项。

①二项选择式题目。

二项选择式题目只有两种备选答案，在选择上非此即彼。这类问题有利于受访者选择，且易于进行统计分析。一般多针对简单的事实进行提问，不适用于复杂的原因探讨。常见的有“是”与“否”、“有”与“无”等。例如，调查某游客是否为本地人，答案仅为“是”和“否”。

②多项式选择题目。

多项式选择题目通常设置三个或三个以上的备选答案，需要受访者结合实际情况选择一个或多个答案。只选择一个答案的为单选题，同时选择两个及以上答案的则为多选题。样本的背景信息调查，如性别、年龄、收入一般为单选题，而如“哪种形式的文化旅游项目更吸引您?”这类问题，则可以设置成“A.体验互动类 B.展示解说类 C.特色产品类 D.其他类”等多选题，多选题选项一般没有数目的限制。

③开放性题目。

开放性题目一般只设置问题，而不提供备选答案，受访者可以围绕主题自行组织语言回答。这种题目有利有弊，虽然可以充分发挥受访者的主观性，使其表达真实想法，但可能会收集到多种多样的答案，难以记录和统计分析。例如，就“您认为某地景区在提升游客满意度方面还有哪些提升空间及意见和建议?”这一问题，就应以开放性题目进行设计。

④逻辑跳转题目。

为了更加全面地了解调研的真实情况，非量表类问卷有时也会设计逻辑跳转题目，举例如下。

Q1:您是否曾经参观过文化遗产地?

A.是(跳转到Q2)　　B.否(跳转到Q4)

在这个例子中，根据受访者是否参观过文化遗产地，问卷将引导受访者继续回答后续不同的问题。

Q1:您对文化旅游中最感兴趣的方面是什么?

A.历史文化(跳转到Q4)

B.自然风光(跳转到Q5)

C.民俗风情(跳转到Q6)

D.都不感兴趣(结束问卷)

在这个例子中，受访者根据兴趣点的不同，将被引导至后续不同的问题上进行继续作答。

躬行蕴道4-1

社会实践问卷调查要做到“四合理”

一、问卷问题设计要合理

(1) 问卷设计时要注意问题数量合理化、逻辑化、规范化。

问题的形式和内容固然重要，但是问题的数量同样是决定一份问卷调查是否成功的关键因素。同时，在问题设计时要避免出现逻辑性矛盾的问题，应该减少使用假设性问题。

(2) 问卷设计中要尽量注意避免模棱两可的选项。另外，在一些分类选择中，各个分类之间的差别要能够很容易被受访者所区分，而且尽量使用一些常用的分类方法，如“非常同意、基本同意、有点不同意、非常不同意”。

(3) 除非是一些特殊的调查，一般问卷设计应尽可能多地采用封闭性问题。这样既减轻受访者填写的负担，又可降低统计的复杂程度，便于电脑自动统计结果，提高效率和准确性。

(4) 问卷中最好不要出现太多复杂的跳转题目，因为这会加重最后问卷数据统计分析的负担，进而会影响最后结果的精度。

二、问卷形式设计要合理

(1) 问卷设计时要注意合理利用分页功能。分页不能太多，否则受访者可能因为翻页而失去耐心，中途退出问卷填写；但分页也不能太少，特别是当问题比较多的时候，适当有助于对问题进行更好的分类管理，也可避免一个页面集中太多问题而给受访者造成问题太多的感觉。

(2) 问卷设计时要注意合理使用不同问题类型。根据问题的特征选择合适的问题类型，既能方便受访者填写，又能使问卷显得更为丰富，不至于枯燥。

三、问卷分发要合理

注意把问卷尽量分发给事先联系好、回答意向比较高的受访者，这样可以提高回收问卷的质量。一份低质量或者无效的问卷不仅无法发挥任何作用，而且还会给调查带来负面影响。此外，这样做还可以避免漫无目的地群发给其他人，造成信息"困扰"，招致反感。

四、问卷回收要合理

一项准确的调查依赖于足够大的样本量，但并不能片面地过度追求样本数量而忽视样本质量。回收的问卷应该认真检查，如果问卷有效答题数量太少，或者与预先设计好的逻辑相关检测问题存在太多不相符的情况，就应该大胆舍弃该问卷，必要时重新设计并组织实施。

第三节　抽样调查和统计分析

一、抽样调查

在大多数情况下，对总体进行全面调查是不可行的。特别是在总体太大或者分布太广的情况下，进行全面调查是不现实的。在这种情况下，抽样调查提供了一种实际的解决方案。

抽样调查是根据部分实际调查结果来推断总体情况的一种统计调查方法，属于非全面调查的范畴。它是按照科学的原理和计算，从全部的调查研究对象中，抽选部分样本单位来进行调查、观察，并用所得调查数据代表总体、推断总体，具有经济性好、时效性强、适应面广、准确性高等优点。

与其他调查一样,抽样调查也会存在调查的误差和偏误。抽样调查的误差通常有两种:一是工作误差(也称登记误差或调查误差);二是代表性误差(也称抽样误差)。调查者可以通过抽样设计、计算并采用一系列科学的方法,把代表性误差控制在允许范围之内。另外,由于调查单位少,代表性强,所需调查人员少,工作误差比全面调查要小。特别是在总体调查单位较多的情况下,抽样调查在结果的准确性上一般要高于全面调查。因此,抽样调查的结果通常是可靠的。

根据抽选样本的方法,抽样调查可分为概率抽样方法和非概率抽样方法两类。

(一)概率抽样方法

概率抽样(随机抽样)方法是完全依照机会均等的原则进行的一种抽样调查方法,按一定的概率以随机原则抽取样本(抽取样本时使每个单位都有一定的机会被抽中),每个单位被抽中的概率是已知的,或是可以计算出来的。由于是按随机的原则抽取样本,而非用随意挑选的个别单位代表总体,因而能够保证被抽中的单位在总体中均匀分布,不会出现倾向性误差,代表性强。抽样误差能够在调查前根据样本数量和总体中各单位之间的差异程度进行计算,并控制在允许范围以内,因而调查准确程度较高。

随机抽样方法的最大优点是在根据样本推断总体时,可用概率的方式客观地测量推断值的可靠程度,从而使这种推论更加科学,因而在社会调查和社会研究中应用较广泛。

随机抽样方法主要有以下几种。

1. 简单随机抽样法

这是最简单的一种抽样法,同时也是最基本的抽样方法,是其他抽样方法的基础。从总体N个单位中随机抽取n个单位作为样本,每个单位被抽样本的概率是相等的。简单随机抽样又分为重复抽样和不重复抽样。在重复抽样中,每次抽中的单位仍放回总体,样本中的单位可能不止一次被抽中;在不重复抽样中,抽中的单位不再放回总体,样本中的单位只能抽中一次。社会调查采用不重复抽样。

2. 系统抽样法

系统抽样法又称等距抽样法、机械抽样法,是将总体中的所有单位按一定顺序排列,根据样本容量要求确定抽选间隔,在规定的范围内随机抽取一个单位作为初始单位,然后按照事先规定好的规则确定其他样本单位。

这种方法的优点是抽样样本分布比较好,操作简便,可提高估计的精度,总体估计值容易计算。当对总体结构有一定了解时,利用已有信息对总体单位排队后再抽样,可提高抽样效率。这种方法的缺点是对估计量方差的估计比较困难。

(二)非概率抽样方法

相对于概率抽样而言,非概率抽样(非随机抽样)方法在抽取样本时并不依据随机原则,而是根据研究目的对数据的要求,采用某种方式从总体中抽出部分样本对其实

施调查。具体有方便抽样、判断抽样、自愿样本、滚雪球抽样等方式。

1. 方便抽样

调查过程中由调查者根据方便的原则，自行确定抽入样本的单位。如调查者在街头、公园、商店等公共场所对路人进行拦截调查，酒店人员在大堂门口对顾客进行调查等。这种方法的优点是容易实施、调查成本低；缺点是样本带有随意性，无法代表有明确定义的总体，调查结果不易推断总体。

2. 判断抽样

调查者根据经验、判断和对研究对象的了解，有目的地选择一些单位作为样本，有重点抽样、典型抽样、代表抽样等方式。这种抽样成本比较低，容易操作。但判断抽样是主观的，样本选择的好坏取决于调查者的判断、经验、专业程度和创造性。样本是人为确定的，没有依据随机的原则，调查结果也不能用于推断总体。

3. 自愿样本

受访者自愿参加，成为样本中的一分子，向调查者提供有关信息。如参与报刊和互联网上发布的调查问卷活动、向某类节目打热线电话等的受访者，都构成自愿样本。

4. 滚雪球抽样

滚雪球抽样是指先选择一组调查单位，对其实施调查之后，再请其提供另外一些属于研究总体的调查对象，调查者根据所提供的线索，进行此后的调查。这个过程持续下去，就会形成滚雪球效应。这种方法适合对稀少群体和特定群体进行研究，容易找到那些属于特定群体的受访者，调查的成本也比较低。

（三）样本规模与抽样误差

1. 样本规模

总体中抽取的一部分元素的集合称为样本，样本规模是指从总体中选取的构成样本的元素的数量，又称样本容量或样本量。如果样本规模过小，就不能准确反映出总体的特征，降低结论的可靠性；相反，如果样本规模过大，则会增加工作量，造成不必要的时间和人力的浪费，降低效率，失去抽样的意义。

2. 抽样误差

在抽样调查中，通常以样本做出估计值对总体的某个指标参数进行估计，当二者不一致时，就会产生误差。抽样误差是由随机抽样过程中的偶然因素引起的，它导致样本不能完全代表总体，从而使得基于样本的估计值与总体的真实值之间存在偏差。这与登记误差不同，后者是由于调查过程中的错误（如观察、记录、测量失误等）引起的，而抽样误差是随机抽样所特有的。

以样本做出的估计值会随抽选样本的不同而变化，即使在记录完全准确的情况下，由于抽样的随机性，样本估计值与总体参数之间也可能存在差异，这种差异就是抽样误差。抽样误差的大小受到多种因素的影响，包括样本量的大小、总体的变异性、抽

Note

样方法的选择及抽样的组织方式。

简而言之,样本规模和抽样误差是抽样调查中两个核心的概念。合理的样本规模可以确保研究结果的可靠性,而对抽样误差的理解有助于调查者评估样本估计值的准确性。在设计调查研究时,调查者需要仔细考虑这两个因素,以确保研究的有效性和效率。

二、数据统计和分析

通过社会调查,可以得到相关的数据,对这些数据进行处理就是数据统计和分析。

(一)研究类型与数据统计

根据不同的研究目的,可以将现行的研究大致分为三类。

第一类是要描述一个事物的状态,即关于"是什么"的问题,可以将其称作描述性研究。所用的统计方法往往是描述性的,即只汇报某一现象的各种描述性统计参数。如某旅游度假区每年的游客统计,可能包含游客年龄分布、职业分布、客源分布、收入分布、购票方式等。

第二类是探究性研究,描述的是各变量之间的关系,往往是在描述性统计参数的基础上报告变量之间的相关性,如门票价格、季节变化、活动安排等因素对某旅游度假区入园人数的影响。但这种相关性并不是提前预知的,而是研究者经过调查收集数据并进行统计后可以直观看到的一种潜在关联。

第三类是验证性研究,即先对一个现象作假设,然后使用统计方法进行假设验证。它回答的是"为什么"的问题,就是用数据来验证自己的假设或猜想,如验证"通过加强网络营销力度能否有效提升某旅游度假区的日均入园人数?"这一问题。而这种检验往往需要定量的方法,最常用的便是问卷调查法。这就需要对回收的调查问卷进行统计。

(二)数据分析工具

在完成数据的收集和整理之后,接下来的步骤是对数据进行全面的分析。数据分析是一个系统的过程,它涉及运用恰当的分析方法和工具来处理数据,从中提取有价值的信息,并最终得出有意义的结论。在制定数据分析的策略时,需要对研究目标、目标受众及分析工具有深入了解,这样才能更有效地控制数据,进而深入开展分析和研究。

数据分析中最常用的软件工具是SPSS统计软件。

SPSS(Statistical Product and Service Solutions),即"统计产品与服务解决方案"软件。它是IBM公司推出的一系列用于统计学分析运算、数据挖掘、预测分析和决策支持任务的软件产品及相关服务的总称。SPSS是一个组合式软件包,它集数据录入、整理、分析功能于一身。用户可以根据实际需要和计算机的功能选择模块,以降低对系统硬盘容量的要求,有利于该软件的推广应用。SPSS的基本功能包括数据管理、统计

分析、图表分析、输出管理等。SPSS统计分析过程包括描述性统计、均值比较、一般线性模型、相关分析、回归分析、对数线性模型、聚类分析、数据简化、生存分析、时间序列分析、多重响应等类型。每类又细分为多个统计过程，如回归分析中又分线性回归分析、曲线估计、Logistic回归、Probit回归、加权估计、两阶段最小二乘法、非线性回归等多个统计过程，而且每个过程中又允许用户选择不同的方法及参数。SPSS有专门的绘图系统，可以根据数据绘制各种图形。SPSS的分析结果清晰、直观，易学易用，而且可以直接读取EXCEL及DBF数据文件，还能在多种操作系统上运行，它和SAS、BMDP并称为国际上极具影响力的三大统计软件。

此外，图表是数据分析中不可或缺的结果呈现工具，通过图表，研究者可以直观地展示数据之间的关系，常见的图表有饼状图、条形图、柱状图、折线图、散点图、雷达图和矩阵图等类型。饼状图、柱状图、折线图示例分别如图4-4至图4-6所示。

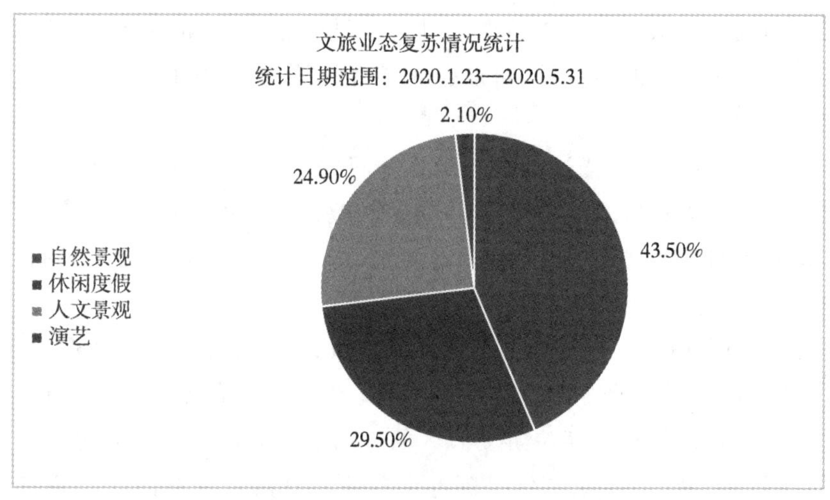

图4-4　饼状图示例

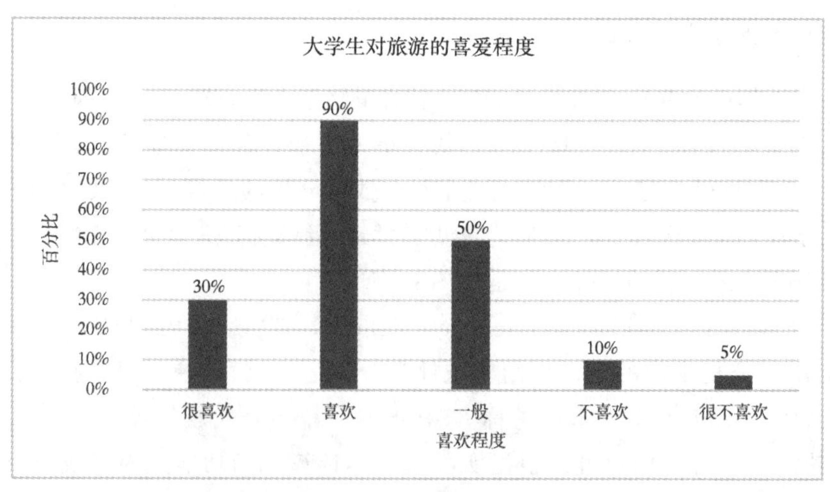

图4-5　柱状图示例

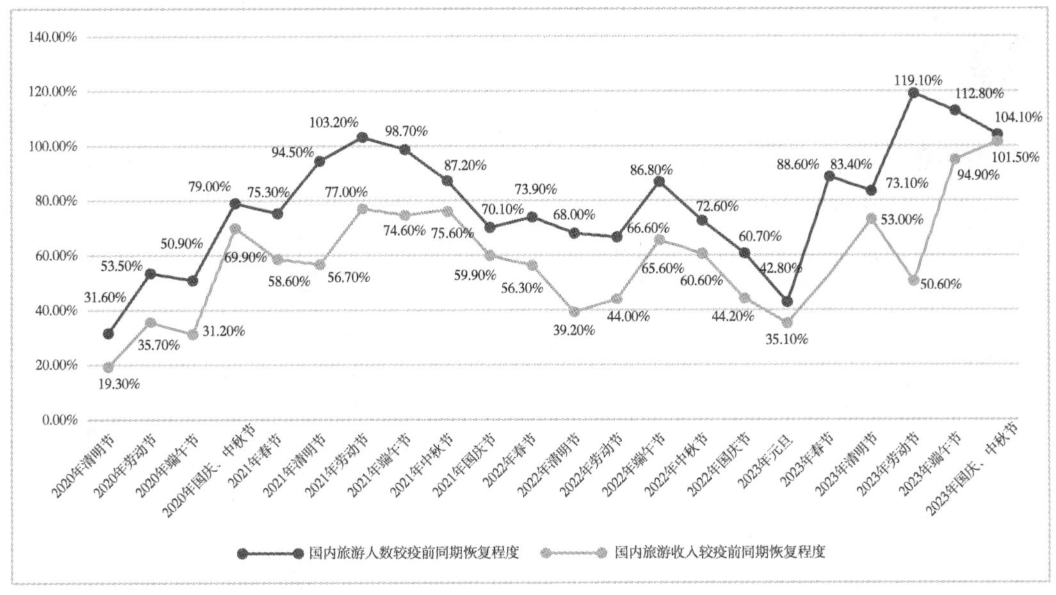

图 4-6 折线图示例

（三）信度与效度分析

在问卷调查的数据分析中，信度和效度分析是两个基本且关键的步骤，它们对于评估问卷的质量和可靠性至关重要。即使是已经广泛使用的成熟问卷，这两个步骤也是不可或缺的。

信度，也就是可靠性，它衡量的是使用相同的方法对同一对象进行多次测量时结果的一致性。换句话说，信度反映了测量数据的稳定性和可信度。在信度分析中，克龙巴赫α系数是一个常用的指标，它能够评估问卷中各个题目的内部一致性。通常，如果克龙巴赫α系数达到0.7及以上，则认为问卷具有较好的信度。

效度，即有效性，它指的是测量工具是否能够准确地测量出其旨在测量的目标变量。简单来说，效度反映了问卷的准确性和实用性。一个具有高效度的问卷意味着其数据的内部一致性较好，即问卷中每个维度的题目选择应该是一致的，维度的划分是合理的。例如，问卷中有关于景区满意度的调查维度，那么该维度下的题目应该能够一致地反映受访者对景区满意度的看法。如果受访者认真填写问卷，那么他们在这些题目上的选择倾向应该具有一致性。效度检验通常通过因子分析来进行。

信度和效度是问卷质量的两个基本前提。如果一个问卷在信度和效度上都表现良好，那么这意味着该问卷数据具有较高的内部一致性和可靠性，可以用于进一步的建模和分析。反之，如果信度和效度不佳，可能就需要对问卷进行重新设计和发放，以确保收集到的数据是可靠和有效的。

践履试金

第四章
课后习题

简答题
答案

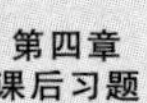

简答题

1. 访谈法的优点有哪些？

2. 调查问卷的设计原则有哪些？

第五章
大学生文化和旅游社会实践基地

学习目标

1. 掌握大学生文化和旅游社会实践基地的定义、类型和特点，深刻理解其具有的重要作用。

2. 了解大学生文化和旅游社会实践基地建立的条件、程序，建设的原则和基地的管理等基本内容。

能力目标

1. 具备正确选择大学生文化和旅游社会实践基地的能力，包括信息收集和处理能力、判断能力、评估能力等。

2. 能够根据学校要求和自己的实际情况，选择合适的基地开展实践活动，发挥实践基地作用，助力自己更好地完成实践任务。

素养目标

1. 树立一切从实际出发、实事求是的工作作风和实践态度。

2. 培养独立思考、求真务实和勇于探索的精神品质。

案例阅读 5-1

每年暑假一开始，某高校就会组织数十名大学生前往广西桂林市资源县中峰村开展“青年红色筑梦之旅”大学生文化和旅游社会实践活动（图 5-1）。桂林市资源县中峰村作为该校的社会实践基地之一，每年都会接收该校大学生前来开展实践活动。

桂林市资源县中峰村拥有丰富的红色文化旅游资源。1934 年，中央红军突破湘江后从三千界等处进入资源县境内。当时的中央红军中革军委就驻扎在中峰村油榨坪公堂。在此基础上，再依托该村红军小学、龙溪红色旧址等浓厚的红色文化资源，中峰村建成了资源县党员群众初心教育馆。该馆是桂林市红色文化教育实践基地，是宣扬和传承红色文化和红军革命精神的重要载体。该高校就是看中了其丰富的红色文化资源，与该村共建社会实践基地，共同开展红色文化宣传和研习工作。

到此实践的大学生们，通过调研走访、参观体验、志愿服务等方式，了解红军长征的历史事件，聆听军民鱼水情的故事，接受红色文化的熏陶，感悟红军战士伟大的革命精神，以此更好传承红色基因、赓续红色血脉，不断坚定理想信念，培养爱党爱国情怀。

图5-1 某高校大学生在广西桂林市资源县中峰村党员群众初心教育馆开展“青年红色筑梦之旅”社会实践活动

大学生文化和旅游社会实践基地是大学生走向社会的重要实践场所。大学生能从实践中获取文化和旅游知识，了解文旅行业动态，实现理论学习和实践教育有机结合。一个与文旅相关专业紧密结合、管理规范、设施完善、资源丰富、场地固定、岗位多样、安全到位的大学生文化和旅游社会实践基地是大学生开展实践的首选之地。结合自身所学专业的培养目标，在学校和学院提供的社会实践基地中有针对性地选择适合自己的基地开展社会实践，是大学生实践前的一项重要工作。

第一节 基地的选择

文化是旅游的灵魂，旅游是挖掘文化内涵的载体。学校、学院在校外建立大学生文化和旅游社会实践基地，鼓励并支持大学生前往社会实践基地开展与文化和旅游相关的实践活动，一方面为大学生专业实践提供了更多选择；另一方面也积极发挥了校外资源的作用，为大学生实践能力的提升聚集起了更多力量。

一、大学生文化和旅游社会实践基地概述

（一）大学生文化和旅游社会实践基地的定义及类型

1. 大学生文化和旅游社会实践基地的定义

大学生文化和旅游社会实践基地是指为在校大学生开展文化和旅游相关社会实

践提供机会，以及包括场地、岗位、后勤及安全保障、实践指导等在内的基本条件的单位或组织，其中涵盖党政机关、依法成立的企事业单位和社会团体等。大学生文化和旅游社会实践基地是文化和旅游相关专业的大学生集中开展与专业相关的社会实践的重要场所。在社会实践基地，大学生可根据社会实践的要求，紧密结合自身文化和旅游相关专业的特点，在指导教师的指导下，在确保自身和他人人身及财产安全的前提下，立足文旅融合的时代背景，从自身专业认知、专业学习、专业锻炼的角度出发，参与有利于自身思想成长、知识积累、能力提升等方面的社会调查、专题调研、志愿服务、科普宣传、支教支农、政策宣讲、文化传播、帮残助困、公益活动、学术科技、勤工助学、创新创业等社会实践课程(活动)。

2. 大学生文化和旅游社会实践基地的类型

一般情况下，文化和旅游社会实践基地划分为基层社区和老幼场所、文化和旅游景区景点(场馆)、文旅相关管理部门或企事业单位、乡村振兴帮扶点四个类型。

(1) 基层社区和老幼场所类社会实践基地。

基层社区和老幼场所类社会实践基地是指以基层社区或老幼场所等为主的社会实践基地，如居委会、街道办、敬老院、幼儿园、小学等。在此类基地，主要开展志愿服务类社会实践活动，如敬老爱老、支教、慰问、环境清洁、社区美化(图 5-2)、政策宣讲、扶贫帮困等。

图 5-2 某高校大学生在某社区(该高校社会实践基地)开展以“创建美好社区”为主题的社会实践活动

(2) 文化和旅游景区景点(场馆)类社会实践基地。

文化和旅游景区景点(场馆)类社会实践基地是指以文化场馆、旅游景区景点等为主的社会实践基地，如博物馆、展览馆、陈列馆、纪念馆、主题公园、景区、度假区、游乐园、教育基地等。在此类基地，主要开展生产劳动、社会调查、志愿服务等社会实践活动，如在这些基地从事具体岗位的助理工作、兼职工作，担任志愿讲解员、宣讲员、引导员等，或开展与文化和旅游相关的调研工作等(图 5-3)。

图 5-3　某高校大学生在某景区（该高校社会实践基地）开展游客满意度调查

(3) 文旅相关管理部门或企事业单位类社会实践基地。

文旅相关管理部门或企事业单位类社会实践基地是指以政府的文旅行业主管部门、拥有文旅相关业务的企事业单位（含科研院所）等为主的社会实践基地，如各省市级文旅部门、博览局、文化研究院、旅游规划设计院、旅行社、酒店、文化公司、旅游公司、传媒公司等。在此类基地，主要开展生产劳动类社会实践活动，如在这些基地从事具体岗位的助理工作、兼职工作等（图 5-4）。

图 5-4　某高校大学生在某地文旅相关管理部门（该高校社会实践基地）从事行政助理岗位的社会实践工作

(4) 乡村振兴帮扶点类社会实践基地。

乡村振兴帮扶点类社会实践基地是指以广大的农村地区，特别借助文化和旅游开展乡村振兴工作的农村地区为主的社会实践基地。在此类基地，主要开展志愿服务、社会调查等社会实践活动，如围绕少数民族文化、非遗文化等的传承和保护工作开展的调研活动，围绕乡村旅游、生态旅游发展的调研活动，以及主题宣讲、清洁美化、旅游资源开发、旅游从业人员技能培训等。

某高校在驻地附近建立的大学生文化和旅游社会实践基地列表（部分）如表 5-1 所示。

Note

表 5-1 某高校在驻地附近建立的大学生文化和旅游社会实践基地列表(部分)

基地名称	类型
八路军桂林办事处纪念馆	文化和旅游景区景点(场馆)
中共桂林城工委旧址革命文物陈列馆	文化和旅游景区景点(场馆)
兴安红军长征突破湘江烈士纪念碑园	文化和旅游景区景点(场馆)
桂林市象山公园	文化和旅游景区景点(场馆)
桂林融创国际旅游度假区	文化和旅游景区景点(场馆)
广西景区通旅游发展有限公司	文旅相关管理部门或企事业单位
桂林情歌田园旅游文化投资有限公司	文旅相关管理部门或企事业单位
桂林市秀峰区独秀红色文化传承中心	文旅相关管理部门或企事业单位
桂林市叠彩区文化馆	文旅相关管理部门或企事业单位
桂林桂花公社文化传播有限公司	文旅相关管理部门或企事业单位
桂林市象山区新竹社区居民委员会	基层社区或老幼场所
桂林市临桂区佳和花园幼儿园	基层社区或老幼场所
桂林市象山区怡馨养老院	基层社区或老幼场所
广西壮族自治区桂林市资源县资源镇官洞村村民委员会	乡村振兴帮扶点
广西壮族自治区桂林市资源县河口瑶族乡葱坪村村民委员会	乡村振兴帮扶点
广西壮族自治区桂林市资源县瓜里乡金江村村民委员会	乡村振兴帮扶点

(二)大学生文化和旅游社会实践基地的特点

大学生文化和旅游社会实践基地,因其特殊性,具有具备较强的实践育人功能、拥有稳定的运营和合作状态、具有鲜明的文旅行业特色三大特点。

1. 具备较强的实践育人功能

高校在校外建立社会实践基地,所选择的单位或组织必定具有较强的实践育人功能。这一特点是社会实践基地众多特点中最为重要也是最关键的一项。社会实践基地的实践育人功能主要体现在以下方面。首先,社会实践基地所在单位或组织自身就具有较强的社会责任感,愿意与高校一起开展实践育人工作,愿意接受大学生来此处开展社会实践活动。其次,社会实践基地具有开展实践育人的基本条件,包括安全条件、后勤条件、实践条件等,这是开展社会实践的基础和前提。最后,社会实践基地能为大学生开展实践活动提供人员支持,包括校外实践指导教师、活动协调员等,并能对大学生的社会实践过程和结果进行评价,在实践结束时提供实践证明和实践成绩。

2. 拥有稳定的运营和合作状态

能成为社会实践基地,还需拥有稳定的运营和合作状态。这里所说的稳定的运营状态,包含两个层面的意思:一是作为社会实践基地所在地的单位或组织,拥有在未来

一段时间内能够稳定运行的势态，有稳定的工作人员、团队等，能够通过稳定运行来为大学生提供较为长久的社会实践条件和机会。二是社会实践基地能够根据自身运营条件和大学生在校的学习特点，常态化地接收一定数量的大学生前来开展社会实践。而社会实践基地的合作状态，主要是指高校和社会实践基地所在的单位或组织长期保持良好的合作关系，签订有共建社会实践基地的合作协议，并能通过这种合作推动社会实践基地更好地建设和发展，为学生社会实践创造更有利的条件。

3. 具有鲜明的文旅行业特色

具有鲜明的文旅行业特色是大学生文化和旅游社会实践基地区别于其他社会实践基地的最大特征。大学生文化和旅游社会实践基地，是高校针对在校就读文化和旅游相关专业的大学生，以及对文旅行业感兴趣、将来有意向在文旅行业就业的大学生而在校外建立的具有文旅行业特色、能够开展文化和旅游相关方面的社会实践的基地。这些基地依托文旅背景，实践岗位与文旅行业关联度高，贴近生产一线，涉及面广，实践内容丰富，实践形态多样。在这里，大学生可以走进文旅行业，熟悉文旅行业，了解文旅行业最新的发展动态，进而提升自己的文旅素养和综合能力。

（三）大学生文化和旅游社会实践基地的重要作用

1. 是大学生集中开展文化和旅游社会实践的主要阵地

大学生文化和旅游社会实践基地，是由高校牵头与校外单位或组织合作建立的，供在校大学生开展与文化和旅游相关社会实践的场所。正因为基地的建立由高校主导，保证了基地汇集较多的文化和旅游资源，保证了基地具备良好的实践条件，保证了基地能接收较多学生且能有效开展实践育人工作。这些保证，有效避免了大学生在选择实践地时可能遇到的诸多困难和不可控因素，帮助大学生尽可能规避潜在的实践风险点，为大学生在基地顺利开展实践并取得预期成果奠定坚实基础。大学生文化和旅游社会实践基地数量越多、类型越丰富、质量越高，就越能满足更多大学生开展文化和旅游相关社会实践的学习需求，就越能承接更多的大学生前来开展实践，就越能发挥社会实践基地的作用，提升实践育人成效。因此，各高校均将大学生文化和旅游社会实践基地作为大学生集中开展文化和旅游社会实践的主要阵地。

2. 是提高大学生文旅素养和能力的“第二课堂”

文化和旅游相关专业的大学生，在课堂上学习理论知识，掌握专业技能，都是被动的学习过程，对于知识和技能的理解仅停留在书本上，在学以致用方面仍然存在不足。文化和旅游社会实践基地为大学生提供一个具有开放性、灵活性和多样性的社会实践平台，是大学生在课堂之外，特别是校园之外有效提升文旅素养和能力的“第二课堂”。在基地，依托成熟且良好的实践环境和实践条件，大学生可以接触到文旅行业最新的发展趋势，接触到来自文旅行业生产经营活动一线最新的知识、最新的技能，学生能够通过自主选择、主动参与、亲自实施等加深对文旅行业的认知，研习课本之外的知识，锻炼实践能力、创新能力、沟通能力、传播能力和解决问题的能力，开阔眼界、提升格

局,进一步增强文化自信、专业自信和行业自信。

3. 为推动文旅行业发展发挥积极作用

文化和旅游社会实践基地为大学生提供了一个将理论知识与实际操作相结合的平台。在社会实践基地接受系统的培训、指导和实践,帮助大学生为未来的职业发展打下坚实的基础,同时也为社会培养了一批具备文旅素养、创新精神和实践能力的文旅人才,为文旅行业的持续发展提供了有力的人才保障。同时,大学生在社会实践基地中可以充分发挥自己的创意和想象力,依托自己的文旅专业知识和技能,开展文化传播、旅游服务等工作。以此满足不同人群对文旅的多元化需求,为当地居民和游客提供更加优质、高效的服务,为文旅市场注入新的活力。此外,文化和旅游社会实践基地往往与当地的文化遗产和传统文化紧密相连。大学生的实践过程,也是促进文化交流、传承文化遗产、培养文化自信的过程。这进一步丰富了文化和旅游社会实践基地的功能,使其在推动文旅行业发展方面的成效更加显著。

二、大学生文化和旅游社会实践基地的选择

高校为大学生提供了数量众多、类型丰富的文化和旅游社会实践基地,这些基地分布在不同地点,岗位多样,实践内容也各有特色。因此,大学生在选择社会实践基地的过程需要遵循一定的原则和方法。只有这样,才能选择适合自己的基地开展实践活动,并确保能取得预期成效。

(一)基地选择的原则

1. 从自身专业学习出发,有利于提高自身文旅素养的原则

当前,大学生存在自我意识较强而社会意识相对较弱的情况,往往注重个性张扬和自我独立,忽视了对自身成长和社会需求的关注。大学生开展社会实践,不管在哪个社会实践基地,不管从事什么工作岗位,其首要身份还是在校大学生。学习仍然是其最本质和最重要的工作任务。因此,大学生应该从自己的专业出发,特别是文化和旅游相关专业的学习出发,选择与自己专业贴合度高、契合度紧的文化和旅游社会实践基地及相关岗位进行实践。只有这样,才能在社会实践中更好地运用自己所学的文旅知识和相关技能,进而提升自己的文旅素养和综合能力。

2. 从学校人才培养目标出发,有利于顺利完成社会实践任务并达到预期成效的原则

学校组织大学生开展社会实践,不是为了组织而组织,更不是为了开展而开展。学校有自己的人才培养目标,并围绕人才培养目标设计和制定社会实践方案,明确社会实践目标任务,提出具体工作要求。大学生开展社会实践,要从学校的人才培养目标出发,深刻理解开展社会实践的目的和意义,在认真熟悉社会实践方案的基础上,结合自身的实际情况,选择与自身特点和与学校要求相符合的社会实践基地及其工作岗位开展社会实践活动。只有这样,才能确保顺利完成实践任务,符合学校要求,达到预

期成效。在同等条件下，如果实践预算经费有限，在确保符合学校要求的前提下，大学生应该选择距离较近、实践成本较低的社会实践基地进行实践。而不是好高骛远，追求高大上的实践条件和实践方式。

3. 从社会发展趋势和文旅融合的趋势出发，有利于促进未来就业的原则

社会发展趋势和文旅融合的趋势，代表了未来文旅行业就业市场的发展趋势。大学生在校内进行文化和旅游相关专业的学习，到校外开展文化和旅游社会实践，都是以未来更好地在文旅行业就业为目标导向。因此，大学生在选择文化和旅游社会实践基地时，应该从社会发展趋势和文旅融合的趋势出发，选择能够让自己通过实践更好地深入社会、走进基层、贴近文旅行业的社会实践基地。通过实践，大学生能了解社会，了解文旅行业的最新发展动态，接触新业态、新技术、新思想，不断增强自己对本专业的认知和专业自信，提升对文旅行业的亲切感和认可度，坚定未来在文旅行业扎根奋斗的决心和信心，进一步帮助自己做好未来的职业生涯规划，为今后在文旅行业高质量就业奠定坚实基础。

（二）基地选择与实施过程

大学生文化和旅游社会实践基地的选择与实施过程如图5-5所示。

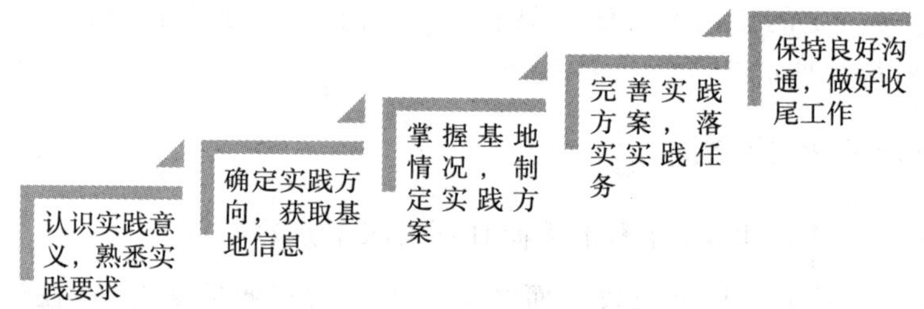

图5-5　大学生文化和旅游社会实践基地的选择与实施过程

1. 认识实践意义，熟悉实践要求

在选择社会实践基地前，需要首先充分认识社会实践的重要意义，从思想和行动上重视社会实践工作。然后，认真了解学校和学院对社会实践的具体要求，确保自己后续开展的社会实践符合学校和学院的相关规定。

2. 确定实践方向，获取基地信息

根据学校和学院对社会实践的具体要求，结合自己的专业学习需求确定实践方向。通过学校或学院网站、社会实践指导教师、专业教师等渠道，获取学校或学院的校外社会实践基地列表（数据库），从中选择几个有意向的社会实践基地。

3. 掌握基地情况，制定实践方案

重点收集有意向的几个社会实践基地的信息，包括基地的地点、规模、特色、运营情况、实践岗位的内容和要求、工作职责等。必要时，也可以主动与社会实践基地联系，获取关于基地的更多信息。根据收集的信息，结合实际情况确定基地，并依据基地

Note

的情况制定实践方案。

4. 完善实践方案，落实实践任务

实践方案要征求实践指导教师的意见，并不断修改完善。同时，主动与社会实践基地联系，向其提出实践申请，并将实践方案一并报送过去。待社会实践基地同意接收实践申请后，与社会实践基地具体对接实践细节。做足前期各项准备工作，正式前往社会实践基地开展实践活动。

5. 保持良好沟通，做好收尾工作

在社会实践基地，与基地负责人、基地实践指导教师、工作人员、同事等保持良好沟通。自觉遵守社会实践基地的各项规章制度，遇到困难时积极向基地寻求支持和帮助。在实践结束时，做好收尾工作。及时收拾整理自己的各类物资物品，保持环境整洁卫生，向社会实践基地表示感谢，请求社会实践基地出具实践证明或实践鉴定。

躬行蕴道5-1

大学生在文化和旅游社会实践基地实践注意事项

第一，优先选择到学校或学院推荐的社会实践基地开展实践活动。

第二，实践方案要根据实践基地的特点来量身制定。

第三，要严格遵守实践基地的各项规章制度。

第四，实践过程不能影响社会实践基地所在单位或组织的正常运营。

第五，与社会实践基地保持良好沟通，遇到问题及时向社会实践基地寻求帮助。

第六，要对社会实践基地给予的帮助和支持及时表示感谢。

第七，积极为社会实践基地所在单位或组织的建设和发展贡献自己的力量。

第八，注意自己的言行，展现学校和大学生良好形象。

第二节　基地的建设和使用

建设并充分利用大学生文化和旅游社会实践基地，不仅能更大程度地发挥基地的实践育人功能，还能推动大学生文化和旅游社会实践活动更好地开展，这对高校、大学生群体及社会实践基地所在单位或组织来说，都是一件非常有意义的事情。

一、大学生文化和旅游社会实践基地建立的条件

申请建立的大学生文化和旅游社会实践基地，一般应符合以下条件。

第一，具有接收大学生前来开展文化和旅游相关社会实践的意愿，具备提供文化和旅游相关的社会实践机会和开展社会实践的基本条件及能力；

第二，具备国家法定的安全生产条件，能为开展大学生文化和旅游社会实践的师生提供符合国家规定的安全实践环境；

第三，有长期合作意愿，每年能安排（接收）至少1次社会实践课程（活动）；

第四，社会实践结束后，能够为开展实践的学生出具实践鉴定或证明材料；

第五，所提供的文化和旅游相关的实践机会或岗位，应有利于学生的专业学习和成长成才需要。这既便于大学生通过大学生文化和旅游社会实践接触社会、了解国情，熟悉文旅行业的特点和发展趋势；也便于大学生能够结合自身文化和旅游相关专业的特色和青年人的特点进行实践操作。同时，有助于大学生培育和践行社会主义核心价值观，提升服务社会的意识、奉献精神和实践能力；有助于大学生强化文旅专业认知，增强投身文旅行业建设的自信；还有助于大学生为实践地建设和地区发展做出积极贡献，产生良好社会效益。

二、大学生文化和旅游社会实践基地建设的原则

建设大学生文化和旅游社会实践基地，是满足高校文化和旅游相关专业建设和发展、提升专业人才培养质量的重要举措。建设社会实践基地，核心是实践育人，主体是高校，合作方是基地所在的单位或组织，直接受益对象是大学生，目标是提高大学生的文旅素养和综合能力，为文旅行业培养和输送更多专业人才。因此，高校要发挥主动性，积极与校外单位或组织开展合作，共建社会实践基地。

一般来说，建设大学生文化和旅游社会实践基地，要坚持以下几个原则。

（一）专业契合原则

所建立的社会实践基地，应该从文化和旅游相关专业的人才培养目标出发，无论是基地的行业背景、还是所提供的实践机会、岗位内容等，尽量与文化和旅游相关专业的学习相贴合。尽量从与文旅行业相关的单位或组织中选择社会实践基地，只有这样，才能最大程度地发挥基地对提升专业人才培养质量的积极作用。

（二）突出文旅实践性原则

大学生文化和旅游社会实践，特点体现在“文化”和“旅游”二词上，落实在“实践”二字上。基地的建设，要重点突出文旅的实践性，要深入挖掘基地的文旅特质和内涵，谋划、设计和开发出实践性强的文旅岗位、项目或工作内容，以满足大学生开展文化和旅游社会实践的需求。

（三）互惠互利原则

建设大学生文化和旅游社会实践基地，要与基地所在单位或组织要保持良好合作关系，进行资源共享、优势互补、互惠互利。既有利于高校的人才培养和实践工作的顺

利开展，也有利于帮助基地所在单位或组织解决实际困难、促进其更好地发展，实现高校、学生、基地所在单位或组织“三方共赢”的局面。

（四）保持长期稳定原则

大学生文化和旅游社会实践基地应该是长期的、稳定的。只有长期、稳定的社会实践基地，才能真正发挥基地实践育人的作用，才能吸引多方资源的不断投入，才能通过基地取得丰富的实践成果。因此，高校应该选择信誉较好、具有一定基础、条件较为成熟的单位或组织合作共建社会实践基地。

三、大学生文化和旅游社会实践基地建立的程序

大学生文化和旅游社会实践基地的建立主要包括以下三个步骤。

第一步，进行实地考察。高校相关部门、二级学院选派专人到拟建立基地的单位或组织进行实地考察，就建立条件、资质、实践内容等关键信息进行核实，并与基地所在单位或组织进行沟通，达成建设意向。

第二步，签订协议与挂牌。高校与基地所在单位或组织签订合作协议，经审批备案后予以确认，并举办挂牌仪式。基地一般统一命名为“××高校社会实践基地”。

第三步，开展基地建设和管理工作。高校和基地所在单位或组织按协议内容和方案计划，组织开展后续工作，为大学生文化和旅游社会实践提供支持和帮助。

某高校与当地博物馆共建大学生文化和旅游社会实践基地如图5-6所示。

拓展资源包
5-1

某高校社会实践合作协议模板

图5-6 某高校与当地博物馆共建大学生文化和旅游社会实践基地

四、大学生文化和旅游社会实践基地的管理

高校对大学生文化和旅游社会实践基地的管理，一般由高校团委负责统筹，采用

“谁建立谁管理”的模式进行。高校相关部门、单位均可根据实际情况建立大学生文化和旅游社会实践基地，并与基地所在单位或组织共同承担基地日常管理工作。

通常来说，所有基地无主次之分。但可以采用一些量化考核评价指标，对基地建设和使用情况进行评星定级，以便更好促进基地发展。例如，基地共分为五级，从基地建设管理情况、每年接收大学生开展社会实践人次、实践条件、实践岗位数量、实践内容与文化和旅游相关专业的契合度、实践成果、安全保障等多个维度进行评分，根据分数来划分等级。最好的基地被评为五星级基地，然后依次递减为四星级、三星级、二星级和一星级。针对不同星级的基地，可以采取分层分类、资源调配、评优表彰、末位淘汰等方式予以管理。

拓展资源包 5-2

××高校社会实践基地建设与管理办法(试行)

践履试金

第五章课后习题

简答题

1.请简述大学生文化和旅游社会实践基地的定义及类型。

2.大学生文化和旅游社会实践基地的选择与实施过程是什么？

简答题答案

第六章
大学生文化和旅游社会实践沟通技巧

学习目标

1. 认识沟通在大学生开展文化和旅游社会实践中的重要作用。
2. 熟悉在不同沟通应用场景中的沟通流程、特点和方式。
3. 掌握一定的沟通常识和沟通技巧。

能力目标

1. 具备良好的沟通能力，包括观察能力、表达能力等。
2. 能够在大学生文化和旅游社会实践过程中进行有效沟通。

素养目标

1. 树立良好沟通意识。
2. 培养自信、大方、耐心和平易近人的品质。

案例阅读6-1

某高校组织大学生文化和旅游社会实践团队进入居民社区文化站开展志愿服务活动。在文化站，大学生小张被安排教老年人使用智能手机的工作任务。由于缺乏沟通技巧，且对老年人群体的特殊性估计不足，小张没能很好地控制自己情绪，他没有耐心倾听老年人的问题，也没有使用简单易懂的语言来解释操作步骤，在与老年人沟通交流的过程中显得急躁且不耐烦，使得一些老年人对小张的态度感到不满，甚至对小张产生抵触情绪，影响了整个活动的预期效果。

沟通，作为人际交往的基石，是一门学问，更是一种艺术。大学生在参与文化和旅游社会实践活动时，会接触到更多的人群，需要在更为复杂的场景中与不同类型的人进行沟通（图6-1）。这种沟通，既包括咨询问题、收集信息、倾听意见建议，也包括交流探讨、洽谈协商、请示报告等。沟通不仅关乎大学生文化和旅游社会实践活动是否能顺利开展，更在深层次上影响着大学生的思维方式和行为模式。有效沟通，能让大学生在开展文化和旅游社会实践活动过程中更加顺畅，为取得更加丰富和显著的实践成果打下坚实基础。

图6-1　某高校社会实践团队成员与当地农家乐从业人员进行交流沟通

第一节　沟通认知

一、沟通的定义

沟通是一个多层面的概念，在不同研究群体、不同学科和领域中有着不同的定义。本书所指的沟通，是人与人之间、人与群体之间思想与感情传递和反馈的过程，以求思想达成一致和感情交流的通畅。

人际沟通是人际关系得以建立与维系的核心，它在人际互动中具有举足轻重的作用。对于大学生而言，人际沟通能力是其生存与发展必不可少的能力，需要在实践中不断锻炼和提升。在文化和旅游社会实践活动中，大学生与各类群体的沟通，是一种思想情感上的交流与反馈。这一过程本质上就是人际交往的体现，它不局限于口头、书面及网络语言的运用，还广泛涉及肢体语言、个人习惯及物质环境等多种能够传达信息意义的元素。通过良好的人际沟通，大学生能够与其他人、其他群体协调活动、解决问题。可以说，沟通贯穿于大学生文化和旅游社会实践的各个方面和全过程。

一个具备良好沟通认知的人，能够准确地理解他人的意图和需求，恰当地表达自己的观点和感受，从而在人际交往中建立起和谐、有效的关系。相反，沟通认知的缺失或偏差，往往会导致误解、冲突和隔阂，对人际关系产生负面影响。人际关系的构建与

Note

发展源自人际沟通的过程，人际沟通是建立人际联系的基石。如果大学生与其他人、其他群体之间缺乏沟通，缺乏思想、情感的交流，文化和旅游社会实践活动就难以顺利开展。

二、沟通的目的

根据沟通的定义，人与人之间的沟通是一个管理闭环，是一个人向另外一个的信息传递，另一个人接收并给予相应的反馈。因此，沟通是有目的的，任何沟通都是基于明确目的而发生的社交行为。在不同场合中，沟通有着各种各样的目的，如社会调查中的沟通，其主要目的就是收集更多准确且有价值的信息。在文化和旅游社会实践活动中，大学生沟通的目的更多是建立关系、传递信息、解决问题等。

（一）建立关系

在文化和旅游社会实践中，大学生与不同的人或群体沟通，改变之前陌生的状态，建立新的联系，扩展人脉，形成新的人际关系，进一步加强与团队成员、指导教师，以及与实践地居民、政府和企事业单位工作人员（同事）等之间的联系。具体而言，沟通可以使之前原本不相识的人彼此建立朋友关系，在实践活动中互帮互助；可以使大学生与实践地居民建立活动关系，提高实践地居民活动的参与度；可以使大学生与当地政府和企事业单位工作人员建立工作关系，寻求并得到他们的支持和帮助，共同开展社会实践工作。通过这些关系，大学生可以在文化和旅游社会实践中寻求合作、更容易传递或收集信息，增进彼此认识和了解，促进实践活动顺利开展。

（二）传递信息

在文化和旅游社会实践中，不管是实践活动准备阶段，还是活动开展期间，都需要通过沟通传递相关信息，以便各方了解活动情况，为实践活动的顺利开展打下坚实的基础。在前期的实践活动准备阶段，大学生需要准确、全面地向实践地相关负责人汇报实践活动信息，或提前了解实践地有关情况，通过沟通交换和传递各类信息，不断完善实践活动计划，做好实践活动准备。实践团队各成员之间也需要互相了解实践活动信息，分工协作，这些同样需要通过沟通来进行。指导教师召集实践团队召开实践活动前的准备会，实践团队在实践活动过程中不定期地就一些问题和工作安排召开相应的碰头会、研讨会等（图6-2），这些沟通环节都是在传递信息。

同样，在实践活动过程中，大学生进行政策宣讲、文化传播、知识讲解，或者是开展社会调查等（图6-3），都是沟通，是在进行信息传递。此外，沟通是了解和体验不同文化的桥梁，大学生在沟通中可以了解到当地的文化习俗、历史和生活方式等，增长见识，开阔眼界。

图6-2　某高校社会实践团队在实践活动过程中召开研讨会总结前期工作并商讨下一步实践计划

图6-3　某高校社会实践团队成员向当地居民了解乡村文化站建设和使用情况

（三）解决问题

在文化和旅游社会实践中，大学生可能会遇到各种各样的问题和挑战。因此，在沟通的众多目的中，一个非常重要的目的就是解决问题。当实践团队成员出现意见不一致、学生与指导教师意见不一致、经费不足等问题时，各方都可以通过沟通协商来解决分歧。良好的沟通可以帮助大学生认清问题、消除隔阂、讨论可能的解决方案，形成各方都认可的意见，共同做出决策。同样地，在实践中，由于多种原因，实践团队成员之间、成员与实践对象之间可能会出现误会误解，进而产生矛盾冲突。此时，唯有及时且有效的沟通，才能化解矛盾、解决问题、融洽关系，确保实践活动顺利进行。

三、沟通的分类

在大学生文化和旅游社会实践中，为确保活动的顺利进行，需要进行多方面的人际沟通，包括信息的传播、交流、理解及说服等工作。这些沟通行为形式多样，根据不同的分类标准，可以将其划分为多种类型。

（一）根据信息传递方式划分

根据信息传递方式的不同，人际沟通主要划分为语言沟通与非语言沟通两大类，它们构成了人与人之间交流互动的两种核心途径。[①]语言沟通是建立在人与人直接语言基础上的沟通方式，是一种人类区别于其他生物所特有的沟通形式，包括文字语言沟通、图形图片沟通、口头语言沟通、网络语言沟通等多种细分类别。口头语言沟通作为日常生活中最为常见的交流形式，在维持全面而有效的信息交流方面，具有至关重要的作用。在进行口头语言沟通时，沟通双方可以及时得到反馈并据此对沟通过程进

① 陈浩良.军事科学文献信息检索指南[M].北京：军事科学出版社，2000.

行调节，彼此相互作用充分，因而这种沟通类型的影响力往往是最强的。[①]口头语言沟通是大学生在文化和旅游社会实践中最主要的沟通方式，包括咨询、交谈、讨论、开会等，都需要通过口头语言沟通来实现。网络语言是近些年来随着网络时代的发展而兴起的一种广泛流传的特定语言。它区别于常规语言沟通方式，包括各种缩写、新词、表情符号等，在青年网络群体中尤为常见。

除了语言沟通，非语言沟通也会对沟通的效果产生重要影响。非语言沟通是指通过使用非语言方式进行的沟通。非语言沟通方式有很多，包括通过身体语言、面部表情、声音、姿势等方式进行的交流。[②]非语言沟通在交流中起着重要作用，可以强化或补充语言沟通的信息，表达语言难以传达的情感和态度，助力语言沟通表达更生动、更形象、更丰富、更准确。

（二）根据沟通的情境与场合差异划分

根据沟通的情境与场合差异，沟通可进一步细分为正式沟通与非正式沟通两种类型。[③]正式沟通往往发生在正式场合，其氛围较为严肃且正式；非正式沟通则多见于非正式场合，通常表现得更为随意与自然。在日常生活中，这两种沟通方式都是人们不可或缺的交流手段。

大学生在文化和旅游社会实践中也都会用到正式沟通和非正式沟通。如在社会实践出征仪式、培训会议、工作会议、报告会、宣讲会、调研会等场合，都采用正式沟通。在正式沟通中，参与人员均会对语言沟通和非语言沟通过程中的各种信息保持高度关注，均会对自身和其他人的衣着、姿势、目光及表情等方面予以重视，在语言组织上会更注重准确性和语法规范性。无论是学生还是教师，作为参与者，都渴望通过这些表现来塑造积极的个人形象，给他人留下良好的印象。在正式沟通的场景中，人们往往会努力掩饰自身的不足，同时调整自己的行为举止，使之更贴合社会的普遍规范与期望。[④]非正式沟通更注重轻松、自然的沟通方式，用语基本是日常生活中的用语。社会实践活动过程中的闲聊、聚餐、游戏互动、走访观察、茶话会、讨论会等都属于非正式沟通。在非正式沟通过程中，大家的精神会比较放松，言行举止会更自然和随意，约束性要求较少，在使用语言沟通和非语言沟通信息时都比正式沟通更随意，大家可以更自由地表达自己的意见和想法，压力会更小。

（三）根据信息传递和反馈的方向划分

根据人际沟通过程中信息的传递和反馈方向，人际沟通可分为自上而下的沟通、自下而上的沟通和平行沟通。

---

① 龚荒.人际关系与沟通[M].北京：人民邮电出版社，2022.

② 李宝元.人本制胜：人本管理学要义[M].北京：企业管理出版社，2007.

③ 纪阳.小学低年级班主任与家长沟通现状及改进对策研究[D].大连：辽宁师范大学，2014.

④ 崔平.推销技巧与商务谈判[M].北京：中国人民大学出版社，2015.

自上而下的沟通指的是在组织内部，信息由较高层级沿着组织的上下级关系及等级结构，向较低层级传递的过程。这一过程具备明确的指令性、法定的权威性以及一定的强制性，因而容易引起接收者的重视，并被严肃认真地对待。在文化和旅游社会实践中，学校团委、学生工作部、教务处等部门与二级院系和指导教师、学生沟通，如下发文件通知、开会传递上级要求，这些沟通就是自上而下的沟通。大学生要认真对待自上而下的沟通，充分了解上级的相关要求，按照相关规定和安排开展工作，完成实践任务。

自下而上的沟通与自上而下的沟通过程相反，是较低层级的组织成员主动向较高层级传递信息，这一过程体现了信息传递的主动性和向上级请示的特性。大学生向学校相关部门汇报社会实践中遇到的问题、请求支持等方面的沟通就是自下而上的沟通。自下而上的沟通需要大学生充分发挥主观能动性，遇到事情要及时向指导教师、学院、学校相关部门、实践地相关管理部门等反馈。反馈时，需要认真梳理现实情况并如实汇报，注意用词准确，以便上级更好地针对问题进行协调，切实解决实际工作中遇到的问题。

平行沟通是指发生在组织内部同一层级或职位的人员之间的一种平行的人际信息交流方式，它主要用于促进不同部门及同事间的协调与合作。[①]实践团队成员之间要善于开展平行沟通交流，平常要加强在活动开展、任务分工等方面的交流，友好协商解决工作中遇到的一些问题。

四、沟通的特点

（一）双向性

沟通具有双向性。沟通是信息的双向传递过程，既包含信息的单向传递，即发送者传递信息，还包括接收者对信息的反馈，即接收者反馈理解或疑问。这种双向性确保了信息的准确传递和有效交流。当实践团队成员彼此交流发言时，不仅传达了自己的意见，同时也在期待从对方那里获取反馈或信息。这种相互间的信息交换确保了沟通的完整性。同样，在进行社会调查时，实践团队成员对受访者讲述调查内容，从受访者那里得到信息反馈，这一过程也体现了沟通的双向性特点。

（二）目的性

沟通具有明确的目的性。人与人之间的沟通通常有明确的目的，如传递信息、解决问题、请示汇报等。在文化和旅游社会实践中，实践团队成员与当地居民沟通时，无论是询问行进的方向还是开展社会调查，都有明确的目的，即希望得到方向指引或是获得与相关调研问题有关的回答。这种目的性让实践团队成员积极与当地居民交流，理解对方话语含义，确保双方表达的意思能够准确传递和接收。

---

① 张劲松.现代化工企业管理[M].北京：化学工业出版社，2015.

（三）随时性

沟通具有随时性。在社会实践中，几乎每做一件事都涉及沟通。这种随时性体现在实践生活的各个环节，以及实践工作过程的各项事务中。无论是语言交流、文字沟通还是各种非语言暗示，都在不断传递各类信息。

（四）多样性

沟通具有多样性，这种多样性不只体现在内容上，还体现在方式上。不同的沟通类型和方式构成了沟通的多样性特点。除了前面提到的沟通类型，根据所采用的沟通手段，沟通还可以进一步细分为网络沟通、电话沟通、面对面交流、书信往来、直接沟通及间接沟通等多种形式。

躬行蕴道 6-1

认识沟通特点　掌握沟通技巧

在大学生文化和旅游社会实践实际沟通过程中，有必要深化对沟通特点的认识，学会根据沟通特点做好人与人之间的交流沟通。沟通的双向性要求尊重对方沟通的意愿，不能强制跟对方沟通。当对方不愿意沟通或者当时的情境不适合沟通时，应该暂停沟通，以避免冲突。沟通的随时性和多样性需要大家随时做好沟通准备，掌握多种沟通方式。沟通的目的性促使沟通双方在沟通过程中要围绕明确的目的进行交流，以提高沟通效率和质量。同时还要及时发现偏离目的的沟通，并进行积极引导，促使沟通回归到主题。

第二节　沟通实用技能

在文化和旅游社会实践中，为什么实践团队成员之间、实践团队成员与实践对象之间的沟通问题有些能够很好地解决，而有些会引起误会甚至发生争吵？其中一个很重要的原因就是没有掌握沟通技巧。沟通是有技巧和方法的，如耐心倾听、清晰表达等。这些技巧和方法可以帮助双方更有效、更准确地进行信息交流和情感表达，减少因沟通引发的误会和冲突，对于促进沟通的顺利进行非常有效且实用。大学生在文化和旅游社会实践中要充分掌握和学习沟通实用技能，减少在与其他人、其他群体沟通过程中出现的问题，争取从实践团队成员、上级部门、实践对象等方面获得更多支持，以促进社会实践活动的顺利开展。

一、注意耐心倾听

在沟通过程中，一个很重要的技巧就是要先学会耐心倾听。耐心倾听就是要全神

贯注地听对方讲话，不打断对方，不急于下结论。在实际沟通过程中，部分同学因为性子急或者想要急切表达自己的意见，会在对方没有说完或者没有听清楚对方话语的情况下，打断他人说话或者表现出不耐烦，导致沟通效果不佳。同时，这也是不尊重他人的行为，会让对方难以继续讲话、表达观点。因此，在沟通中，要注意耐心倾听，这样也会让对方更加愿意把心里话和想法充分说出来。倾听的时候可以通过眼神交流、点头、简单的口头回应，以及表情回应等方式给予对方反馈，表明自己在认真倾听，也表现出对对方的尊重和理解。

认真倾听在社会调查的访谈环节显得尤为重要。唯有认真倾听，才能从受访者处获取到想要收集到的信息，达到访谈目的(图 6-4)。

图 6-4 某高校社会实践团队成员在认真倾听当地居民对当地开展非物质文化遗产保护和传承工作的意见建议

躬行蕴道 6-2

倾听中简短话语的积极反馈

在日常沟通中，要学会运用简短话语给予对方积极的反馈。这种反馈能够向对方表明你在认真倾听并理解他们的观点，同时也鼓励他们继续分享。

有哪些简短的话语可以使用呢？如“我明白你的意思”“这听起来很有道理”“嗯，对的”“我能理解”“确实是这样”“是这样的”“没错”“后来呢”“然后……”等。在倾听过程中，要学会恰当使用这些短语，以促进有效沟通。

二、注意清晰表达

案例阅读 6-2

暑假即将开始，某高校为进一步开展大学生文化和旅游社会实践工作，

需要临时召开会议对相关工作进行布置。由于时间紧，学校团委让社会实践部的学生干部向各二级学院负责社会实践工作的老师打电话，以电话的方式通知会议时间、地点和参会人员等信息。电话中，学生干部传达的内容为"明天上午9:00到301室参加社会实践工作会议"。会议正式开始时，出现了一些状况。有的是二级学院社会实践工作的老师负责人前来开会，有的是学生负责人前来开会。此外，由于通知没有明确301室是哪栋楼的301室，导致部分参会人员走错了会场。这些问题产生的主要原因是学生干部在电话沟通中表述不清晰，对方理解产生了偏差，最后导致会议比预期延后了30分钟才召开。

在沟通过程中要清晰、具体地表达自己的想法和意见，避免模糊不清。沟通前最好能明确沟通目的，了解自己想要达到的目标，这有助于组织语言和信息。同时，组织语言前要考虑听众的情况，分析对方的知识水平、兴趣和需求。尽量使用简洁的语言，避免冗长和复杂的句子。①行话和术语要慎重使用，除非能够确定听众熟悉这些术语，否则应尽量避免使用。此外，可以多使用比喻或是讲故事等方式描述所要表达的意思，这样做可以使抽象的概念更加生动，易于理解。在沟通过程中，还要注意语速适中，讲话不要太急太快，要给对方足够的时间理解和消化信息。

三、注意非语言沟通

沟通过程中还需注意非语言沟通，它可以进一步补充语言所表达的信息，使传达的意思更完整。适当的非语言信息，如眼神交流和微笑，可以增强人与人沟通时的信任感和亲密感，拉近彼此距离。②如果出现不适当的非语言信息，就容易引发误会。如当沟通的一方表现出悲伤时，另一方却流露出似笑非笑的神情，这种非语言信息显然非常不合适，会让对方感到更加悲伤甚至愤怒。同时，非语言沟通是表达情绪（如愤怒、快乐等）的重要方式。这些情感有时难以用语言准确表达，并且通常是一个人下意识的举动，很少具有欺骗性。③因此，要注意并善于运用非语言沟通技巧。

表6-1 非语言沟通具体注意事项

类型	注意事项	常见应用场景
肢体语言	保持开放的姿态，避免交叉双臂等封闭性动作。还可以使用适当的手势来强调你的观点，但不要过于夸张	垂头表示沮丧、摊手表示无奈、点头表示同意、摇头表示不同意等

① 李慧.试论网络新闻编辑和传统纸质媒体新闻编辑的异同[J].传播力研究，2019（14）：1.

② 余玫.现代实用礼仪与训练[M].北京：高等教育出版社，2016.

③ 郭亚会.泰国中学汉语课堂管理研究[D].西安：陕西师范大学，2015.

续表

类型	注意事项	常见应用场景
眼神交流	保持适度的眼神交流,看着对方的眼睛,表现出自信、真诚和友好,让对方感受到你对交流的兴趣。但也要注意避免过度的眼神交流,这可能会让对方感到不舒服	感兴趣时:眉毛上扬,眼睛会睁得比较大,会轻轻点头; 疑惑时:眉毛下垂,头轻轻斜扬,皱紧眉头; 高兴时:眉毛上扬,眼睛睁得很大,面露微笑; 悲伤时:眉毛下垂,沉着脸; 生气时:眉毛下垂,眼睛斜视,下巴下垂; 不耐烦时:目光游离,心不在焉,板着脸
面部表情	保持微笑和积极的表情,可以传达友好和开放的态度;皱眉可能会让对方感到困惑、不满或担忧。此外,要注意根据沟通的内容适当调整表情,以表达对此话题的兴趣和参与感	笑容能够营造积极、友好的氛围;严肃的表情则能够传达事情的严肃性和重要性

四、注意情绪管理

大学生在文化和旅游社会实践中,会遇到性格、脾气各异的沟通对象。因此,情绪管理是每一位参与实践的大学生在沟通过程中必须学会的一项至关重要的技能。大学生首先要充分认识到情绪管理的重要性。情绪不仅关乎个人心理,还深刻影响着身体状况,同时在沟通交流及其成效方面也起着关键作用。

大学生年轻有朝气、充满活力,但也存在稚嫩、不成熟等问题,在沟通过程中容易情绪化,这往往导致他们难以清晰地传达信息,甚至可能引起误解和冲突。因此,大学生在进行沟通之前,应当首先确保自己情绪平稳,保持冷静与理智,避免被情绪左右而出现情绪化的表达方式。在沟通过程中,大学生还要学会识别自己的情绪,更好地控制自己的行为和言语,避免因情绪失控而做出不理智的行为。同时,大学生还要学会准确表达自己的情绪。在沟通过程中,大学生不仅要准确表达自己想传达的信息,还要准确表达自己的感受。当遇到不满或挫折时,可以采用适当的方式表达自己的情绪,让对方了解自己的感受,从而更好地解决问题。最后,大学生在与他人沟通过程中还应该学会关注对方的情绪和感受,更好地理解对方的立场和需求,从而做出更恰当的反馈。

五、适应沟通风格

在沟通过程中,主动适应不同的沟通风格是非常重要的,这不仅有助于更好地与他人进行交流,还能使不同社交场合中的沟通更加得体和有效。如大学生在文化和旅游社会实践中与老人沟通,需要考虑老年人的行动和反应速度较慢、听力不佳且对方言更容易理解等特点,大学生要保持足够的耐心,避免使用复杂的术语或概念,尽量使

用简单、清晰的语言来表达想法和传递信息，这样才能促进沟通顺利进行。此外，大学生还要根据不同的沟通对象和情境调整沟通方式和风格，针对不同的反馈和反应做出适当的调整。

六、注意提问技巧

人与人沟通过程中，少不了相互之间的提问。掌握良好的提问技巧，不仅可以促进沟通有效进行，还有利于实践团队深入开展实践活动。当涉及重要问题需要沟通时，实践团队成员应该提前了解相关问题、背景等材料，对相关内容进行深入研究，拟定合适且有深度的问题后再进行沟通。同时，要充分尊重受访者的感受，避免提出可能引起尴尬或不适的问题。提问时，实践团队成员要仔细聆听对方的回答，并留意观察其肢体语言，以便根据回答内容提出更深入的问题。在提问时机的选择方面，应该尽量在对方讲话的间隙或自然停顿时刻提出问题，避免打断对方。在提问时要注意使用礼貌用语。

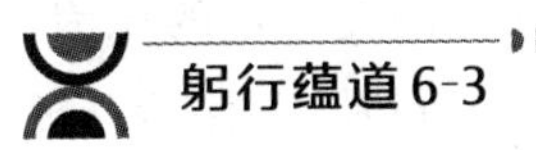

躬行蕴道 6-3

提问技巧打油诗

沟通艺术江河深，提问技巧要注意；
开篇莫急直入题，寒暄两句气氛好；
问题要简单明了，避免不清让人恼；
开放式问更引思，封闭问题答案少；
提问时机要把握，时机不对效果糟；
问题顺序要合理，层层递进效果好；
敏感话题需慎重，避免冒犯是关键；
倾听回答要耐心，打断别人不礼貌；
对方情绪要关注，同理心是沟通桥；
积极反馈效果好，鼓励对方多言表；
总结归纳少不了，确认理解很重要；
提问技巧多练习，沟通顺畅乐逍遥。

七、注意解决冲突

案例阅读 6-3

某高校大学生实践团队到一景区开展文化和旅游社会实践。由于实践团队成员来自不同专业，对实践中各活动项目开展的先后顺序有不同意见，

因此产生了分歧。尤其以A、B两位同学的分歧最为突出。A同学认为应该首先帮助该景区修改和完善各景点的导游词;B同学认为应该先帮助该景区对员工进行礼宾礼仪培训。双方都坚持自己的观点,互不妥协,使得实践团队其他成员感到困惑和不安。随着分歧的加剧,实践团队成员之间的沟通变得更加紧张。实践团队负责人让双方保持冷静和理性,建议通过集体讨论的方式解决问题。在集体讨论中,大家能充分发表自己的观点和建议,并结合景区的实际情况最终作出决定。最终,经过集体讨论,并征求了景区管理人员的意见后,团队决定采用A同学的方案,首先帮助该景区修改和完善各景点的导游词。B同学也心平气和地接受了这个方案,并积极协助开展工作。

在文化和旅游社会实践过程中,实践团队内部成员之间或者团队与外部之间可能会出现冲突,这就需要实践团队成员重视这些冲突并积极解决。当冲突发生时,不管是实践团队内部还是团队与外部之间,相关成员首先都要保持冷静和理性,情绪激动或失控只会导致冲突升级,使情况变得更加复杂。另外,还需要分析冲突产生的原因,可能是价值观、目标、资源分配或沟通方式等方面的差异导致冲突。同时,要保持开放和尊重的态度,积极听取对方的观点和感受,努力找到双方的共同点,探讨妥协方案,强调团队目标和共同利益,通过协商来解决冲突。当冲突双方无法达成共识时,可以邀请指导教师或一位中立的第三方人士介入进行调解。

八、注意文化敏感

文化敏感是指在沟通中要充分尊重和理解不同文化背景下的地区历史、价值观、社会习俗和行为方式等,充分了解和适应当地的沟通风格和社交礼仪,避免可能被视为冒犯或不尊重的语言和行为。沟通过程中注意文化敏感不仅有助于建立和谐的人际关系,促进有效沟通,还能避免不必要的误解和冲突。

九、注意反馈和批评

反馈主要是指及时把实践中存在的问题和了解到的重要信息等,向组长、实践团队负责人或指导教师、实践地相关管理部门等进行报告或请示,以此协调解决面临的问题和阻碍,并讨论下一步举措。在反馈前,应提前了解事情的客观情况,收集足够的信息资料,及时且具体地进行反馈,避免模糊不清。在反馈过程中,实践团队成员应当展现出开放与谦逊的态度,认真倾听对方的观点与建议,并给予充分的重视与考量。面对对方的批评,要学会区分是建设性批评还是负面攻击。对于建设性、客观性的批评要认真反思自身存在的问题并虚心接受。对于不合理、不客观的批评,要保持冷静,学会理性回应,减少冲突。此外,向他人反馈(提出批评)意见时,出发点应该是善意的,从改进工作方法、提升工作成效的角度提出,同时要做好解释工作,态度不能过于

Note

生硬，不能带有人身攻击的性质。反馈时要做到具体、明确，以便对方能够理解并做出相应的调整。

第三节　沟通场景应用

在文化和旅游社会实践中，沟通技巧和方法在很多场景中都能得到广泛应用，如组织召开会议审议实践方案和预算，拨打电话咨询实践地有关情况，通过QQ、微信等开展实践交流和讨论等。这些不同的沟通场景需要大学生掌握相应的沟通流程，熟悉一些注意事项，以便在实践活动中更好地开展工作。下面选取了大学生在文化和旅游社会实践中常见的一些沟通场景及其应用策略，供大家学习参考。

躬行蕴道6-4

选择合适的沟通工具进行有效沟通

随着时代的发展和科技的进步，沟通工具日新月异，除古代书信等传统沟通方式，信鸽、烽火等作为传递信息的传统工具也发挥过作用；如今，手机通话，以及电子邮件、QQ及微信等现代沟通工具的广泛应用，让人与人之间的沟通交流更加方便快捷，同时大大降低了沟通的成本，提高了沟通效率。

新时代的大学生，在各种沟通工具的使用方面也处于时代的前沿。他们对QQ、微信等网络沟通工具的使用比较熟练，但电子邮件等的使用会比较少，在这些方面应该加强。在使用现代网络沟通工具时，大学生要注意保护个人和他人的隐私，避免将敏感信息轻易上传到网络或对外发布。此外，大学生在参加文化和旅游社会实践时要注意沟通对象的差异性，针对不同沟通对象的特点选择合适的沟通工具，确保信息传递的快捷性与准确性。例如，政府工作人员习惯使用座机电话、往来公函等进行沟通。因此，大学生在与他们沟通交流时，应优先采用座机通话或往来公函的方式，以达到有效沟通的目的。

一、会议沟通

会议沟通是大学生参与文化和旅游社会实践时常见的交流方式，是实践团队内部及与外部交流思想、作出决策、解决难题的重要场景。一些复杂问题的讨论、思想的统一、任务的布置、工作的总结等诸多事情都要通过会议沟通来实现。会议沟通有正式会议沟通和非正式会议沟通之分。

(一)正式会议沟通

正式会议沟通一般比较严肃,因此需要注意以下几点。

(1)会前组织会议人员明确会议内容、目的和主要议程,确保会议不偏离主题。

(2)提前做好相关会议准备,包括打印资料、会议地点选择和时间安排等,参会人员穿着不能太随便,注意安排专人做好会议记录,必要时可安排人员进行会议拍照。

(3)会议沟通过程中要尊重他人意见,认真倾听,不抢话、不打断,适时进行提问或补充。

(4)要注意控制发言时间,避免冗长或无关紧要的发言。

(5)要认真记录上级领导、指导教师等的重要讲话内容和要求,以便后续查阅和跟进落实。

(二)非正式会议沟通

非正式会议沟通一般是以小组讨论、头脑风暴等形式进行。非正式会议沟通交流方式较为随意,没有严格的议程和时间限制,鼓励开放和自由讨论。同时,会议决策的过程一般不那么正式,更多地依赖达成共识。一些工作讨论、信息分享、实践团队建设等都可以采用非正式会议沟通的形式来进行。

二、电话沟通

随着智能手机的普及和移动互联网的发展,电话沟通不仅限于传统的固定电话,还包括移动电话和网络电话等多种形式。大学生可以通过电话沟通进行日常交流、活动协调、紧急联络等,这是实践活动中不可或缺的一种沟通方式。在电话沟通中,需要注意以下几个方面的内容(表6-2)。

表6-2　电话沟通注意事项

注意点	要求
提前准备	在拨打电话之前,需要明确通话目的和需要沟通的内容要点,理清思路。此外,还要注意要找一个通信网络正常和安静的环境,否则影响通话正常进行
要有礼貌	电话交流过程中要全程使用礼貌用语,如“您好”“请”“谢谢您”等,保持友好的语气
表达清晰	说话尽量简单明了、清晰准确,让对方能够迅速理解意思
注意时间	注意打电话的时间节点和时长。选择合适的时间节点进行通话,避免在休息时间或非工作时间打扰对方。根据沟通内容合理控制通话时间,避免通话冗长,也不要反复提及同一事情
做好记录	当在电话沟通中讨论重要事情或者询问具体信息时,要做好记录,以免挂完电话后忘记通话的具体内容。必要时,在征得对方同意的前提下,可以对通话进行录音,以备后续参考

三、网络沟通

网络沟通是指通过基于信息技术的计算机网络来实现信息沟通的活动，是现代社会交际中越来越重要的沟通形式。网络沟通形式多样且在不断发展变化，当前较为常用的工具主要有电子邮件、QQ、微信、腾讯会议等。网络沟通不受天气、地域等自然条件的影响，极大提高了人与人之间沟通的便捷性，降低了沟通成本。在文化和旅游社会实践中，大学生应学会通过电子邮件、QQ、微信等网络渠道来完成沟通工作。

（一）电子邮件沟通

电子邮件(E-Mail)是一种通过网络实现相互传送和接收信息的通信方式，在各种沟通场合中，尤其是在文件传输和初次交流时使用尤为广泛。电子邮件具有使用简单、投递迅速、成本低廉、信息易于保存等优势。特别是对于语言表达能力较弱的人而言，电子邮件提供了更为从容、详尽的表达空间。此外，一些正式的文件资料也可以采用电子邮件的方式进行传输，特别是在与上级单位、政府部门等进行公函往来时使用较多，且规范、正式。在上报、汇总材料、报名等相关工作中也需要用到电子邮件进行沟通。

在进行电子邮件沟通时，需要注意以下方面：邮件标题要写明主题；正文内容要结构清晰和完整，通常包含称呼、主要事由简述、结束语等；如有附件，一定不要遗漏上传。同时，电子邮件中应恰当使用礼貌用语，如“尊敬的某先生”“感谢您的关注”等，以展现专业素养和礼貌态度。

（二）QQ、微信沟通

QQ、微信等即时通信工具在人们日常学习、工作和生活中发挥着越来越重要的作用。在文化和旅游社会实践中，这些即时通信工具以跨地域性、异步性和多媒体性等特点，为实践团队之间的协作和与实践对象的交流等提供了极大便利。

大学生在使用QQ、微信沟通时，应遵守基本的礼仪，发送文字时使用礼貌用语，保持基本的礼貌和尊重。QQ、微信上的沟通交流主要以文字的形式进行，有时可适当使用表情包。在聊天速度上，应遵循“就慢不就快”的原则，当对方还没有回复消息时，不要着急地连续发出大量信息造成信息轰炸。另外，回复速度应适中①，不能过快，也不能过慢。图片和表情是当前即时通信工具中大家乐于运用的元素，恰当使用能够调节关系、缓和气氛，但不合适的图片和表情的使用也可能使他人产生不愉快的心理感受，甚至产生误解，因此要谨慎使用。

需要特别注意的是，大学生在使用QQ、微信沟通时务必要注意防范网络电信诈骗。不法分子常利用QQ、微信、电子邮件等实施网络诈骗行为。对于陌生人，或涉及

① 李霞，陈清清.商务礼仪实务[M].北京：北京交通大学出版社，2016.

钱款往来、个人隐私等沟通内容的，大学生一定要提高警惕，不要点击任何来源不明或非正规渠道的网络链接。此外，不要将涉及个人隐私、机密信息或包含重要且敏感内容的文件通过QQ、微信等进行传输，也不要将其上传至网络，不要在网络上发表不当言论。大学生要增强网络安全意识，遵守网络行为规范。重要文件要及时下载并保存到本地电脑，避免资料丢失。

躬行蕴道6-5

会议、电话、网络沟通小技巧

在会议沟通中，高效而清晰地传达信息至关重要。要提前准备会议议程，明确会议目标和讨论要点，确保每位参与者都对会议内容有大致的了解。会议开始时，简短地介绍会议目的和流程，帮助大家快速进入状态。在会议过程中，鼓励开放而有序地发言，确保每个人都有机会表达自己的观点。同时，要善于运用会议工具(如白板、PPT等)，辅助说明复杂的信息或数据。对于关键决策点，要确保记录清晰，会后及时发送会议纪要，以便参与者回顾和跟进。

在电话沟通中，清晰、简洁且专业的表达是关键。确保在拨打或接听电话前，准备好所有必要的信息和资料，避免在通话中频繁查阅，影响沟通效率。通话开始时，先自报家门并确认对方身份，确保双方都是正确的通话对象。在沟通过程中，保持语速适中，避免使用过于复杂或专业术语，以免让对方产生困惑。如果通话中需要记录信息，务必先征得对方同意再进行记录，以显示尊重和专业。通话结束时，礼貌地总结沟通要点，并确认下一步行动计划，确保双方对沟通结果有清晰的认识。

在网络沟通中，由于缺乏面对面交流的直观性，因此清晰、准确且富有礼貌的表达显得尤为重要。首先，确保沟通方式符合平台规范，如在正式的工作邮件中避免使用过于随意的语言或表情符号。在发送信息前，仔细校对内容，避免错别字或语法错误，以维护自身的专业形象。其次，考虑到网络可能存在延迟或对方可能正在处理多任务等情况，信息尽量保持简洁明了，避免冗长的段落或无关紧要的闲聊。在表达观点或提出请求时，明确说明期望和截止时间，以便对方能更好地理解和响应。最后，遵守网络礼仪，对他人的回复给予及时且恰当的回应，以展现自己的尊重和职业素养。

第六章
课后习题

践履试金

简答题
答案

简答题

1. 在文化和旅游社会实践中大学生应如何通过沟通建立关系？
2. 在文化和旅游社会实践中实践团队成员如何通过沟通解决出现的矛盾冲突？

Note

第七章
大学生文化和旅游社会实践文明礼仪

学习目标

1. 了解文明礼仪的含义、基本特征、功能、原则，认识到大学生在文化和旅游社会实践中文明礼仪的重要性。

2. 掌握文明礼仪的基本原则和要求，掌握大学生在文化和旅游社会实践中的主要文明礼仪规范。

能力目标

1. 具备较好的文明辨别力、道德判断力和自我约束能力。

2. 在大学生文化和旅游社会实践中能够做到懂礼、知礼、学礼和用礼，不断完善和提高自我形象。

素养目标

养成良好的文明礼仪习惯，在大学生文化和旅游社会实践中展现当代大学生较高的文明素养和礼仪风范。

案例阅读 7-1

在一次大学生文化和旅游社会实践中，来自湖北某高校的一支大学生实践团队前往广西百色一个偏远的乡村开展文化宣传和支教活动。抵达乡村的第一天，实践团队成员就展现出了极高的文明礼仪素养。他们穿着得体、举止大方，见到当地村民时，主动微笑着打招呼问好，真诚的笑容和礼貌的问候瞬间拉近了与当地人的距离。在当地小学支教过程中，实践团队成员也始终保持着良好的文明礼仪。支教期间，一位小朋友在课堂上犯了错误，实践团队成员并没有批评他，而是轻声细语地指出他的问题，引导他认识到自己的错误。这种文明的教育方式不仅让小朋友认识到了自己的错误，还让他感受到了尊重。在与当地村民的日常交流中，实践团队成员也表现得十分谦逊有礼。他们认真倾听村民的讲述和建议，对于村民们所提供的帮助，总是第一时间表达感谢。当离开乡村之前，他们专门组织了一场告别会，向当地村民们表达了深深的谢意。实践团的大学生用文明礼仪，给乡村留下了美好的回忆，也展现了当代大学生的青春风采。

文明礼仪是衡量大学生素质的重要指标，直接反映出大学生的道德水平、文明程度和精神风貌。在大学生文化和旅游社会实践中，得体的文明礼仪会使参加实践的大学生散发无限的魅力，积极塑造良好的个人和团队形象。大学生必须充分认识到文明礼仪在文化和旅游社会实践过程中的重要性，掌握文明礼仪的含义、特征、功能等基本知识，积极践行社会实践中文明礼仪的基本原则和要求，提升自己的知识水平和能力，通过树立良好的文明礼仪意识和习惯，充分展现当代大学生积极向上的精神风貌和优秀素养。

第一节 文明礼仪概述

中华民族具有“礼仪之邦”的美誉，“讲礼仪，知廉耻”的观念已根深蒂固。在历史发展进程中，中华民族创造了具备优良美德与优良品质的文明礼仪和习俗。孔子认为“不学礼，无以立”。在大学生文化旅游和社会实践中，文明礼仪是人际交往的重要手段，是协调处理人际关系、维护社会秩序的准则，是共同遵守的行为规范。从宏观层面看，文明礼仪与精神文明建设、生产力发展、社会生活、国际交往等有着密切的联系；从微观层面看，文明礼仪与家庭、朋友、个人行为等息息相关，甚至可以影响个人的事业发展和成就。

一、文明礼仪的含义和基本特征

（一）文明礼仪的含义

文明礼仪是人们在社会交往活动中，为了表达尊重，在仪容、仪态、仪表、言谈举止等方面约定俗成的、共同认可的行为规范。它涵盖了多个方面：在仪容方面，要求保持整洁干净的面容、合适的发型等，展现出对他人的尊重和对场合的重视；在仪表方面，强调穿着打扮的适应性，着装不仅要符合场合的要求，也要体现个人品位和风格；在仪态方面，注重姿态和动作的优雅，好的仪态能给人留下深刻的印象；在言谈举止方面，要求使用文明用语，避免粗俗和不恰当的语言，在与他人交流时要认真倾听、不随意打断，行为上要谦虚、礼让，切忌傲慢无礼；等等。

文明礼仪是衡量一个国家文明程度和道德水平的重要标志。高校开展文明礼仪教育，组织大学生在校内外积极践行文明礼仪，有助于培养具有较高文明素质和个人修养的时代新人。

（二）文明礼仪的基本特征

1. 传承性

文明礼仪的传承性特征主要表现在历史延续、文化承载、教育传承等三个方面。

（1）历史延续。

文明礼仪在漫长的历史长河中不断传承。从古代的祭祀礼仪、宫廷礼仪到现代的社交礼仪、商务礼仪等，许多文明礼仪规范都有着悠久的历史渊源。如起源于中国古代的“相敬如宾”“尊老爱幼”“父慈子孝”等文明礼仪，至今仍在社会生活中发挥着重要作用。

（2）文化承载。

文明礼仪是文化的重要载体，它承载着一个民族、一个国家的价值观、道德观和审美观念。例如，中西方文化在文明礼仪方面存在着很大的差异。中国文化强调礼尚往来、谦逊礼让，而西方文化则更注重个人主义和自由平等。这些不同的文明礼仪规范反映了各自的历史、宗教、哲学等方面的特点，通过文明礼仪的传承与发展，文化得以延续和发展。

（3）教育传承。

文明礼仪的传承主要通过教育的方式实现。家庭、学校和社会是文明礼仪教育的重要场所。在家庭中，父母通过言传身教，将文明礼仪规范传授给子女；在学校里，老师通过课堂教学和日常管理，培养学生的文明礼仪习惯；在社会上，各种媒体、社会组织和公共场所也在不断宣传和推广文明礼仪。通过教育传承，文明礼仪规范得以深入人心，成为人们自觉遵守的行为准则。

无论是在实践前对大学生开展文明礼仪教育，还是在实践过程中要求大学生积极践行文明礼仪，开展文明礼仪的宣教活动，都体现了文明礼仪的教育传承特性。

2. 普遍性

古往今来，文明礼仪是文明的象征，无论是个人还是国家，凡是有人类聚居之地，文明礼仪的身影无处不在。文明礼仪的普遍性特征主要体现在存在范围广泛、适用于各类人群、跨越文化和地域、贯穿人类历史等方面。

（1）存在范围广泛。

无论是家庭、学校、工作单位和社交场合，都有相应的文明礼仪规范。在家庭中，有尊老爱幼、夫妻和睦等文明礼仪；在学校里，有尊师重道、团结同学等文明礼仪；在工作单位，有职业礼仪、商务礼仪等；在社交场合，有见面礼仪、交谈礼仪等。大学生文化和旅游社会实践，也是一种社交活动，自然离不开文明礼仪。文明礼仪无处不在，贯穿于人们生活的方方面面。

（2）适用于各类人群。

文明礼仪对不同年龄、性别、职业、身份的人都具有普遍的适用性。无论老人还是小孩，男性还是女性，都需要遵循一定的文明礼仪规范。如在公共场合，大家都应该遵

守文明用语、排队等候、爱护环境等基本文明礼仪；在商务谈判中，无论双方代表的身份地位如何，都要遵循商务礼仪的规范，穿着得体、准时赴约、尊重对方等。

(3) 跨越文化和地域。

虽然不同的国家和地区、不同的民族和文化有着各自独特的文明礼仪和习俗，但也存在着一些普遍适用的文明礼仪原则和规范。尊重他人、诚实守信、礼貌待人等都是大众认可的文明礼仪准则。在国际交往中，随着全球化的发展，人们越来越注重跨民族、跨文化、跨区域或国家的文明礼仪学习和运用，通过了解和尊重对方的文明礼仪和习俗，实现有效的沟通和互动。

(4) 贯穿人类历史。

文明礼仪是人类社会发展的产物，它伴随着人类社会的进步而不断演变和发展。从古代的礼仪制度到现代的文明礼仪，文明礼仪始终在人类社会中发挥着重要的作用。如古代的父子之礼、君臣之礼等，虽然在现代社会已经发生了很大的变化，但尊重长辈、服从上级等基本的文明礼仪观念仍然被人们所遵循。

3. 差异性

大学生文化和旅游社会实践需要到不同的地方开展实践，需要面对不同的实践对象(人群)，在具有不同文化差异的背景下开展工作，面对这些差异性，大学生需要时刻注意文明礼仪。

文明礼仪的差异性特征主要表现在地域、文化、时代和场合等方面的差异上。

(1) 地域差异。

不同国家和地区的文明礼仪各具特色。由于历史、文化、宗教、社会制度等方面的不同，各个国家和地区形成了独特的文明礼仪规范。在见面礼仪方面，西方国家通常以拥抱、亲吻脸颊等方式表示友好，而在亚洲国家(如中国、日本、韩国等)，人们更倾向于鞠躬、握手等较为含蓄的方式。

同一国家不同地区的文明礼仪也存在差异。即使在同一个国家，不同地区的风俗习惯和文化传统也会导致文明礼仪的差异。例如，我国北方地区的人们在餐桌上可能更豪爽，而南方地区的人们则相对更注重细节。

(2) 文化差异。

不同文化背景下的文明礼仪差异明显。在一些强调个人主义的文化中，人们更注重个人的自由和权利，在交往中可能更加直接和开放；而在一些强调集体主义的文化中，人们更注重团队合作和和谐关系，在交往中可能更加委婉和含蓄。

(3) 时代差异。

不同历史时期的文明礼仪有所不同。随着时代的发展和社会的进步，文明礼仪也在不断演变和发展。在古代社会，人们的文明礼仪规范更加严格和烦琐，而在现代社会，人们的文明礼仪更加简洁和实用。

同一历史时期不同社会阶层的文明礼仪也存在差异。在古代社会，贵族阶层的文明礼仪更加讲究排场和形式，而平民阶层的文明礼仪则相对简单和朴实。

(4) 场合差异。

不同场合的文明礼仪要求不同。在正式场合,如商务谈判、婚礼、葬礼等,人们需要遵守更加严格的文明礼仪规范;而在非正式场合,如家庭聚会、朋友聚会等,人们的文明礼仪则相对更加随意和轻松。

同一场合不同角色的文明礼仪也有所不同。在同一场合,不同的角色有着不同的职责和行为要求,这也会导致文明礼仪的差异。如在学校举办的大学生文化和旅游社会实践经验交流会上,主持人、参会领导、主汇报人、交流发言人等角色的文明礼仪要求各不相同。

4. 时代性

文明礼仪作为一种文化范畴和行为准则,其内涵特征具有鲜明的时代性。

(1) 内容随时代变迁。

不同时代有不同的文明礼仪规范内容。在古代,文明礼仪大多强调等级秩序,如君臣之礼、长幼有序等。而在现代社会,文明礼仪更注重平等、尊重和包容。如见面问候的方式在古代可能是行揖礼、跪拜礼等,而在现代则多为握手、微笑、点头等较为简单、平等的方式。

(2) 价值观念的体现。

每个时代的文明礼仪都反映了当时的主流价值观念。在公共场合遵守秩序、爱护环境体现了文明与和谐;诚实守信、尊重他人劳动成果体现了诚信与友善等。

(3) 科技发展的影响。

随着科技的飞速发展,文明礼仪也呈现出新的特点。在网络时代,出现了网络文明礼仪,及时回复信息、使用恰当的语言和表情符号等成为新的文明礼仪要求。

(4) 社会变革的推动。

社会的变革和发展促使文明礼仪不断调整和更新。人们需要学习和尊重不同国家和地区的文明礼仪文化,以促进跨文化交流与合作。同时,社会对环保、可持续发展的重视也使得绿色出行、节约资源等行为成为新的文明礼仪表现。

二、文明礼仪的功能与基本原则

(一) 文明礼仪的功能

文明礼仪是人类社会发展的必然产物,提升文明礼仪修养、强化文明意识、端正行为对提高社会总体文明程度具有非常重大的意义。文明礼仪既是社会秩序的基础,也是社会进步的动力,还能提升个人形象和促进人际关系的和谐发展,文明礼仪具有多重功能和作用。

1. 道德教化

(1) 引导正确价值观。

文明礼仪强调尊重他人、关爱他人、诚实守信等价值观,通过日常行为的规范,引

导人们树立正确的价值取向。文明礼仪中的谦让、宽容等品质，有助于培养人们的大度和包容心态，避免自私自利和狭隘的行为。大学生在参与文化和旅游社会实践时，无论是在农贸市场采购物资、等待用餐、还是进入景区景点，都应该自觉遵守秩序、排队等候，这不仅是谦让精神的表现，也是对文明礼仪的宣传，这会给当地村民留下良好的印象，也让大家明白团队的每个成员都应致力于实现和谐共处的目标。

(2) 培养良好品德。

文明礼仪要求人们言行得体、举止优雅，这有助于培养人们的自律和自我约束能力。如大学生在博物馆开展社会实践活动时，应穿着得体、保持安静，不大声喧哗。

文明礼仪中的感恩、回报等行为，能够激发人们的善念，培养人们的感恩意识和责任感。大学生在社会实践中得到了当地居民的帮助后，应及时向对方表示感谢，或在实践结束后向对方发送感谢信等。这些行为一方面能够展现大学生作为有感恩之心的青年群体的良好形象；另一方面，也向社会传递了正能量，进一步营造了知恩感恩的良好氛围。

(3) 传承优秀文化传统。

文明礼仪是文化传统的重要组成部分，通过文明礼仪的传承，人们能够了解和学习先辈的智慧和品德。如大学生赴敬老院、乡村等开展关爱老年人、关爱留守儿童等社会实践活动，就是在传承尊老爱幼的优秀文化传统，这些行为本身就蕴含着丰富的道德内涵和人文精神，对推动文明社会建设具有重要的意义。

2. 塑造形象

文明礼仪具有强大的塑造形象功能，主要表现在个人形象塑造和社会形象塑造两个方面。

(1) 个人形象塑造。

提升外在气质。注重文明礼仪的人通常会在仪表、仪态、言行等方面表现出较高的素养。穿着得体、整洁干净，展现出对自己和他人的尊重；举止优雅、大方自信，给人留下良好的印象。如大学生在景区开展游客满意度调查社会实践时，面对调查对象，一个微笑、一个礼貌的称呼，都能让对方感受到大学生的亲和力和教养，能够积极配合完成调查工作。

彰显内在品质。文明礼仪不仅是外在的表现，更是内在品质的体现。懂文明礼仪的人往往具有善良、宽容、尊重他人等优秀品质，这些品质会通过言行举止自然地流露出来。大学生与他人交流时认真倾听、不打断对方，能体现出对他人的尊重和关注。

(2) 社会形象塑造。

文明礼仪是社会文明的重要标志，它可以促进社会的和谐与稳定。大学生在公共场合遵守秩序、爱护环境、文明出行等，都是文明礼仪的具体体现，这些行为能够让社会更加有序、和谐，进一步体现社会良好形象。

3. 协调关系

(1) 促进沟通与理解。

文明礼仪为人们的交流提供了规范和准则。礼貌的语言表达、恰当的肢体动作以

及尊重他人的态度，使得沟通更加顺畅和有效。大学生在开展社会实践过程中自然少不了和不同的人进行交流，当大学生以文明的方式与他人交流，能使对方更容易感受到诚意和善意，从而更愿意敞开心扉，分享想法和感受。这样一来，双方之间的理解也会随之加深。

(2) 化解矛盾与冲突。

在人际关系中，矛盾和冲突是不可避免的。然而，文明礼仪可以在很大程度上化解矛盾和冲突。当与他人发生争执时，如果能够保持冷静，以文明的方式处理问题，那么就有可能避免矛盾的升级。在社会实践中，实践团队成员难免会与团队内部成员或与外部人员产生矛盾和冲突，这时可以先倾听对方的观点，表达自己的理解和尊重，然后再提出自己的看法和建议。在这个过程中，应避免使用和出现攻击性的语言和行为，应以理性和客观的态度来解决问题。此外，文明礼仪还能在矛盾发生后发挥积极作用，及时修复双方的关系。当意识到自己的错误时，应及时诚心向对方道歉，这有助于重建双方的信任和友谊。

(3) 增强亲和力与凝聚力。

文明礼仪能够使人们更加具有亲和力和凝聚力。当以文明的方式对待他人时，对方会感受到温暖和关爱，自然更愿意接近和交往。在一个团队或群体中，如果每个人都能够遵守文明礼仪，那么这个团队或群体就会更加和谐、团结，这一点对于大学生社会实践团队来说尤为重要。大家相互尊重、相互支持，共同为实现团队的目标而努力奋斗，这样的团队，才是真正能够胜任社会实践工作的大学生团队。

4. 维护秩序

文明礼仪是社会秩序的基础，文明礼仪具有显著的维护社会秩序的功能。

(1) 规范行为准则。

文明礼仪为人们的行为提供了明确的规范和准则。它告诉人们在各种场合下应该如何行动、如何言语、如何与他人互动。当每个人都自觉遵守这些规范时，社会就会更加有序。人们会清楚自己的行为边界，不会轻易越界去干扰他人或破坏公共秩序。

(2) 促进社会和谐。

文明礼仪有助于促进社会的和谐稳定。通过文明的言行举止，人们能够表达对他人的尊重和关爱，减少冲突和矛盾的发生。在社会实践过程中，大学生与周围同事之间一句友好的问候、一次小小的帮助，都可能化解潜在的矛盾，增进彼此的友谊，在促进社会和谐的同时，也使社会实践工作能更顺利、更高效地完成。

(3) 增强社会凝聚力。

文明礼仪可以增强社会凝聚力。当一个社会普遍重视文明礼仪时，人们会有一种共同的价值观和行为准则，从而更容易形成社会共识。这种共识能够将人们紧密地联系在一起，使大家为了共同的目标而努力。如在举办重大活动时，人们自觉遵守秩序、文明观赛，不仅能够展示良好的社会风貌，还能增强民族自豪感和社会凝聚力。

（二）文明礼仪的基本原则

大学生在社会实践中应多学习文明礼仪知识和技巧，遵守文明礼仪的基本原则，树立良好的个人形象，营造轻松愉悦、文明友善的实践氛围，这样能有效推动社会实践的顺利开展。

1. 尊重真诚的原则

（1）尊重。

尊重他人的人格：在交往中，要避免侮辱、贬低他人，不嘲笑他人的缺点和不足。如大学生在社会实践过程中遇到残障人士时，不要用异样的眼光看待他们，而是以平等、友好的态度对待。

尊重他人的意见和选择：在讨论问题时，认真倾听他人的观点，即使不同意，也可以以理性的方式进行交流和探讨。

尊重他人的隐私：每个人都有私人生活和空间，不随意打听。

尊重不同的风俗与文化：要尊重当地的文化和习俗，避免因风俗和文化差异而产生误解和冲突。这一点，大学生在开展文化和旅游社会实践过程中需要格外注意。

躬行蕴道 7-1

大学生在文化和旅游社会实践中如何做到尊重当地风俗与文化

一、提前做好功课

在前往一个陌生地方开始实践之前，应通过阅读书籍、旅游指南，浏览网络信息或是提前向当地人打听等方式，了解当地的主要风俗、禁忌和文化特点。这样可以让实践团队在到达后更快地适应环境，避免因不了解而做出不当行为。

二、遵守当地规定

遵守当地的法律法规和社会规范，以及当地的交通规则、环保要求等。不做违法违规的事情，维护当地的社会秩序。特别是在进入农村地区时，当地的村规民约务必要遵守。

三、尊重宗教信仰

如果当地有特定的宗教信仰，要尊重其宗教仪式、场所和信仰者的行为习惯。不要在宗教场所大声喧哗、拍照或做出不适当的举动。

四、适应饮食习惯

尝试了解并尊重当地的饮食习惯和文化。如果有特殊的饮食禁忌或要求，可以提前与当地人沟通，寻求合适的解决方案。

五、学习当地语言和文明礼仪

学习一些当地的常用语言和文明礼仪，如问候语、感谢语等。在与当地

人交流时，使用适当的语言和文明礼仪，能让对方感受到尊重和友好。

六、保持开放心态

面对不同的风俗文化，要保持开放、包容的心态。不要轻易评判或批评当地的文化习俗，而是以理解和欣赏的态度去感受它们的独特魅力。

(2) 真诚。

真诚待人：与人交往要真诚，不虚伪、不做作。用真心去对待他人，才能赢得他人的信任和友谊。如大学生在与老师及实践团队成员等相处时，不隐瞒、不欺骗。

言行一致：真诚不仅体现在言语上，更要体现在行动上。要做到言行一致，不口是心非。

表达真实的情感：在交往中，要敢于表达自己真实的情感，不压抑、不掩饰。如大学生在与实践团队成员讨论实践方案时，有不同意见要及时表达，不要等到方案确定后又提出不同意见。但要注意表达方式，避免过于情绪化而伤害他人。

接受真实的自己：真诚也意味着要接受真实的自己，不自卑、不自负。要认识到自己的优点和不足，努力发挥自己的优势，改进自己的不足。

2. 平等适度的原则

文明礼仪中的平等适度原则具有重要意义。

(1) 平等。

人格平等：每个人无论其社会地位、财富、性别、种族等因素如何，在人格上都是平等的。在交往中，不能因为对方的身份地位高就阿谀奉承，也不能因为对方的身份地位低就轻视怠慢。如大学生在社会实践中与实践地负责领导交流时，要做到尊重但不谄媚；与实践地其他同事交谈时，同样给予礼貌和尊重。

机会平等：在社交场合和各种活动中，每个人都应该有平等的机会参与和表达自己的观点。不能因为某些人有特殊背景就给予他们更多的机会，而忽视其他人。

权利平等：包括言论自由、受教育权、选举权等。在交往中，要尊重他人的权利。

(2) 适度。

言语适度：说话要注意分寸，既不能过于沉默寡言，也不能夸夸其谈。使用恰当的语言表达自己的想法和感受，避免使用粗俗、冒犯性的语言。如在社会实践中向当地人询问方位时，语言要简洁明了，避免过于冗长或复杂的表达；在批评他人时，要注意语气和措辞，避免伤害对方的感情。

行为适度：举止行为要得体，符合场合和身份。既不能过于拘谨，也不能过于放肆。如在正式场合，要保持端庄的姿态，避免做出过于随意的动作；在休闲场合，可以适当放松，但也不能过于失态。

情感适度：表达情感要适度，既不能过于冷漠，也不能过于热情。要根据关系的亲疏和场合的不同，合理表达自己的情感。如在与刚认识的人交往时，情感表达要适度，

避免过于亲密的举动;在与家人和朋友相处时,可以更加热情和真诚。

3. 修身自律的原则

掌握文明礼仪规范就要有意识地按照文明礼仪规范来实施,这是文明礼仪修身自律的原则。

(1) 自我修养。

品德修养:注重培养良好的品德,如诚实、善良、宽容、谦逊等。在日常生活中,要做到言行一致,不做违背道德规范的事情。如承诺别人的事情一定要做到,不欺骗他人;对待他人的错误要宽容,不斤斤计较。

文化修养:不断学习和提升自己的文化素养,包括知识、艺术、文学等方面。通过阅读书籍、参观展览、欣赏音乐等方式,丰富自己的内心世界,提高自己的审美水平。例如,定期阅读经典文学作品,参加文化讲座和艺术展览活动。

礼仪修养:学习和掌握各种文明礼仪规范,如仪容礼仪、餐桌礼仪等。

(2) 自我约束。

言行约束:严格控制自己的言行,避免说脏话、粗话,不传播不良信息。

情绪约束:学会管理自己的情绪,保持冷静、理智,不轻易发脾气。在实践过程中与他人发生矛盾时,应先冷静下来,避免冲动行事,通过沟通和协商解决问题。

欲望约束:控制自己的欲望,不贪图享乐、不追求虚荣。在物质生活方面,要保持适度的消费,不浪费资源。

4. 宽容诚信的原则

宽容和诚信是文明礼仪的重要原则,有助于建立和谐、友好的人际关系,促进社会和谐发展。

(1) 宽容。

理解他人差异:每个人都有自己独特的性格、观点和生活方式。宽容要求理解并尊重这些差异,不因为他人与自己不同而产生偏见或歧视。

接纳他人错误:人非圣贤,孰能无过。宽容意味着当他人犯错误时,要以平和的心态接纳。

化解矛盾冲突:以更加理性和成熟的方式处理冲突,避免矛盾升级。通过倾听对方的观点、寻求共同的利益点等方式,以和解的态度解决矛盾。

(2) 诚信。

诚实待人:诚信要求在与他人交往中保持诚实,不欺骗、不隐瞒。无论是在言语还是行为上,都要做到真实可靠。如在社会调查中与被访谈人沟通时,要如实介绍本次访谈的目的,不要隐瞒或者欺骗等。

信守承诺:一旦做出承诺,就要尽力履行。诚信意味着要对自己的言行负责,不轻易违背自己的承诺。

三、文明礼仪在社会实践中的重要作用

（一）文明礼仪是建立良好人际关系的基石

1. 增强亲和力

礼貌的言行举止会让人显得更加亲和，从而容易拉近与他人的距离。在与实践团队成员合作时，保持谦逊有礼能促进团队和谐，提高工作效率。在与实践对象沟通时，温和的态度和恰当的礼仪能让对方放下防备，更愿意分享自己真实的想法和需求。在社会实践中，当大学生走进社区、乡村、景区景点时，微笑着向居民、村民、游客等问好，能瞬间拉近彼此的距离。

2. 促进有效沟通

倾听他人讲话时保持专注，并适时给予回应，是一种重要的礼仪。这有助于大学生理解对方的观点和需求，避免误解，为良好的沟通奠定基础。在表达自己的意见时，措辞得体、逻辑清晰能够让对方更好地接受观点，推动交流深入进行。在与实践团队成员合作开展志愿服务活动时，使用如“请”“谢谢”“麻烦您了”等礼貌用语，能够让合作伙伴感受到尊重与关怀，为活动的顺利开展奠定基础。在调研活动中，礼貌地询问问题，耐心倾听回答，能让受访者更愿意配合，提供更有价值的信息。

3. 提升信任度

遵守约定时间、履行承诺等礼仪行为，能够体现诚信和责任感，进而增加他人的信任。在社会实践中，这种信任对于建立长期稳定的关系至关重要。无论是与老人交流、为孩子辅导功课，还是与其他伙伴协同工作，文明礼仪都像一把神奇的钥匙，开启心与心之间沟通的大门。

4. 拓展人脉

良好的文明礼仪会给人留下深刻的印象，赢得他人的好感，这能帮助大学生在社会实践中结识更多的人，为他们拓展人脉资源提供更多机会，这些人脉资源可能在他们未来的学习、工作和生活中发挥重要作用。

（二）文明礼仪可以塑造良好形象和引领文明风尚

1. 塑造良好个人形象

在社会实践中，文明礼仪是个人素养的重要体现。大学生在社会实践中展现出良好的文明礼仪，能够向他人展示自己的品德修养、文化内涵和综合素质。大学生通过礼貌的言行、得体的举止展现自己，能让实践团队中的合作伙伴、服务对象等感受到尊重，从而迅速建立起良好的第一印象。在企业实践中，大学生穿着得体、举止优雅，遵守企业的规章制度，这些都是文明礼仪的具体表现。在跨文化交流的社会实践中，大学生尊重不同文化差异，了解并遵守当地的风俗习惯和礼仪规范，能够展现出包容和

开放的形象，更能促进文化的交流与融合。注重文明礼仪的大学生往往更加自信，这种自信会在社会实践中表现为积极主动的态度和坚定的信念，有助于社会实践任务更好地完成。

2. 展现良好社会形象

大学生在社会实践中代表的不仅仅是自己，还代表着实践团队、学校和整个大学生群体。良好的文明礼仪能够为学校和大学生群体赢得良好的社会声誉，提升社会认可度。作为社会的未来栋梁，大学生的文明礼仪行为可以影响身边的人，带动整个社会文明程度的提高。如在社会调查中，大学生以文明的方式与受访者交流，耐心倾听他们的故事和意见，能够让受访者感受到大学生的专业素养和人文关怀，从而更愿意配合调研工作，为大学生提供真实、有价值的信息。

3. 引领文明风尚

在社会实践中，特别是在大学生文化和旅游社会实践中，实践团队注重文明礼仪，开展与文明礼仪相关的主题活动，可以发挥倡导良好社会风尚、形成文明传播和示范效应的积极作用，为文明和谐社会建设贡献积极力量。如文明出行、文明旅游、文明餐桌、文明用网等，都能进一步推动社会道德建设，营造积极践行社会主义核心价值观的良好氛围。

（三）文明礼仪能提升实践团队合作效率

1. 营造和谐的实践团队氛围

文明礼仪有助于营造和谐、尊重和包容的实践团队氛围。在实践团队中，文明礼仪可以避免因言语不当或行为失礼而引发的矛盾。大家相互尊重、包容，能够更好地协作完成任务。如见面时微笑着打招呼，能让实践团队成员感受到尊重和关爱。这种和谐的氛围能使实践团队成员心情愉悦，进而激发他们的积极性和责任感，更加认真地对待实践工作任务。同时，和谐的实践团队氛围能避免因误解或冲突导致的时间浪费，使实践团队能迅速聚焦问题并加以解决，提高实践团队的执行力，为实践团队上下通力合作奠定良好的基础。

2. 促进团队成员良好沟通

文明礼仪也体现在沟通的方式上。大学生在实践团队中使用礼貌用语，有助于实践团队成员更加开放地表达自己的想法和观点，避免因言语冲突而产生矛盾。当交流时开口都是温和谦逊的话语，而非犀利或傲慢的言辞时，信息的交流会更加顺畅。在讨论实践项目方案时，以“你的想法很独特，我们可以进一步探讨”这样的表达开场，会让对方感受到尊重。实践团队成员以礼貌的方式提出不同意见，大家会更愿意倾听和思考，从而促进方案的不断完善。文明倾听也是重要的一环，认真倾听他人发言，不打断、不插话，用眼神和肢体语言给予回应，能让发言者感受到尊重，从而更积极地参与讨论。这样的沟通方式能够确保信息的准确传递，减少误解。

3. 增强团队凝聚力

文明礼仪能够增强团队成员之间的亲和力和信任感。一个懂得尊重他人、关心他人的人,更容易获得他人的认可和尊重。如在社会实践中,主动为他人提供帮助、关心他人的身体状况等,都会让对方感受到温暖和关怀,从而增强团队的凝聚力。当实践团队成员关系融洽、相互信任时,大家会更愿意为了实践团队的共同目标而努力奋斗。在面对困难和挑战时,也会更加团结,共同克服困难,提高团队的整体战斗力。

总之,文明礼仪在大学生社会实践中具有不可替代的重要作用。它不仅能够帮助大学生建立良好的人际关系,塑造良好的个人形象,还能提升团队合作效率。每一位大学生都应该将文明礼仪内化于心、外化于行,在社会实践的舞台上绽放出更加绚丽的光彩。

第二节 文明礼仪规范

文明礼仪是人际交往中的行为规范。如果遵守文明礼仪规范,就会赢得他人的认可和赞扬;反之,则可能不被人们接受。文明礼仪不仅体现在外在的表现形式上,更重要的是内在涵养,是人际交往中的重要润滑剂。当代大学生,要努力成为一名现代文明人,在开展文化和旅游社会实践的过程中掌握必备的文明礼仪,并自觉加以运用,以此塑造良好个人形象或团队形象,为社会实践的顺利开展奠定坚实基础。

大学生在开展文化和旅游社会实践中,应遵守以下文明礼仪规范。

一、仪容礼仪

仪容礼仪是指人们在社交场合中对自身容貌、发型、妆容等方面的规范和要求,它体现了一个人的修养、品位和对他人的尊重。

图 7-1 所示为某高校大学生仪容得体,在国际展会中心社会实践中为参展的外国嘉宾提供翻译服务。

(一)面部清洁与修饰

1. 保持面部干净

每天洗脸,去除面部的污垢、油脂和灰尘。注意清洁鼻子、耳朵周围等容易被忽视的部位。

2. 适当修饰眉毛

根据自己的脸型和气质,修剪整齐眉毛,使其看起来自然而美观。避免过于夸张的眉形。

图7-1　某高校大学生仪容得体，在国际展会中心社会实践中为参展的外国嘉宾提供翻译服务

3. 注意眼部卫生

保持眼睛明亮，无眼屎。如果佩戴眼镜，要保持镜片清洁。

4. 保持口腔清洁

避免口臭，如果有口腔疾病，应及时治疗。特别是在与他人面对面交流时，如社会调查中的访谈环节，务必保持自己的口腔无异味。

（二）发型选择与打理

1. 选择适合的发型

发型应与个人的脸型、气质、职业和场合相适应。男大学生通常选择简洁、大方的发型；女大学生如留有长发，在正式场合应把长发扎起，避免披头散发给人不尊重的感觉。

2. 保持头发整洁

定期洗头，避免头发油腻、有异味。注意梳理头发，使其整齐顺滑。

3. 避免夸张发型

避免过于夸张、怪异的发型，如染成过于鲜艳的颜色、留过长的头发等。在正式场合，应避免过于随意的发型。

（三）整体形象协调统一

1. 注重服装与仪容的搭配

服装和仪容应相互协调，共同塑造良好的整体的形象。如穿着正式服装时，应搭配相应的发型和妆容；穿着休闲服装时，可以选择更加自然的仪容。

在大学生文化和旅游社会实践中，有些实践团队会统一着装，团队成员穿着团队定制的服装开展实践，这样有助于统一形象并对外展示良好的团队精神面貌。在选择社会实践团队服装时，应注意与实践主题或内容相适应，符合大学生自身的特质，切不

Note

可夸张，避免出现着奇装异服的情况。

2. 注意配饰与仪容的搭配

配饰（如帽子、围巾等）应与仪容相协调。选择配饰时，要考虑颜色、款式和材质，使其与整体形象相得益彰。在大学生开展文化和旅游社会实践过程中，对于看望老红军、瞻仰革命烈士纪念碑，以及担任红色讲解员等特殊场合或实践岗位，大学生可以佩戴团徽、党徽等，以凸显庄重、严肃。

3. 保持自信姿态

良好的仪容礼仪不仅包括外在的修饰，还包括内在的自信和气质。作为大学生，应该保持自信的姿态，展现出积极向上的精神风貌，这是仪容礼仪的重要组成部分。

二、仪态礼仪

仪态礼仪是指人们在社交场合中身体姿态和动作所应遵循的规范和要求。它同样也能体现一个人的修养、气质和对他人的尊重。

（一）站姿

1. 基本要求

抬头挺胸，收腹直腰，双肩平齐，双臂自然下垂，双腿并拢直立，脚尖呈“V”字形。身体重心落在两脚中间，眼睛平视前方，面带微笑。

2. 不同场合的站姿

在正式场合，如参加会议并站立发言，应保持端庄、稳重的站姿；在社交场合，如宣传活动现场，可以稍微放松一些，但仍要保持优雅的姿态。

图 7-2 所示为某高校大学生站姿端庄，在红色主题展览馆社会实践中为游客提供讲解服务。

图 7-2 某高校大学生站姿端庄，在红色主题展览馆社会实践中为游客提供讲解服务

（二）坐姿

1. 基本要求

轻轻入座，坐满椅子的三分之二，后背轻靠椅背。双膝自然并拢，双手自然放在膝盖上或椅子扶手上，眼睛平视前方，面带微笑。

2. 不同场合的坐姿

在正式场合，如会议等，应保持端正、严谨的坐姿；在休闲场合，如实践团队成员间的交流等，坐姿可以相对随意一些，但仍要注意不要过于懒散。

（三）走姿

1. 基本要求

抬头挺胸，收腹直腰，双眼平视前方，双臂自然摆动，步伐适中，节奏均匀。

2. 不同场合的走姿

在正式场合，如纪念仪式现场，应保持稳重、大方的走姿；在非正式场合，如发放调查问卷现场，走姿可以轻松自然一些。

（四）蹲姿

1. 基本要求

一脚在前，另一脚在后，向下蹲，前脚全着地，小腿基本垂直于地面，后脚跟提起，脚掌着地。一般情况下，不建议女生在公共场合使用蹲姿，如必须使用应注意避免走光。

2. 不同场合的蹲姿

在需要蹲下的情境下，如捡东西、系鞋带等，应保持优雅、得体的蹲姿。

（五）手势

1. 基本要求

手势要自然、适度、得体，与语言表达相配合。避免使用过于夸张或不恰当的手势。

2. 不同场合的手势

在不同的场合，手势的含义和用法有所不同。在宣讲时，可以使用适当的手势来增强表达效果；在社交场合，手势应更加优雅、含蓄。进行面对面交流时，切勿将手指指向对方。

（六）表情

1. 基本要求

保持微笑，眼神真诚、友好。避免出现冷漠、傲慢或过于夸张的表情。

2. 不同场合的表情

在不同的场合，表情的要求也有所不同。在正式场合，表情要严肃、认真；在社交场合，表情要相对轻松、愉快。

三、服饰礼仪

服饰礼仪是指人们穿着的文明礼仪和规范，它能展现出个人的修养。着装打扮要优先考虑时间、地点和目的等要素。大学生在开展文化和旅游社会实践时，要根据具体条件选择合适的服装，确保整体协调、衣着得体且整洁卫生，切忌不修边幅。在条件允许的情况下，实践团队可以统一着装，这有助于向外界展示团队整体的良好精神风貌。

（一）着装的基本原则

1. 整洁得体

服饰无污渍、无破损。避免穿着过于破旧、邋遢的衣物。

2. 符合场合

正式场合着正装，展现庄重和专业；休闲场合着舒适得体的服装。大学生在开展文化和旅游社会实践中，应选择方便实践工作开展的服装。如在田野间开展社会实践时，应选择适合在田野中穿行的服装；需要长时间在户外开展实践工作的，应选择防暑、防晒、易透气的服装等。

图7-3所示为某高校大学生穿着正装、佩戴党徽，在革命历史纪念馆社会实践中为游客提供讲解服务。

图7-3　某高校大学生穿着正装、佩戴党徽，在革命历史纪念馆社会实践中为游客提供讲解服务

3. 适合身份

应根据自己的身份和实践岗位内容，选择与之相符的服装。

4. 色彩搭配协调

服装的颜色搭配要协调，避免过于花哨或刺眼的颜色组合。一般来说，全身服装的颜色不宜超过三种。

（二）注意事项

1. 避免过于暴露

在正式场合或户外、野外活动中，应避免穿着过于暴露的服装，如露肩、露背、露脐装等。

2. 注意服装的质地和做工

选择质地优良、做工精细的服装，不仅展现服装的品质，也能体现个人品位。夏天应避免穿着过于透光的服装。

3. 尊重文化差异

在不同的文化环境中，服饰礼仪可能有所不同。参加跨文化活动时，要了解并尊重当地的服饰文化，避免不恰当着装带来的误解或冒犯。

4. 保持自信和得体

穿着合适的服装能让人更加自信和得体，但也要注意不要过于刻意或夸张。保持自然、大方的姿态，展现出良好的内在修养。

四、拜访礼仪

礼貌的拜访，可以树立良好的形象。在大学生文化和旅游社会实践中，大学生到实践基地参观、到景区景点调研、到敬老院和幼儿园开展活动、到村民家中慰问等，都属于拜访的范畴，需要事先预约，明确拜访目的，准备好相关材料，与拜访单位或个人沟通好具体细节。

（一）拜访前的准备

1. 确定目的

明确拜访的目的是什么，即确定此次拜访是参观学习、看望慰问、政策宣讲还是调研访谈等，以便有针对性地准备话题内容、携带物料和规划拜访流程。

2. 提前预约

通过电话、短信或邮件等方式与被拜访者预约拜访时间，避免贸然前往给对方带来不便。同时，在预约时要明确告知拜访的大致时长，让对方有所准备。

3. 精心准备礼物

一般情况下，拜访需要准备好礼物。根据拜访对象和场合选择合适的礼物。如探望老红军时，可以选择水果、牛奶等慰问品；开展调研访谈时，可选择有特色的纪念品、

小食品或精致的小饰品。礼物的价值并不在于昂贵，关键在于体现拜访人的心意和周到考虑。

图7-4所示为某高校大学生实践团队成员在开展完调研访谈后，向被访谈对象赠送小礼物。

图7-4 某高校大学生实践团队成员在开展完调研访谈后，向被访谈对象赠送小礼物

4. 整理仪表

穿着得体、整洁，符合拜访场合的要求。注意个人卫生，保持头发整齐、面容清洁。

（二）拜访中的文明礼仪

1. 准时到达

按照约定的时间准时到达。

2. 礼貌问候

见到被拜访者时，要热情、大方地问候，面带微笑，使用恰当的称呼，如果有多人在场，要依次问候。

3. 进入室内

若受被拜访者邀请进入室内，注意脚步要轻，不要大声喧哗。如果需要脱鞋，应确保将鞋子摆放整齐。

4. 就座文明礼仪

听从被拜访者的安排就座，不要随意挑选座位。坐姿要端正，不要跷二郎腿或东倒西歪。

5. 交谈礼仪

交谈时要专注、真诚，眼神交流要自然。说话声音适中，不要过高或过低。避免使用粗俗、不文明的语言，尊重对方的观点和意见，不要强行争辩。

6. 注意细节

在拜访过程中，要注意细节，不要随意翻动被拜访者的物品，不要随地吐痰等。

（三）拜访后的文明礼仪

1. 适时告辞

根据拜访的进展和时间安排，适时提出告别，以免因过度逗留影响被拜访者的后续安排或给对方带来过多的打扰。

2. 礼貌告别

告别时要再次表达感谢，真诚地与被拜访者握手，握手的时间一般持续3～4秒，且必须为站立姿势。可以说一些祝福或邀请回访的话，如“希望下次有机会再见面”“祝身体健康”“诚挚邀请您来××学校做客”等。

3. 整理物品

离开前，检查自己是否有遗漏的物品，并将座位周围的物品整理好，保持环境整洁。

五、交谈礼仪

大学生在文化和旅游社会实践中，经常需要与人交谈。只有掌握基本的交谈礼仪，才能做到与人和谐相处、相互接纳，才能在沟通中营造出一种热情洋溢、心情舒畅的氛围。

（一）语言表达

1. 文明用语

在交流中应采用礼貌且尊重的表达方式，避免使用粗俗、冒犯性的词汇，常用“请”“谢谢”“对不起”等礼貌用语。

2. 清晰表达

说话时语速适中，发音清晰，确保对方能够轻松理解。表达应清晰，避免含糊不清，语速不宜过快或过慢。

3. 恰当用词

根据场合和对象选择合适的词汇，避免使用过于专业或生僻的词语，以免对方听不懂。同时，也要注意避免使用非正式的流行语或网络用语，保证沟通的正式性和有效性。

（二）倾听技巧

1. 专注倾听

与对方交谈时，要保持专注，眼神交流自然，不要左顾右盼或心不在焉。认真听取

对方的讲话内容，不要打断对方。

图 7-5 所示为某高校大学生实践团队慰问当地老党员，认真倾听老党员讲述乡村发展背后的故事。

图 7-5　某高校大学生实践团队慰问当地老党员，认真倾听老党员讲述乡村发展背后的故事

2. 积极回应

在对方讲话的过程中，可以通过点头、微笑，以及适当的语言回应（如“嗯”“对”“我明白”）等方式表示认真倾听。

3. 理解对方

努力理解对方的观点和感受，不要急于发表自己的意见。如果有不明白的地方，可以适当地提问，以确保能正确理解对方的意思。

（三）话题选择

1. 合适的话题

根据交谈的初衷，选择积极、健康的话题，可以从对方的兴趣爱好、工作、生活等方面入手，最后引到交谈的目的。

2. 避免单调

不要总是围绕一个话题展开交谈，可以适时地转换话题，保持交谈的多样性和趣味性。

3. 关注对方反应

在选择话题时，要注意观察对方的反应。

（四）肢体语言

1. 姿势端正

保持良好的姿势，不论是坐姿还是站姿都应端正，避免懒散或过于随意。同时，注

意不要过于僵硬或紧张。

2. 手势适度

适当的手势可以增强语言表达的效果,但应避免过于夸张或频繁。避免用手指指人或做出不适当的手势。

3. 面部表情

保持自然、友好的面部表情,微笑是最好的交流方式,避免板着脸或做出不适当的表情。

(五)其他注意事项

1. 控制音量

说话的音量要适中,不要过大或过小。公共场合不要大声喧哗,以免影响他人。

2. 尊重他人观点

不要强行争辩或批评对方。可以通过友好的方式表达自己的观点,寻求共识。

3. 避免打断

在对方讲话时,不要轻易打断。如果有紧急情况需要插话,应先表示歉意,然后再发言。

4. 注意场合

不同的场合,交谈礼仪要求也不同。正式场合需要更加注意语言的规范和得体性,休闲场合可以相对放松一些。

六、餐桌礼仪

餐桌礼仪体现着个人的素养和对他人的尊重。

(一)入座文明礼仪

1. 注意入座顺序

在正式场合,应等待长辈、上级领导、老师等入座后,再依次入座。

2. 正确的坐姿

入座后,身体端正,不要趴在桌上或靠在椅背上。双脚平稳地放在地上,不要晃动或跷二郎腿。

(二)餐具使用文明礼仪

1. 筷子的使用

避免将筷子指向他人、敲击碗碟或将其插在食物中。夹菜时要适量,不要在菜盘中翻找。在条件允许的情况下,尽量使用公筷、公勺。

2. 勺子的使用

用勺子喝汤时，不要发出声响。勺子不用时，应放在碗碟上，不要放在餐桌上。

3. 刀叉的使用

切割食物时，不要用力过猛，避免发出刺耳的声音。

（三）用餐文明礼仪

1. 文明用餐

用餐时要细嚼慢咽。

2. 避免浪费

根据自己的食量取餐，不要浪费食物。如果有剩余食物，建议打包带走。

3. 尊重他人

不要在餐桌上大声喧哗或打闹。尊重他人的饮食习惯和选择，不要对他人的食物进行评价或批评。

（四）离席文明礼仪

1. 礼貌告知

离席前，应礼貌地向同桌的人告知并表达感谢。

2. 整理餐具

离席时，将自己的餐具摆放整齐，餐巾放在座位上。同时，注意留意就餐地是否要求就餐人员自行收拾碗筷并放回到指定的餐具回收区域。

3. 轻声离开

离席动作要轻，不要影响他人用餐。

第三节　在实践中争做文明礼仪的践行者

古老文明的中华民族，以完整的文明礼仪规范，铸就中华文明的灿烂与辉煌。作为文明礼仪之邦，当以礼立人。总体来看，大学生在开展文化和旅游社会实践活动中，表现出了较好的文明礼仪素养，但同时也存在一些问题，如文明礼仪知识匮乏、文明礼仪意识淡薄、文明礼仪践行能力不足等。大学生应积极行动起来，在大学生文化和旅游社会实践中争做文明礼仪的践行者。

案例阅读7-2

暑假期间，某高校“助力乡村振兴”社会实践团的8名大学生前往云南某乡村开展为期一周的大学生文化和旅游社会实践活动。实践地位于云南腹地的边远山区和少数民族聚居区，通过长途跋涉，实践团队终于抵达实践地。刚抵达乡村时，实践团队中的部分成员对当地简陋的环境表现出明显的嫌弃之意。他们在与村民交流时，语气中带着些许不耐烦，“这地方怎么这么脏啊！”“你们这里也太落后了吧。”这些言语让当地村民感到很不舒服。在调研过程中，有的大学生随意进入村民家中，不经过主人同意就四处翻看。有一次，一位同学在村民家里看到一个有趣的手工艺品，未经允许就拿起来把玩，还不小心弄坏了。当村民表示不满时，这位同学不仅没有道歉，还嘟囔着说：“这又不是什么值钱的东西。”晚上，实践团队成员住在村里安排的临时住所。一些同学在房间里大声喧哗，完全不顾周边村民的感受。这次社会实践，因为部分实践团队成员的不文明行为，给当地村民留下了非常不好的印象，也使这次原本有意义的实践活动蒙上了一层阴影。

一、社会实践中大学生在文明礼仪上存在的问题

（一）文明礼仪知识匮乏

有调查显示，部分大学生在参与社会实践过程中，对中国传统文化的内涵认识不到位，不明白文明礼仪的重要性，缺乏必要的文明礼仪知识和交往技巧，无法预见失礼行为产生的严重后果，不懂得如何通过文明礼仪来更好地展示自己的良好形象。

1. 社交礼仪知识不足

(1) 不懂得正确的称呼方式：在与长辈、师长、领导等交往时，使用了不恰当的称呼，显得不尊重，如对老师直呼其名，对长辈使用不恰当的昵称等。

(2) 缺乏介绍方面的文明礼仪知识：在介绍自己和他人时，可能会出现顺序错误、内容不完整等问题，如不知道先介绍长辈还是晚辈，不知道如何介绍自己身份等。

(3) 不了解握手文明礼仪：在与他人握手时，可能会出现力度不当、时间过长或过短等问题。

(4) 不懂得餐桌礼仪：在吃饭时，可能会出现不懂得用餐文明、不遵守餐桌秩序等问题，如不清楚入座顺序、不知道恰当的夹菜方式等。

2. 公共场合文明礼仪知识欠缺

(1) 不遵守公共秩序：在公共场合，可能会出现插队、活动结束后不收拾会场等不文明行为，这些行为影响了他人，破坏了公共环境。

(2) 不注意个人形象：在公共场合，可能会出现穿着不得体、行为不检点等问题，影

Note

响自己的形象和他人的感受,如穿着过于暴露、邋遢等。

(3) 不懂得尊重他人隐私:在公共场合,可能会出现窥探他人隐私、偷听他人谈话等不文明行为,侵犯他人的隐私权。

3. 网络文明礼仪知识匮乏

(1) 不文明网络用语:在网络上,可能会使用不文明的语言,如脏话、攻击性语言等,影响网络环境和他人的感受。

(2) 不遵守网络规则:在网络上,可能会出现不遵守网络规则、侵犯他人知识产权等问题,如在网上发布虚假信息、抄袭他人社会实践成果作品等。

(3) 不懂得网络社交礼仪:在网络社交中,可能会出现不懂得如何恰当地与他人交流、不尊重他人等问题,如长时间不回信息,使用不合适表情包等。

(二) 文明礼仪意识淡薄

1. 社交行为方面

语言不文明,说脏话、粗话,说话不注意场合和对象;缺乏倾听能力,在与他人交谈时,急于表达自己的观点,不耐心听取对方意见;不懂得尊重他人隐私,随意打听他人隐私或泄露他人信息等。

2. 公共场合行为方面

大声喧哗,在博物馆、展览馆、图书馆、景区景点等公共场所大声说话、嬉笑打闹,影响他人;插队加塞,在食堂打饭、超市结账时强行插队;破坏公共设施,故意损坏桌椅、路灯、垃圾桶等。

3. 网络行为方面

在网络聊天及论坛、微博等平台上,使用不文明的语言,发表不当言论;网络暴力,在网络上对他人进行辱骂、攻击、诽谤等,造成不良影响等。

(三) 文明礼仪践行能力不足

文明礼仪的核心是尊重他人,内外兼修,积极实践。除了了解和学习文明礼仪知识,还必须在实践中加以运用。然而,大学生在社会实践中,在践行文明礼仪方面还存在如下问题。

1. 言行不一致

虽然知道文明礼仪的规范和要求,但在实际行动中却难以做到。口头上承诺遵守文明礼仪,然而在具体情境中却容易忘记或忽视自己的承诺。如答应同学要守时,但在实际工作中却经常迟到。

2. 缺乏应对能力

在实践过程中,当遇到不文明行为时,不知道如何正确地应对和处理。如看到有人在排队检票进入景区时插队,可能只是心里不满却不敢出声制止。在一些复杂的社

交场合中，不知道如何运用文明礼仪来化解矛盾和尴尬等。

3. 自我约束不够

难以自觉地遵守文明礼仪规范，需要他人的提醒和监督。对自己的不文明行为缺乏深刻的认识和反思，即使被指出错误，也可能只是敷衍了事，没有真正从内心认识到问题的严重性，从而难以改正。

4. 主动实践意识不强

文明礼仪知识应在学习后积极实践。不实践，所学的文明礼仪知识就难以在实际的生活、学习和工作中发挥作用。主动践行文明礼仪的意识不强，导致理论知识难以转化为实际行动，不利于提高自身的文明素养。

二、大学生社会实践中出现文明礼仪问题的原因

（一）大学生自身文明礼仪修养不高

1. 自我认知不足

（1）对文明礼仪的重要性认识不够。

一些大学生没有深刻认识到文明礼仪在人际关系建立、实践工作开展、社会和谐稳定等方面的重要性。他们认为文明礼仪只是表面的形式，忽视了其内在的价值和现实意义。

（2）缺乏自我反思。

在日常生活中，特别是在社会实践过程中，一些大学生往往较少主动反思自己的行为是否符合文明礼仪规范。他们习惯了以自我为中心，很少考虑自己的行为对他人的影响。

2. 心理因素影响

（1）浮躁心态。

在快节奏的社会环境和竞争压力下，一些大学生容易产生浮躁心态。这种心态可能导致在行为上缺乏耐心和细心，不注重文明礼仪细节。

（2）从众心理。

受从众心理的影响，在实践过程中，如果周围的同学、同事都不重视文明礼仪，那么一些原本有良好文明礼仪习惯的学生可能会受到影响，逐渐放松对自己的要求。如看到有人在酒店大堂大声喧哗，自己也跟着一起；看到有人在景区乱扔垃圾，自己也觉得无所谓。

3. 缺乏自律能力

（1）自我约束不足。

在校外开展社会实践过程中，脱离了学校的严格管理，没有了老师的叮嘱和监督，一些大学生可能会出现自我约束不足的情况，具体表现为在行为上缺乏自律，不能自

觉遵守文明礼仪规范。

(2) 缺乏毅力。

一些大学生在尝试遵守文明礼仪规范时，由于缺乏毅力，遇到困难或者没有立即看到效果，就轻易放弃。例如，他们可能想要改掉喜欢打断别人说话的习惯，但控制不了自己的情绪，一激动就忍不住插话。

4. 知识储备不足

一些大学生对文明礼仪的具体内容和要求了解不够，缺乏学习主动性，即使有机会学习文明礼仪知识，可能觉得文明礼仪知识不是专业课程和必备知识，认为不重要，不愿意花时间去学习。

(二) 社会环境消极因素的影响

1. 价值观的误导

(1) 功利主义倾向。

过度地强调物质利益和个人成功，使得部分大学生注重追求功利目标，忽视文明礼仪的价值。例如，他们为了在社会实践中得到较高的考核成绩，或希望在社会实践中获得相关的荣誉和表彰，采取不正当手段，伪造实践成果。

(2) 消费主义影响。

消费主义文化的盛行可能导致部分大学生过于关注外在形象和物质享受，忽视内在品质和文明礼仪。例如，他们追求名牌服装、高档产品等，在社交场合中更注重物质展示，而忽略了尊重他人、礼貌待人等基本文明礼仪。

2. 行为失范的不良影响

(1) 公共场合的不文明行为。

大学生在日常生活中，特别是在参与社会实践时，有时会遇到如乱扔垃圾、大声喧哗等不良行为。这些行为可能会潜移默化地对他们产生影响，导致他们降低自己在文明礼仪方面的要求。

(2) 网络环境的负面影响。

网络空间中存在着多样化的言论和信息，包括不文明语言、恶意攻击和虚假信息等。大学生容易受到这些不良影响，可能出现不文明行为。

3. 社交压力的影响

(1) 社交圈子的不良风气。

大学生的社交圈子中可能存在一些不良的风气，如攀比、虚荣、自私等。在这样的社交环境中，一些大学生可能会为了迎合他人而做出不文明的行为，或者在社交场合中过于注重自我表现，而忽略了文明礼仪。

(2) 社交场合的不适当行为。

在某些社交场合，如聚会、娱乐活动等，可能会出现一些不适当的行为，如过度饮

酒、吸烟、打闹等。这些行为可能会对大学生的文明礼仪观念产生负面影响，导致他们容易在类似场合中出现不文明的行为。

三、大学生在社会实践中要积极践行文明礼仪

（一）增强意识，主动学习

大学生要明确文明礼仪修养不仅关乎个人、实践团队的素质和形象，还深刻影响着人际关系的建立、实践工作的开展、社会的和谐稳定。因此，应从思想上重视文明礼仪，将其视为自身成长和开展社会实践过程中不可或缺的重要部分。为了全面提升礼仪修养，大学生可以通过阅读文明礼仪书籍、观看文明礼仪讲座视频、参加学校组织的文明礼仪培训等方式，系统地学习拜访礼仪、服饰礼仪、交谈礼仪、餐桌礼仪等各方面的知识，了解不同场合的文明礼仪规范和要求。

（二）注重实践，知行合一

大学生通过学习文明礼仪知识，能深入了解其蕴含的道德和文化内涵。然而，只有付诸实践，才能真正将这些知识内化为自己的价值观和行为准则。社会实践不仅是大学生锻炼能力的平台，也是他们实践文明礼仪的契机。在这一过程中，大学生的言行举止应该体现尊重、关爱、责任等文明礼仪的核心价值。大学生作为社会的未来栋梁，要努力成为文明礼仪的传播者和践行者，树立良好榜样。在社会实践中，大学生要自觉遵守各项规章制度和职业道德规范，尊重服务对象的人格和权利，不得歧视、侮辱服务对象；要认真履行实践岗位职责，不敷衍塞责、不推诿扯皮；要注意自己的言行举止，做到诚实守信，始终保持文明礼貌、热情周到的服务态度；要尊重不同文化的差异和特点，尊重不同文化的价值观。

（三）自我反思，不断改进

在社会实践过程中，定期回顾自己在言行举止、人际交往等方面的表现，积极与他人交流，认真听取他人的意见和建议，及时发现自己存在的不文明行为和不足之处，制订具体的改进计划，明确改进目标和措施，严格按照计划执行，自觉接受他人的监督，加强自我约束，不断提高自己的文明礼仪素养。

（四）培养良好心态和品德

文明礼仪的践行能够展现大学生的良好品德和修养。通过不断地践行文明礼仪，大学生可以培养自己的自律意识、责任感和社会公德心，从而提升个人的综合素养。良好心态和品德是践行文明礼仪的基础，只有具备良好心态和品德，才能真正做到言行一致、文明有礼。在社会实践中，要保持谦逊的态度，虚心向他人学习，不骄傲自满；要尊重他人的意见和建议，善于倾听不同的声音，不断完善自己；要学会理解和包容他人的缺点和错误，不斤斤计较，以平和的心态处理人际关系中的矛盾和冲突；要注重培

养自己的品德，如诚实守信、尊老爱幼、乐于助人等；要坚持自律，无论面对何种情况，都约束自己的言行。

躬行蕴道7-2

大学生文化和旅游社会实践文明礼仪小贴士

文明礼仪对于大学生群体顺利开展文化和旅游社会实践、与实践工作相关人群建立良好人际关系至关重要。

一、前期做足文明礼仪准备

（一）认真收集相关信息

在实践前，仔细阅读相关资料，明确实践目标、任务和注意事项，了解实践地文明礼仪特殊要求，提前开展文明礼仪学习和培训。

（二）与团队成员积极沟通

积极与团队成员交流，增进了解，共同制订实践计划，相互提醒文明礼仪注意事项。

（三）准备合适的服装和装备

根据实践内容和场合，选择得体、舒适的服装和必要的装备，避免穿着不得体的服装。

二、实践过程注意文明礼仪

（一）尊重他人

与实践对象、团队成员及当地居民交往时，要尊重他们的风俗、文化和生活方式。使用礼貌用语，如“您好”“请”“谢谢”等。

（二）遵守时间

严格遵守实践活动的时间安排，不迟到、不早退。如果因特殊情况无法按时到达，要提前通知相关人员并表示歉意。

（三）认真倾听

在与他人交流时，要认真倾听对方的意见和建议，不要打断对方。可以通过点头、微笑等方式表示自己在倾听，让对方感受到尊重。

（四）团队协作

积极与团队成员配合，发挥各自的优势，共同完成实践任务。遇到问题时，要相互支持、共同解决，不要互相推诿责任。

（五）注意言谈举止

在实践过程中，要注意自己的言谈举止，不要做出不适当的行为。

（六）尊重当地风俗习惯

了解并尊重实践地的风俗习惯和文化传统，避免因不了解而做出冒犯他人的行为。

三、结束阶段不能放松文明礼仪要求

(一)整理物品和场地

实践结束后,要整理好自己的物品并打扫实践场地,保持环境整洁。如果有借用的物品,要及时归还并表示感谢。

图7-6所示为某高校大学生实践团队在结束社会实践准备撤离之际认真打扫驻地卫生,保持驻地干净整洁。

图7-6　某高校大学生实践团队在结束社会实践准备撤离之际认真打扫驻地卫生,保持驻地干净整洁

(二)与他人告别

与实践对象、合作伙伴及当地居民告别时,要真诚地表达感谢之情,并希望有机会再次合作。可以送上小礼物或写感谢信,以表达自己的心意。

(三)总结反思

实践结束后,要及时进行总结反思,回顾自己在实践过程中的表现和收获,找出不足之处并加以改进。同时,也可以为今后的实践活动提供经验借鉴。

第七章
课后习题

践履试金

简答题

1. 文明礼仪在大学生文化和旅游社会实践中的作用主要体现在哪些方面?

2. 大学生如何在文化和旅游社会实践中争做文明礼仪的践行者?

简答题
答案

Note

第八章
大学生文化和旅游社会实践安全教育

学习目标

1. 了解社会实践相关方的安全职责和社会实践全过程安全管理的主要内容。
2. 掌握开展社会实践安全教育的目的和主要内容、突发社会实践安全事件的特征、应对原则和处置程序。
3. 了解文化和旅游社会实践中，交通安全、食宿安全和工作安全的主要内容和风险点。

能力目标

1. 具备编制社会实践安全预案的能力。
2. 能够正确应对突发的社会实践安全事件。
3. 能够对交通、食宿及实践工作等方面可能出现的安全问题进行提前预防和及时处理。

素养目标

1. 在开展文化和旅游社会实践中树立总体国家安全观。
2. 增强安全防范意识，培养互帮互助精神。

案例阅读8-1

暑假一开始，重庆某高校8名大学生便组成实践团，来到安徽省安庆市一下辖乡镇开展为期10天的暑期社会实践。一日，这8名大学生在实践地附近的山野中开展活动时突遇大雨，在避雨过程中遭遇雷击，造成4人受伤、1人死亡。这8名大学生都是重庆某高校大一学生，也都是第一次参加暑期社会实践活动，未曾料到会遭遇这样的悲剧。

安全第一，安全无小事。大学生开展社会实践，首要前提是要确保安全。文化和旅游社会实践活动范围往往涉及校外、生产一线、田间地头、景区景点及户外场地等多种复杂环境,安全情况复杂,需要注意安全。这里所指的安全,既包括人身安全也包括财产安全。在安全的组织框架下、在安全的环境内、有安全的保障条件作为基础进行文化和旅游社会实践,才是有意义的实践。安全,是实践的起始,是实践取得成果的基石。若在文化和旅游社会实践中出现安全事故,无论安全事故大小,都将让整个实践蒙上挥之不去的阴影。轻则实践终止,重则财产受到严重损失,甚至危及生命。

第一节　社会实践安全组织与管理

对于绝大多数在校大学生而言,参加文化和旅游社会实践,可能是第一次离开学校,和同学一起或独自一人,直接深入社会完成一项工作任务,可以认为这是他们独立面对社会的开始。所处环境的改变,面对群体的改变,实施方式的改变等,都会为文化和旅游社会实践增加不少不可控的因素,自然也包括不安全因素。各种挑战、困难都会因此被放大,直接影响社会实践的顺利开展。因此,要本着“安全第一,防患于未然”的原则,把安全作为最核心的问题来对待,做好社会实践的安全组织与管理工作,积极树立社会实践“安全第一”的理念,努力提高安全防范意识,真正把各项安全工作落到实处,确保文化和旅游社会实践平安、顺利进行。

一、建立社会实践安全组织管理体系

一次实践成果丰硕、让参与的大学生受益匪浅的文化和旅游社会实践,离不开安全的组织管理。建立健全社会实践安全组织管理体系,将为大学生参与文化和旅游社会实践取得成功奠定坚实的基础,真正做到让参与的学生开心,让学生家长安心,让社会实践指导教师放心。

(一)明确社会实践安全职责

在大学生文化和旅游社会实践组织和实施过程中,与实践安全关系密切的主要群体可以分为高校、实践基地和其他等三类。

1. 高校

高校是大学生文化和旅游社会实践的组织者和直接参与者。从社会实践安全的角度来看,高校内的相关部门和师生各自拥有自身的实践安全职责。

(1)高校中的教务部门。

高校中的教务部门负责指导社会实践课程设置,出台实践类课程安全管理办法,在制度和规范性上确保课程实施安全,并开展课程安全督查工作。

(2)高校中的安全保卫部门。

高校中的安全保卫部门负责对参与实践的学生开展日常安全教育,特别是安全警

Note

示教育，宣传和普及安全知识，提升学生安全防范意识，并协助处理实践安全突发事件。

(3) 团委。

学校团委负责统筹社会实践课程安排，督促二级学院落实社会实践安全工作要求，在社会实践开始前集中开展全校性社会实践安全教育。

(4) 二级学院。

学生所在的二级学院需具体承担社会实践课程的开设与落实工作，尤其要严格落实各项安全要求，为学生配备社会实践指导教师，推荐符合安全条件的社会实践基地供学生开展实践。若实践活动存在前往同一地点人数较多、实践时间较长、活动规模较大等情况，二级学院应向实践地所属政府有关部门进行报备。

(5) 社会实践指导教师。

社会实践指导教师要对学生开展社会实践安全教育，宣讲安全知识，指导学生如何安全地开展社会实践，对学生选取的社会实践单位(场地)和即将从事的具体实践工作进行安全评估，做好安全风险提示，并将学生的实习情况及时反馈给学生家长，指导学生应对和处置突发的安全事件。

(6) 学生。

①学生团队。

如果是学生组成实践团队共同开展实践活动，则团队的所有成员共同负有安全职责。在实践中，团队成员不仅要对自己的安全负责，也要对其他团队成员的安全负责，不能因为个人安全而忽视集体安全。同时，团队内部应有明确的分工，每位成员应根据分工确保负责领域的安全。如负责后勤保障的同学应确保饮食、住宿等安全；负责物资管理的同学应确保公共财产安全；负责活动组织的同学应确保活动实施过程的安全等。同时，在团队中还应设置安全委员，负责制定安全预案，统筹协调团队安全事宜，并对整个实践过程进行安全监督。全体成员要各司其职，一切行动听指挥，要树立安全第一的理念，相互监督，互帮互助，团结一心，认真落实各项安全措施。

②学生个人。

学生个人，无论是跟随实践团队一起开展集体实践，还是个人开展实践，均要对自己的安全负责。他们应积极履行安全承诺，自觉接受安全教育，提高安全防范意识，努力学习安全技能。在选择实践单位(场地)时，应确保实践单位(场地)具备安全条件，提前熟悉并遵守相关的安全规定和操作规程。此外，学生应将本人实践计划和安排等提前告知学校和家长并征得同意。在实践过程中，学生应服从学校安排，听从统一指挥，做足安全准备，保持心情愉悦和心理健康，并与学校和家长保持稳定联系。遇到突发安全事件，学生应能够保持冷静，及时采取应对措施。

2. 实践基地

大学生文化和旅游社会实践的实践基地，以文化和旅游相关的管理部门和企事业单位、乡村、景区景点、文化场馆等为主。实践基地可以是学校与企事业单位共建的，

也可以是学生根据实践要求和实践计划，自行选取的实践场所。实践基地除向高校学生提供安全可靠的文化和旅游相关的实践项目外，还应具备必要的安全保障条件。上岗实践前，实践基地应组织学生进行岗前安全培训，让学生熟悉岗位操作安全规范。在实践过程中，实践基地也应注重维护学生的实践安全，及时消除安全隐患。同时，实践基地应与高校和学生紧密合作，共同应对和处置突发安全事件，确保实践活动的顺利进行。

3. 其他

除了高校、实践基地，还有教育行政管理部门、学生家长等其他群体。这些群体，均应该在支持和鼓励大学生参与文化和旅游社会实践的同时，把安全实践作为首要内容来对待。学生家长应主动与高校配合，督促学生在实践中注意人身和财产安全，及时了解学生的实践情况，关注学生实习状态和心理健康，与高校一起应对和处置突发安全事件。

（二）制定社会实践安全预案

社会实践安全预案，也称社会实践应急预案，是对社会实践全过程中可能出现的安全问题进行提前预判分析，在做好防范、消除安全隐患的同时，为应对突发的安全事件做出迅速、高效和有序的处置行动而预先制定的行动方案。

制定社会实践安全预案，是组织实施社会实践的重要前提步骤，也是确保社会实践安全有序开展不可或缺的关键环节。社会实践安全预案在以学生团队形式集中开展的社会实践中显得尤为重要，对于学生个人形式开展的分散性社会实践，也应该以安全预案的主要内容为参考，对实践过程中可能存在的安全问题进行提前预判，做好安全工作准备。

1. 社会实践安全预案的重要作用

制定社会实践安全预案，其最终目标就是保障生命财产安全。就其重要作用而言，主要体现在三个方面。

首先，提前预防，防患于未然。制定社会实践安全预案，需要提前对整个社会实践过程进行梳理，包括实践地点、实践内容、参与人员、实践对象等，通过梳理发现可能存在的安全薄弱环节，特别是安全隐患，提前预测，及时消除，把不安全因素及时消灭在萌芽状态。同时，为可能出现的突发安全事件提前做好各种应急准备，包括物资、人员及心理等准备。

其次，提供有效的应对处置程序，减少损害。社会实践安全预案中有具体的安全应对处置程序，当出现突发安全事件时，依照提前制定的科学的处置流程予以应对，在紧急状态下能高效有序地开展安全处置工作，及时控制局面，阻止伤害的进一步扩大，有效降低损失，真正做到处乱不惊，沉着应对。

最后，符合制度规范要求，提升安全意识与应急能力。国家和高校对维护学生安全均有相关规定，制定社会实践安全预案是体现“以学生为本”的教育理念、落实安全

Note

相关制度规范的必然要求。制定社会实践安全预案的过程，也是进一步统一全员思想、加强安全教育、提高对社会实践安全的重视程度、提升安全应急能力的过程，有利于推动社会实践各项工作任务的顺利完成。

2. 社会实践安全预案的主要内容

社会实践安全预案，主要由编制目的、工作原则、组织机构及职责分工、安全事件分类分级、安全风险分析、预防举措、应急处理举措和程序、保障工作等内容组成。其中，组织机构及职责分工、安全事件分类分级、安全风险分析、预防举措、应急处理举措和程序是核心内容。不同的文化和旅游社会实践项目可根据具体内容对安全预案进行调整。

(1) 组织机构及职责分工。

安全预案中应明确的内容包括学生团队中负责处理安全工作的人员及其各自在安全领域的职责分工。

(2) 安全事件分类分级。

社会实践中的安全事件需要进行分类。同时，根据安全事件产生的原因、影响范围、损害程度、关联群体特征等因素，对其进行等级划分，不同类型、不同等级的安全事件将对应不同的应对处置程序。一般来说，突发社会实践安全事件一般分为特别重大、重大、较大和一般四个等级，在遵守国家相关规定标准的基础上，根据实际情况进行确定。

(3) 安全风险分析。

安全风险分析是对参与社会实践的全员、全时长、全过程进行安全风险评估，逐一排查，挖掘安全隐患和安全漏洞，分析发生的概率、影响范围和可能产生的后果，为后续开展预防和应急处置工作奠定坚实的基础。

(4) 预防举措。

根据安全风险分析，针对每一个安全风险制定预防举措，规避或消除可能存在的安全风险。

(5) 应急处理举措和程序。

针对可能出现的突发安全事件，根据不同类型，制定具体的现场应急处理举措。对照不同等级，制定相对应的应急处理程序。应急处理举措和程序应科学、有序、高效、合规合法，并具有较强的可操作性，以缩小安全事件的影响范围，降低损害。

3. 制定社会实践安全预案的原则及注意事项

制定社会实践安全预案需要把握的原则如下。

(1) 科学性原则。

社会实践安全预案应具有科学性。这里提到的科学，重点指安全事件分类分级要科学，安全风险分析要科学，预防举措要科学，应急处理程序要科学，社会实践安全预案要遵照科学标准和法律规范来制定，切勿盲目和随意，以免失去安全预案编制的意义，不仅安全隐患没有得到排除，突发安全事件影响更加严重。

（2）完整性原则。

社会实践安全预案应具备完整性。在制定过程中，既要考虑参与社会实践的全员、全时长、全过程，也要考虑潜在的、前期的和可能发生的安全隐患，既有预防的举措，也要有应对突发的方案。切勿抱有侥幸心理，不能敷衍了事，不可以偏概全、以点概面。

（3）针对性原则。

社会实践安全预案应具有针对性。社会实践，特别是文化和旅游社会实践内容丰富、形式多样，所面对的安全风险和不可控因素较多。因此，要根据不同的实践群体、实践对象、实践内容、实践形式，有针对性地制定社会实践安全预案。安全风险分析、预防举措、应急处理程序都应具有高度的针对性，做到明确目标、有的放矢，这样才能真正发挥安全预案的作用。

拓展资源包 8-1

大学生文化和旅游社会实践安全预案（学生团队版-参考模板）

此外，在制定社会实践安全预案，特别是文化和旅游社会实践安全预案的过程中，还应注意：安全预案的制定要紧密贴近文化和旅游社会实践的特点，做好前期调研工作，在充分满足大学生开展文化和旅游社会实践学习需求的基础上，做足、做细、做好安全实践的各项准备工作；安全预案应简洁明了，通俗易懂，要根据实际情况及时对预案进行调整，不断评估、补充和完善；加大对预案的学习宣传力度，让每位参与实践的学生充分了解并熟悉预案内容；组织多次预案演练和模拟实操训练，在检验预案科学性的同时也提升全员的安全意识与应急能力。

（三）做好社会实践全过程安全管理

1. 实践前的安全管理

拓展资源包 8-2

××高校大学生文化和旅游社会实践安全承诺书

实践前，应该在社会实践指导教师的指导下，选择安全的实践地和实践内容，制订实践计划；在获得指导教师批准并征得学生家长同意后，调研实践地的历史地理、风土人情等情况，及时查阅天气预报，制定社会实践安全预案；自觉开展并接受实践安全教育，熟悉实践操作规程，做好实践物资、药品、安全器材、应急用品等的准备工作；签署社会实践安全承诺书，承诺在社会实践中做好自身安全的“第一责任人”（图 8-1）。

图 8-1　承诺在社会实践中做好自身安全的“第一责任人”

2. 实践中的安全管理

按照实践计划开展实践工作，注意交通、饮食、生产及生活等方面的安全；实地排查实践地安全隐患，规避安全风险；全体团队成员应听从指挥，服从安排，认真履行安全承诺，遵守规则制度和安全操作规程；与社会实践指导教师和学生家长保持联系，及时汇报实践情况；团队成员之间互帮互助，相互督促并提醒注意人身和财产安全；妥善保管实践物资，定期清点药品、安全器材、应急用品等，确保可以随时使用；不信谣、不传谣、不造谣，注意网络安全，遵守网络文明公约；遇到突发安全事件，按照安全预案进行处置，沉着冷静应对。

3. 实践后的安全管理

实践结束后，对自身健康进行一定周期的监测；整理并归还实践物资，清点药品、安全器材、应急用品等，做好移交、入库存档等工作；对实践素材，特别是涉密材料，应做好涉密安全保管工作；未经允许不能随意在互联网上发布和传播实践成果；认真总结，特别在安全领域，为再次开展实践活动积累经验和技能储备。

二、开展社会实践安全教育

在社会实践开始前，对大学生群体开展安全教育，是确保他们安全参与社会实践的重要举措，也是高校维护学生安全应尽的责任。学生自觉、主动、积极参与并接受社会实践安全教育，也是学生的基本义务，更是在社会实践中必须完成的一项工作（课程）任务。

（一）开展社会实践安全教育的目的和意义

首先，预防社会实践安全事故的发生和减少伤害。这是开展社会实践安全教育的首要目的，也是核心意义。通过开展社会实践安全教育，提升参与学生的安全防范意识，使他们明白哪些事情能做、哪些不能做，哪些是安全的、哪些是不安全的，哪些存在安全隐患以及应该如何规避和处置等。从而降低安全事故发生的概率，即使发生了也能正确应对，减少伤害和损失。

其次，提升自我保护能力并促进个人发展。社会实践安全教育内容丰富、形式多样，具有较强的科学性、针对性、实践性，在大学生群体中广泛普及安全知识，能提升大学生的自我保护能力。同时，社会实践安全教育不仅关乎实践中的生命和财产安全，也关乎学生未来的个人成长和发展。掌握安全知识和技能有助于大学生更好地应对各种挑战和困难，提高综合素养和竞争力，为即将开始的毕业实习及真正步入社会奠定坚实基础。

最后，营造重视安全的良好氛围。开展社会实践安全教育，符合教育行政管理部门和高校有关学生安全工作的规章制度要求，体现了高校对学生安全问题的高度重视。通过安全教育，营造全员关注社会实践安全问题、全员参加社会实践安全实践、全员共享社会实践安全成果的良好氛围，为校园乃至社会的和谐、安全和稳定贡献积极

力量。

（二）社会实践安全教育的主要内容

社会实践安全教育，特别是文化和旅游社会实践的安全教育，按作用领域划分，主要包括交通安全、食宿安全、文化和旅游工作安全等内容。

交通安全主要指往返实践地或实践期间交通往来时的安全问题，涉及交通工具、乘坐人员、交通环境等方面。食宿安全主要指实践期间住宿、饮食、卫生等方面的安全，涉及住宿地点选择、食材选择与制作，以及用水、用电、用药等方面。文化和旅游工作安全主要指从事文化和旅游相关领域工作时需要注意的安全，涉及中暑、涉水、动物伤害、消防、诈骗、日常纠纷等方面。上述安全教育的内容，除包含安全常识、风险提示等知识，还应包含急救技能、应急处置流程等。

（三）社会实践安全教育的组织实施

社会实践安全教育，一般放在实践开始前的一个月内进行，其实施的主体是高校，由教务部门、安全保卫部门、团委、二级学院等部门和单位具体落实。社会实践指导教师负有对参加实践的学生进行安全教育的职责和任务，参与实践的学生有义务主动参加并接受安全教育。

社会实践安全教育的组织方式多样，可以是集中培训，也可以是分散学习或个人自学。在教学形式上，既有课堂讲授，也有实践操作、模拟演练等。此外，还可以将教育内容与出征仪式、岗前培训、动员大会、专题分享会、其他相关课程学习相结合，提升教学成效。一般情况下，无论采用哪种形式，在社会实践开始前，参加社会实践的全体学生至少应接受一次较为系统的、有针对性的集中式社会实践安全教育（图 8-2）。同时，学校相关部门和单位开展社会实践安全教育情况、社会实践指导教师针对学生开展的安全教育情况、学生参与安全教育的情况等都应做好台账，留有相关记录，以备检查。为督促学生认真学习，可采用试卷考试、答题测试、随机抽查等形式，检验学生的学习成效。相关成绩可纳入社会实践课程最终成绩之中。

图 8-2　在社会实践开始前统一组织开展安全教育集中培训

Note

三、做好突发社会实践安全事件的应对与处置

在社会实践过程中，难免会遇到突发情况。特别是在遇到突发安全事件时，因缺乏经验，参与实践的学生往往容易惊慌失措，导致伤害扩大，损失加重。因此，在面对突发安全事件时，如何沉着应对、科学处置，是大学生在开展社会实践时需要面对的一项重要问题和艰巨挑战。

（一）突发社会实践安全事件的定义及其特征

突发社会实践安全事件，指的是在开展社会实践过程中，突然发生的、对实践关联方造成或可能造成人身伤害或财产损失、需要采取应急处置措施以避免或减轻损害的安全事件，主要包括灾害灾难、各类事故、公共事件等。

突发社会实践安全事件涉及类型较多，情况繁杂，每一类均具有其独特性，但也存在一些共同特征，具体如下。

1. 突发性

任何社会实践安全事件均具有突发性，即在未知情况下突然发生。社会实践安全事件有被预判的可能，但具体发生的时间、地点、形式等均无法确定。因此，即使提前做好准备，也会因突然发生而容易导致急躁、恐惧等情绪的产生，打乱正常的实践秩序。

2. 伤害性

突发社会实践安全事件均具有伤害性，这种伤害性可能已经体现，也可能暂未体现。伤害性主要表现在对人身的伤害或财产的损失上，也体现在对社会实践的完整性上，如社会实践因突发社会实践安全事件而被迫终止。

3. 不确定性

不确定性主要体现在突发社会实践安全事件的时间、地点、发生形式、受害对象、影响程度、势态进展等方面，规律难以把握。同时，随着突发社会实践安全事件的发生，诸如经验、决策、形势等其他因素有可能影响后续工作的开展，让不确定性更加显著。

4. 关联性

突发社会实践安全事件不是孤立的，往往是由某些原因引发，并对相关群体或事务产生影响。这些关联可能涉及学生本身、团队其他成员、社会实践指导教师、学生家长、实践地、实践对象等。安全事件的等级越高、关联性越广。

5. 快速传播性

当前，伴随着互联网的不断发展和自媒体时代的到来，信息传播更加便捷和迅速。社会实践安全事件，特别是重大等级的安全事件一旦发生，将会被迅速扩散，对关联群体和事务容易造成不良的社会影响，进一步增加应对处置难度。

（二）应对突发社会实践安全事件的原则

1. 沉着应对原则

既然是突发的社会实践安全事件，没有人会提前预知。即使之前的准备再充分，一旦发生，团队成员也会产生急躁、恐惧等情绪，这是自然现象。应对的关键在于，第一时间稳定情绪，克服急躁、恐惧心理，保持沉着、冷静，只有这样，才能将被动变为主动，控制势态，及时止损。沉着，是应对突发社会实践安全事件的前提原则。

2. 科学安全原则

应对突发社会实践安全事件，所采取的措施要科学，符合操作规范和安全要求。要在双方安全的前提下进行处置，避免在处置过程中产生二次伤害或损失，扩大不利影响。

3. 及时有序原则

处置突发社会实践安全事件要及时，如及时就医、及时汇报、及时排查、及时纠正、及时制止等。这里的及时，不是盲目地追求速度和节约时间，而是在科学指导和充分评估的前提下进行。同时，要根据安全预案的工作分工和程序进行处置，切勿因为混乱而延误最佳处置时间，造成不可挽回的损失。

4. 分级处置原则

根据突发社会实践安全事件产生的原因、影响范围、损害程度、关联群体特征等因素，对其进行分级（一般分为特别重大、重大、较大和一般四个等级）管理。针对不同等级的安全事件使用不同的处置方式，合理使用有限资源。避免简单化、一刀切和小题大做，以防止引起不必要的恐慌和势态的扩大。

（三）处置突发社会实践安全事件的基本程序

社会实践突发安全事件不可避免，正确处置是关键。无论是哪类社会实践安全事件，根据其特征和应对原则，处置的基本程序主要包含以下步骤（图8-3）。

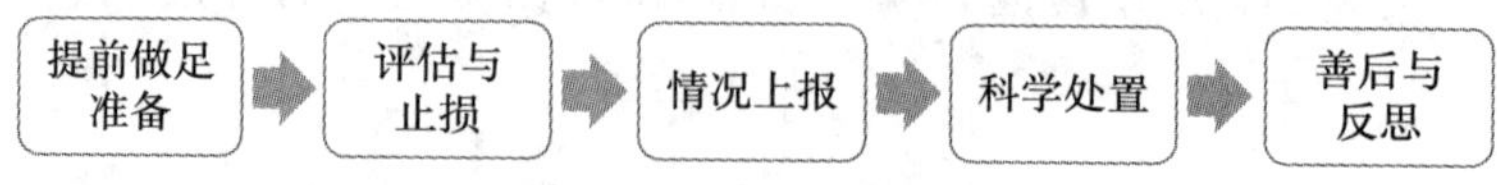

图8-3 处置突发社会实践安全事件的基本程序

1. 提前做足准备

提前做好处置突发社会实践安全事件的各项准备工作，包括科学制定社会实践安全预案，做好工作分工，熟悉处置流程，开展安全隐患排查和安全演练，备齐药品、安全器材、应急用品等。同时，也要进行心理建设和辅导，做到心中有数，遇事不慌。

2. 评估与止损

当出现社会实践安全事件后，要立即启动安全预案，评估当前势态，在确保安全的

前提下及时止损，紧急避险或送医，防止危险扩大。

3. 情况上报

将情况及时向社会实践指导教师、学生家长、实践地等相关方报告，并保持联系。报告时，应做到如实陈述、简明扼要，切勿弄虚作假，夸大其词。

4. 科学处置

在社会实践指导教师、学校、上级部门和专业人士等的指导下，按照安全预案的分工和工作程序科学处置，并做好相应记录。控制影响范围，降低损失。如一时无法处置，应及时向公安、消防、医院等单位寻求救助，保护好现场，在确保人身安全的前提下等待救援。

5. 善后与反思

做好善后工作，及时分析原因，追究责任。总结经验得失，举一反三，形成经验教训，开展警示教育，消除安全隐患，避免类似事件再次发生。

四、社会实践安全与总体国家安全观

（一）总体国家安全观

总体国家安全观是一个内容丰富、开放包容、不断发展的思想体系，强调国家安全的综合性和整体性，对于国家的稳定与发展具有至关重要的作用。总体国家安全观涵盖政治、经济、文化、社会、军事、科技、网络等多个领域的安全，是以人民安全为宗旨，以政治安全为根本，以经济安全为基础，以军事、科技、文化、社会安全为保障，以促进国际安全为依托的全方位、多层次、立体化的安全观念。这一观念突破了传统安全观的局限，将非传统安全因素纳入国家安全的考量范畴，体现了新时代中国对国家安全的全面认知和战略部署。

（二）社会实践安全与总体国家安全观的关系

1. 社会实践安全是总体国家安全观在社会实践领域的具体体现

（1）社会安全方面。

总体国家安全观中的社会安全强调社会的和谐性和稳定性，以及人民生活的有序性等。社会实践往往涉及人员的聚集、互动及各种活动的开展。如在文艺汇演、公益服务、社区调研等活动中，发生人员冲突、公共卫生事件等情况，会影响社会的和谐、稳定，这就与总体国家安全观中的社会安全密切相关。

（2）经济安全方面。

大学生文化和旅游社会实践的内容可能涉及经济领域相关的调研、企业实践等。从总体国家安全观来看，经济安全是国家安全的重要基础。社会实践中的经济活动安全，如企业实习中的商业机密保护、市场调研中的数据安全等，都关系到国家经济安

全。如果在社会实践中发生商业机密泄露、经济数据被恶意篡改等情况，可能会对国家的经济稳定、竞争力等产生负面影响。

(3) 文化安全方面。

大学生文化和旅游社会实践包含文化传播、文化调研等活动。总体国家安全观中的文化安全涉及民族文化的传承、文化价值观的维护等内容。如在文化交流方面的社会实践中，可能会出现文化被恶意扭曲、本土文化被侵蚀等情况，这就威胁到国家的文化安全。

2. 总体国家安全观为社会实践安全提供宏观指导

(1) 思维指导。

总体国家安全观强调系统思维和"大安全"理念。这一理念指导在进行社会实践安全组织和管理时，要从多方面、全方位进行考虑。如在组织涉外社会实践时，不能仅仅关注活动过程中的人身安全，还要考虑信息安全(如防止国家机密信息泄露)、文化安全(如避免不良文化的传播与渗透)等多方面的安全要素，从宏观的国家安全的视角制定安全保障方案。

(2) 政策与法规依据。

总体国家安全观推动了一系列国家安全相关法律法规的制定与完善。这些法律法规为社会实践安全提供了政策和法律依据，如不能在军事基地周边开展调研等。相关法律规定了哪些行为是被允许的，哪些是禁止的，从而规范社会实践行为，在保障国家安全的同时也确保社会实践安全。

(三) 大学生在社会实践中要树立总体国家安全观

当代大学生，作为国家的未来和希望，是维护国家安全的重要力量。大学生拥有较高的知识水平和较强的学习能力，能够迅速掌握新知识、新技能，为国家安全工作注入新鲜血液。同时，大学生的思想和行为直接影响着国家的未来走向。因此，大学生肩负着特殊的责任和使命，必须时刻牢记国家安全高于一切的原则。

开展文化和旅游社会实践，大学生可能会接触到各种与国家安全相关的工作或信息，错误认知、麻痹大意、贪图小利等都有可能会对国家安全造成威胁。因此，大学生在社会实践中要积极树立总体国家安全观。

1. 努力提高防范意识

通过树立总体国家安全观，大学生可以更加敏锐地识别潜在的国家安全风险，提高防范意识，避免在参与社会实践时无意泄露敏感信息或被不法分子利用。

2. 主动维护社会稳定

大学生在社会实践中要积极传播正能量，维护社会稳定。通过自身的言行举止，影响身边的人，共同营造和谐、稳定的社会环境，坚决与歪风邪气作斗争。

3. 积极开展国家安全教育实践

借助文化和旅游社会实践，大学生可以将国家安全观融入其中，向身边的人宣传国家安全知识，举办国家安全知识宣讲活动等，提高周围群众的国家安全意识。这有助于推动国家安全教育的普及和深入，为国家长治久安贡献大学生的积极力量。

第二节 交通安全

大学生开展文化和旅游社会实践，意味着走出校门，深入基层一线，从事与文化和旅游相关的实践活动。开展实践活动自然离不开交通工具。无论是学校与实践地之间的往返交通，还是学生居住地与实践地之间、各实践地之间的来回交通，都是实践过程中的重要环节。因此，交通安全成为大学生在开展文化和旅游社会实践过程中需要考虑的重要安全问题之一。

国务院交通运输部发布的《2023年交通运输行业发展统计公报》显示，截至2023年末，全国铁路营业里程15.9万公里，其中高铁营业里程4.5万公里，拥有铁路机车2.24万台。全国公路里程543.68万公里，拥有公路营运汽车1226.20万辆。全国内河航道通航里程12.82万公里，全国拥有水上运输船舶11.83万艘。颁证民用航空运输机场259个，全国运输飞机在册架数4270架。全国公共汽电车运营线路7.98万条，运营线路总长度173.39万公里，全国拥有公共汽电车68.25万辆。全国交通网全年完成跨区域人员流动量612.88亿人次。[①]

案例阅读8-2

暑假期间，在广西乡村开展支教志愿服务活动的广东某高校大学生李某，乘坐一辆摩托车前往实践地小学，途中不慎从摩托车后座摔下受伤，经送医后抢救无效，不幸离世。

李某是一名性格开朗、品学兼优、乐于助人、积极向上的优秀大学生。在大学期间，她不仅成绩优异，还活跃于众多学生社团组织和各类活动之中。在班上，她担任宣传委员、学习委员，多次被评为所在高校“三好学生”“优秀共青团员”。年仅21岁的她就失去了宝贵的生命，不禁让人感到悲痛和惋惜。

① 交通运输部. 2023年交通运输行业发展统计公报[EB/OL]. [2024-06-18].https://www.gov.cn/lianbo/bumen/202406/content_6957901.htm.

一、交通安全的概念及风险点

（一）交通安全的概念

交通安全是指不发生交通事故或少发生交通事故的主观条件，即指交通参与者要严格遵守交通规则，提高警惕，不应麻痹大意而发生交通事故，确保生命财产的安全。大学生交通安全是指大学生在校园内和校园外道路行走、乘坐交通工具时的人身安全。[①]对于社会实践而言，大学生交通安全重点指校园外的交通安全，不仅涵盖行路安全，还包括乘坐汽车、火车、轮船、地铁、飞机等交通工具时的安全。文化和旅游社会实践是"诗和远方"的实践，所以实践过程中涉及的交通工具（形式）会更加多样，比如近年来流行的共享自行车、共享电动车、共享汽车等，还有旅游行业中常见的观光小火车、电瓶车、游船、游艇、渡轮等。

（二）交通安全存在的主要风险点

在社会实践中，只要有人、交通工具、路这三个交通安全要素，就会存在交通安全问题。交通安全风险点，存在于交通的全要素之中。风险点的存在，并不一定会立刻引发交通事故，但所有的交通事故，均由其中至少一个风险点引发的。因此，熟悉了解风险点，及时采取相应的措施进行规避，就能在一定程度上降低交通事故发生的概率，减少人员和财产的损失。

1. 人

(1) 行人。

①不按交通信号灯指示或不走人行横道线横穿马路；

②强行翻越道路中间的隔离护栏；

③占道经营；

④不注意来往车辆，在道路上嬉戏玩耍或接打电话；

⑤在航道中游泳；

⑥逆行、抢行；

⑦超越禁止线；

⑧进入驾驶人员盲区，未及时观察路况；

⑨打伞、戴墨镜等遮挡视线；

⑩夜行时视线不佳等。

(2) 驾驶人员（操控人员）。

①超速、超员、超载、疲劳驾驶、酒驾、醉驾、毒驾；

②无证驾驶或不具备操控资质；

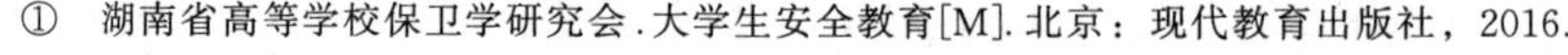

① 湖南省高等学校保卫学研究会.大学生安全教育[M].北京：现代教育出版社，2016.

③在不具备安全通行条件的道路上行驶；
④不听指挥，不按导向车道行驶，逆行、抢行；
⑤缺乏经验，操控失误；
⑥未专心驾驶，一心多用，注意力不集中、分神，未及时观察路况；
⑦情绪波动较大，在情绪激动、愤怒、烦躁、焦虑等状态下驾驶；
⑧驾驶（操控）过程中出现身体不适；
⑨准备不充分，不熟悉所操控的交通工具或路况；
⑩未尽到提醒、督促所载乘客注意交通安全的义务等。
（3）乘客。
①超员；
②未做好安全保护措施，如未系安全带、未戴安全帽等；
③嬉戏打闹，扰乱公共秩序，影响其他司乘人员，干扰驾驶人员或操控人员；
④携带易燃易爆、有毒有害、超大超重物品；
⑤未在规定区域候车、未遵守上下车秩序，逃票，未按要求在指定区域就座；
⑥未购买有效期内的意外保险；
⑦破坏交通工具上的设施设备；
⑧突发身体不适；
⑨存在其他不文明乘车行为（如吸烟、乱丢垃圾等），也会影响交通安全等。

2. 交通工具

（1）未取得合法合规运营资质；
（2）超龄、超速、超员、超载运营；
（3）未按时接受年审、年检；
（4）日常保养维护缺失，年久失修；
（5）不具备安全行驶条件，带“伤”带“病”运营；
（6）未配备配齐安全应急设备，或安全应急设备损坏、失效，缺乏安全疏散通道；
（7）载有易燃易爆、有毒有害、超大超重物品；
（8）非法改装；
（9）未购买交通保险等。

3. 路

这里的路，指的是交通工具行驶的道路、航线及周边环境等。
（1）道路拥挤、狭小，流量大，设计存在缺陷；
（2）易受自然灾害影响；
（3）道路导向不明确、混乱，未知道路或缺乏导航；
（4）缺乏安全提醒、危险预警等标识；
（5）道路维护缺失、年久失修，路面坑洼、打滑；
（6）缺乏在夜间行驶或在恶劣自然条件下通行的条件；

(7) 缺乏中途休息、应急处置的区域,或区域中缺乏应急处置设施设备;

(8) 存在隧道等密闭空间;

(9) 存在交通事故、妨碍交通等情况。

二、交通事故的特点及原因分析

综合分析各类交通事故发现,它们虽各有其特点,但也存在共性。充分认识交通事故的特点,分析交通事故背后共性的原因,能为大学生在开展社会实践过程中提供更多安全保障。

(一) 交通事故的特点

1. 造成人员和财产损失

交通事故一旦发生,必然会导致人员和财产方面的损失,无论损失多少,都是所有人都不希望看到的结果。轻者,可能只是交通工具或物品的损坏;重者,则可能造成人员受伤、残疾甚至死亡,出现群死群伤的恶性事件,给当事人及其家庭带来极大的痛苦和无法弥补的损失。

2. 发生具有突然性

交通事故的发生,和其他事故一样,具有突发性,往往在刹那间发生。即便事前做足各种准备,提前做好预判,也会因突然的发生,让人猝不及防。这种突然性增加了交通事故的预防和应对难度。

3. 存在违规违法行为

绝大多数交通事故的发生,均存在违规违法行为。这里的违规违法,主要是指违反《中华人民共和国道路交通安全法》《中华人民共和国道路交通安全法实施条例》《中华人民共和国道路运输条例》等涉及交通安全的法律法规。违规违法的,可能是驾驶人员,也可能是乘客或行人。

4. 原因具有复杂性

发生交通事故,其背后的原因是复杂的、多样的。既有主观原因,也存在客观原因。可能由一条主因引发,但也会因为其他因素相互作用、相互影响,最终引发交通事故,甚至影响交通事故造成的损失和后续处置。

5. 发生具有集中性

这里的集中性,主要体现在发生时间、发生地点、关联人群等方面的集中。如上下班、上学放学等高峰期容易发生交通事故;在人员拥挤、道路狭小、陡坡、视野盲区、雾多山区等地段容易发生交通事故;刚取得驾驶资质的人员,以及土方车、大货车、摩托车、电单车等驾驶人员容易发生交通事故。

（二）交通事故的原因分析

1. 客观原因

客观原因是指独立于人的意识之外，不以人的意志为转移的外在因素。这些因素在交通事故发生过程中起着重要的影响作用，但它们并不由人们的主观意识所决定或改变。

（1）受自然灾害影响。

自然灾害极易引发交通事故。当出现浓雾、暴雨、大雪、冰雹、沙尘暴、高温等恶劣天气时，易发生能见度降低、路面打滑、制动距离变长、自燃自爆等情况，增加交通事故发生的概率。此外，若遭遇泥石流、洪水、雷击、地震、台风、森林火灾、雪崩、落石等自然灾害，各类交通工具、道路等均会受到不同程度的影响，交通环境恶劣，交通事故将难以避免。

（2）受交通条件影响。

这里的交通条件，包括道路条件、交通工具条件等。在道路条件方面，存在急弯、陡坡、长下坡、视距不良、道路坑洼、非常规路线、道路施工、长隧道、路面突然收窄、山间小道等情况；在交通工具条件方面，存在数量有限不能满足运力要求、设施设备自然磨损老化等问题。上述情况都可能增加交通事故的风险。

（3）受其他因素影响。

如驾驶人员突发疾病、当前科学技术水平暂时无法解决或解释的情况等。

2. 主观原因

主观原因是指基于个人的意识、观念、态度、动机、经验、情感等因素而形成的原因。它通常涉及个人的主观判断、意愿、选择和能力等，可以由人的主观意识所决定或改变。

（1）不熟悉交通安全法律法规。

大多数人不是故意不遵守交通安全法律法规，而是对交通安全法律法规缺乏认识和了解。它们往往在违法违规受到处罚，甚至是因自身的违法违规行为引发交通事故后，才意识到自己违法违规了，才知道国家在这方面有明文规定，才明白应该遵守。然而即使是这样，也可能已经造成了不可挽回的损失，最终追悔莫及。

（2）交通安全意识淡薄。

有些人认为：交通安全不是什么重要的事情，发生概率低；交通安全是他人的事情，和自己没有关系；交通安全这个话题离自己比较远，不需要去学那些繁杂的交通安全知识和法律法规；即使发生交通事故，对自己、对他人也不会造成什么影响和损失，小剐小蹭是常有的事情。殊不知，交通安全意识淡薄，必然会自食交通事故的苦果。

（3）思想上麻痹大意。

有些人知道交通安全是重要的事情，但存在侥幸心理。他们认为：自己从小到大都没有发生过交通事故，将来也不会发生；自己运气比较好，一般情况下不会发生在自

己身上；只要大家都在关心关注交通安全了，那自己做多做少就无所谓了；对于交通安全法律法规，偶尔违反没关系，只要不被人发现就不会有事等。这种思想上的麻痹大意，正是为交通事故的发生埋下了安全隐患的种子。

三、交通事故的预防与现场应急处置

（一）交通事故的预防

对于社会实践的交通问题，提前分析可能存在的风险点，熟悉交通事故发生的原因，积极做好预防工作，就能大大降低交通事故发生的概率，减少因交通事故带来的人身和财产的损失。

1. 遵守交通安全法律法规

（1）自觉学习并认真遵守交通安全法律法规，增强交通安全意识，克服麻痹大意思想。

（2）作为行人，听从交警或信号灯指挥；过马路时要走人行横道线或过街天桥（隧道）；不翻越道路中间的隔离护栏；不在道路上嬉戏玩耍或接打电话；做到不逆行、抢行；不超越禁止线；及时观察路况，不进入驾驶人员盲区；雨天时注意不要被伞、墨镜等遮挡视线；夜行时注意使用电筒、发光或反光设备等提醒其他人员注意，同时照亮自身道路。

（3）在社会实践中，不提倡大学生在驾驶或操控交通工具的相关岗位上进行实践。如必须从事驾驶或操控交通工具的相关工作，则应具备相关操作资质，并须在熟练人员的带领下，在安全的道路环境下进行；不超速、超员、超载、疲劳驾驶、醉驾、毒驾；听从指挥，按导向车道行驶，各行其道，不逆行，不抢行；专心驾驶，不一心多用，集中注意力，及时观察路况，不完全依赖导航系统；保持情绪稳定，不在情绪激动、愤怒、烦躁、焦虑等状态下驾驶；如出现身体不适，在确保自己和乘客安全的情况下立即停止驾驶操作；及时提醒、督促所载乘客注意交通安全。

（4）作为乘客，应做好安全保护措施，系紧安全带、戴好安全帽等；遵守公共秩序，不在交通工具上嬉戏打闹，不影响司乘人员，不干扰驾驶人员或操控人员；不携带易燃易爆、有毒有害、超大超重物品；在规定区域候车，遵守上下车秩序；按要求在指定区域就座，文明乘车；及时购买有效期内的意外保险；爱护交通工具上的设施设备；及时关注自己的身体健康状况，如有身体不适，立即向司乘人员报告；如发现所乘交通工具的驾驶人员或操控人员存在超速、超员、超载、疲劳驾驶、醉驾、毒驾、逆行、抢行、不按导向车道行驶、不专心驾驶等危险驾驶行为，或出现在不具备安全通行条件的道路上行驶、不具备驾驶或操控资质、情绪波动较大、身体不适、不熟悉所操控的交通工具或路况等危险情况的，应及时进行劝阻、向交警部门反映或更换其他交通工具。

2. 选择安全交通工具

选择正规的交通运营公司，乘坐具有合法且资质齐全的交通工具。不乘坐超员、

超载，载有易燃易爆、有毒有害、超大超重物品，非法改装，车况不佳的交通工具；提前熟悉交通工具上的安全应急实施设备、安全出口等位置；及时检查安全应急设备是否有效，安全疏散通道是否被占用。

3. 注意交通道路安全

提前规划交通路线，选择常规路线，尽量错峰出行；选择大路、宽路，走高速、省道、国道和有中途休息、应急处置区域的道路；尽量不走夜路、山路、险路、烂路、积水路等；打开导航系统中的道路安全提示相关功能；提前了解天气情况，关注天气预报和实时路况；不在恶劣天气出行，不前往正在遭受自然灾害侵袭的地方；尽快离开隧道等密闭空间和不安全路段。

（二）交通事故现场应急处置

交通事故，一般发生在陆路、水路和航路上。下面重点讲解发生在陆路上的交通事故现场处置，也称道路交通事故。道路交通事故，是指车辆驾驶人员、行人、乘客以及其他在道路上进行与交通有关活动的人员，因违反交通安全法律法规，过失造成人员伤亡或者财产损失的事故。

发生道路交通事故时，一般要遵循以下流程进行处理（图8-4）。

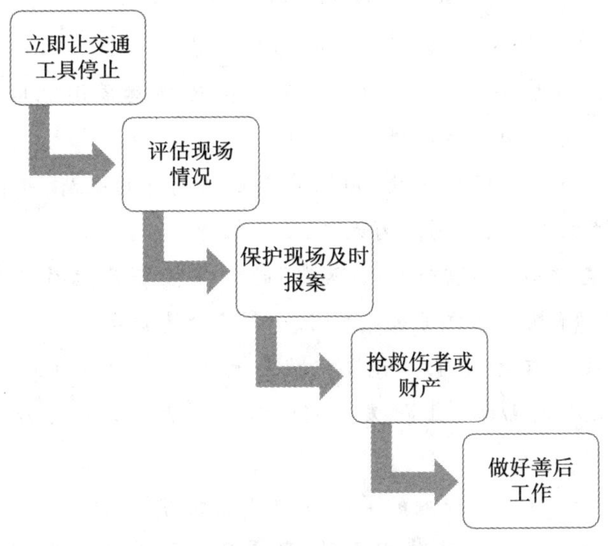

图8-4 交通事故现场应急处置流程

1. 立即让交通工具停止

让交通工具立即停止，断电、熄火。打开交通工具应急双闪，离开交通工具，并在其后方放置警示标识。

2. 评估现场情况

评估现场安全势态：人员、财产是否受到伤害，伤害程度如何，现场是否存在安全隐患影响后续工作处理等。如未造成人员伤亡，财产损失较小，当事人对事实及成因

无争议的,可撤离现场恢复交通,到安全区域自行协商处理损害赔偿事宜。

3. 保护现场及时报案

如出现人员伤亡,或财产损失较大的,应保护好现场,及时通过手机或委托过往人员向交警部门(拨打122或12122)、医疗急救单位(拨打120)报案。如现场出现火灾或难以施救的情况,还须向消防部门(拨打119)报案。同时,也应将现场情况向社会实践指导教师、学生所在学院等及时报告。如已购买相关保险,需要在事故发生48小时内向保险公司报案。

4. 抢救伤者或财产

在确保自身安全的情况下,对受伤人员进行施救,但要避免对其造成二次伤害;及时抢救受损财产,降低损失,但要防止交通工具发生自燃或爆炸。在抢救的同时,需要随时评估现场安全势态,避免再次发生其他事故。如发现伤者出现失去意识、没有了呼吸或心跳等紧急情况,应对其进行心肺复苏操作。

 躬行蕴道8-1

心肺复苏操作的一般流程(成人版)

青春期及以上的人群,遵循成人心肺复苏操作流程。

第一,确认环境安全,做好自我防护。快速观察周围环境,判断是否安全,采取相应安全保护和防护措施。

第二,判断意识。轻拍重唤,用双手轻拍伤病员的双肩,并在其两侧耳边高声呼唤,如果无反应,可判断为无意识。

第三,检查呼吸。用"听、看、感觉"的方法检查伤病员呼吸,时间约10秒。如果无呼吸(或叹息样呼吸),提示发生了心搏骤停。

第四,呼救并取得AED。如果伤病员无意识、无呼吸(或叹息样呼吸),立即寻求周围人的帮助,立即拨打120急救电话。如有可能,取来附近的AED。

第五,胸外按压。在呼救的同时尽快开始胸外按压。将一只手掌根紧贴伤病员胸部正中、两乳头连线水平处(胸骨下半部),双手掌根重叠,十指相扣,手指翘起,双上肢伸直,垂直向下按压。按压时确保按压深度5~6厘米,按压频率100~120次/分,保证每次按压后胸廓完全回弹。

第六,开放气道。检查口腔有无异物,如有异物将其取出。用仰头举颏法开放气道,使伤病员下颌角及耳垂的连线与水平面垂直。

第七,人工呼吸。用嘴罩住伤病员的嘴,捏住伤病员的鼻翼,吹气2次,每次持续1秒,吹气时可见胸廓隆起。

第八,循环做胸外按压和人工呼吸。循环做30次胸外按压和2次人工呼

吸(30:2),每5组评估伤病员的呼吸和脉搏。同时,尽快进行电除颤,一旦取得AED,应立即使用。[①]

5. 做好善后工作

积极配合交警部门、医疗急救单位、消防部门、保险公司等,做好施救、医治、事故认定、责任追究、保险理赔等善后工作。等待学校关于是否继续社会实践的通知。同时,总结经验得失,强化交通安全意识,提升应急处置能力,避免此类交通事故再次发生。

第三节 食宿安全

吃、住、行、游、购、娱是传统的旅游六要素。其中,吃和住被放在了前两位。同样,在开展文化和旅游社会实践时,食宿问题是需要首先考虑的问题。缺乏安全的食宿环境,不仅会直接影响社会实践的效果,甚至会导致社会实践难以持续开展。对于参加文化和旅游社会实践的大多数学生来说,这是他们第一次较长时间在校外社会环境中进行集体或个人食宿。由于经验、技能等方面的不足,他们容易在食宿方面上遭遇安全事故。因此,大学生要充分考虑食宿安全问题,做好后勤保障工作,以便能全身心地投入到具体实践之中。

一、食品安全

(一)公共卫生安全与食品安全

公共卫生安全,是指在一定区域内,通过预防、控制和消除疾病及其他危及生命健康的因素,以保障公众健康、维护社会稳定和经济发展的一系列卫生安全措施和活动。具体来说,公共卫生安全涵盖疾病预防与救治(特别是对重大疾病尤其是传染病,如结核病、艾滋病等),食品、药品、公共环境卫生的监督和管制,健康教育和宣传,应对突发公共卫生安全事件等内容。

当下,全球对公共卫生安全的关注度日益提升,作为其重要组成部分的食品安全,更是受到多方高度重视,地位愈发凸显。食品安全在维护公众健康和生命安全方面发挥着举足轻重的作用,这一点不容忽视。

民以食为天,一日三餐是实践过程中必不可少的环节。俗话说"病从口入",食品安全是身体健康的基本保障。食品安全如果得不到满足,轻则引发身体不适,使身体

① 中国红十字会总会训练中心.心肺复苏(CPR+AED)[EB/OL].[2023-12-14].http://www.crcntc.org.cn/spring/login/index.

健康受影响，需要服药治疗，进而导致社会实践难以持续开展；重则需要紧急送医救治，造成脏器损伤甚至危及生命，给个人、学校和家庭带来不可估量的损失。

（二）食品安全的定义及主要风险点

食品安全是指食品无毒、无害，符合应有的基本营养要求，对人体健康不造成任何急性、亚急性或者慢性危害。

大学生在开展社会实践过程中，食品安全领域容易出现的风险点主要有以下几方面。

第一，采买并食用了被细菌、真菌等毒素污染的食材。

第二，因加工、烹饪方式不正确，未能去除食材中的有毒部分，或在一定条件下产生了有毒成分而被食用。

第三，误食了被有毒有害物质污染的食材，或误将有毒有害物质作为食材而食用。

第四，食用了超过保质期或已变质的食物。

第五，食用了来历不明的食物，特别是野生动植物。

第六，餐厨用品未达到干净卫生标准。

第七，食品加工人员自身存在不健康问题。

第八，日常饮食习惯不正确，存在饮食不规律、暴饮暴食、挑食偏食、酗酒等不健康习惯等。

（三）食品安全的保障举措

在社会实践过程中，要保障食品安全，应该做到以下几点。

首先，如果是大学生自行准备食材并烹饪，应到正规商场商铺采购食材，特别注意食材的有效期、保质期等信息；采购的食材应是自己熟悉且常吃的，采用常规方式烹饪即可；不采买少见或自己不熟悉的食材，不建议创新烹饪方式；食材应彻底加热煮熟；应时刻保持餐厨用品卫生，必要时可将餐厨用品煮沸消毒。

图 8-5 在实践过程中不要采摘野生蘑菇等野菜野果来食用

其次，进食前要洗手；生吃瓜果等要多次清洗；不食用来历不明的、超过保质期的、已变质的食物；不食用野菜野果、野生动物（图 8-5）；不喝生水；不吃路边摊食物；少吃隔夜食物；少吃小龙虾、田螺等内含多种寄生虫的食物。

再次，妥善保存好未食用完的食材，储藏时应生、熟分开保存，注意防蝇、防虫、防鼠；放入冰箱储藏的，不建议在冰箱中储藏较长时间。

最后，合理膳食，保持正常的作息规律，不

暴饮暴食，不挑食偏食，不酗酒等。同时，常备一些具有清热解毒功效，以及针对消化不良、腹泻、发热等症状的家用药品。若条件允许，建议尽量前往实习地食堂、社区食堂等有餐饮经营资质、能统一提供餐食且干净卫生的地方用餐等。

（四）食物中毒的现场应急处置

食物中毒是指人摄入了含有生物性、化学性有毒有害物质后，或者把有毒有害物质当作食物摄入后所出现的非传染性的急性或亚急性疾病。[①]食物中毒一般具有潜伏期较短、发病比较急骤、具有相似的临床病症、发病范围仅限于食用了相同食物的人群、不具有传染性等特点。其发病症状一般以恶心、呕吐、腹胀，腹痛、腹泻为主，同时还有可能出现发烧等症状。如果呕吐、腹泻比较严重，还容易出现脱水、酸中毒，甚至休克、昏迷等。因此，食物中毒，轻则身体不适，重则危及生命。

在社会实践中，一旦出现上述食物中毒症状，应该首先停止进食，卧床观察。如症状加重，应立即拨打120急救电话。在等待救援时，可采取以下举措进行救治(图8-6)。

图8-6　食物中毒的现场应急处置程序

1. 催吐

如中毒不久，且无明显呕吐症状者，可使用工具(如手或筷子等)刺激其舌根部，让其产生呕吐感，或通过大量饮用温开水的方法，反复催吐，争取将引发中毒的食物及时吐出体外，减少毒素的吸收。需要注意的是，为防止呕吐物堵塞中毒者的气道引起窒息而危及生命，应让其保持侧卧姿势，便于吐出。对于已经出现昏迷症状的中毒者，不宜进行人为催吐，以防引起窒息。

2. 导泻

如果中毒者摄入中毒食物已有较长时间，但精神状态尚佳，没有出现不适症状，可通过服用泻药等方式，通过排泄促使有毒食物排出。

3. 解毒

针对日常遇到的一些不太严重的食物中毒情况，可利用身边现有食材进行解毒。但对不常见的或较为严重的食物中毒情况，切勿自行处理，应尽快就医。若自行解毒效果不佳，也应尽快就医。

---

① 湖南省高等学校保卫学研究会.大学生安全教育[M].北京：现代教育出版社，2016.

躬行蕴道8-2

常用的一些食材解毒方法

如果吃了变质的鱼、虾、蟹等引发的食物中毒，可取食醋100毫升加水200毫升，稀释后一次服下。此外，还可以采用紫苏30克、生甘草10克一次煎服。若是误食了变质的饮料或防腐剂，可以用鲜牛奶或其他含蛋白的饮料灌服。①

4. 卧床观察

在等待救治的过程中，应让中毒者卧床休息，随时观察其身体状况。如出现抽搐、痉挛等症状时，应取来筷子用手帕缠好塞入中毒者口中，以防止其咬到自己的舌头。

5. 保留食物样本

为及时、准确地找出引发中毒的物质，对症治疗，减轻中毒者身体损伤，应及时保留可能引发中毒的食物样本，以提供给医疗机构和食品监管部门等进行检测化验。如无法提供食物样本，也可以保留中毒者的呕吐物或排泄物。

二、住宿安全

除在离家或离学校较近的地方开展社会实践，大多数实践活动都需要考虑住宿问题。特别是开展文化和旅游社会实践，实践地可能较多，离家或学校较远。选择在哪里居住、和谁一起居住、居住成本如何、居住是否安全等，都是必须考虑的问题。其中，居住是否安全是住宿问题中的核心问题，直接关系到学生的人身和财产安全。若居住条件不安全，学生会感到恐惧，家长也会担心，同时学校和实践地也会面临巨大的压力。

（一）住宿安全存在的主要风险点

(1) 住宿位置比较偏远且一个人住宿，特别是女孩一个人单独住宿。

(2) 与不熟悉的人，甚至是陌生人合住。

(3) 住宿地周边环境复杂、人员流动大，或地势特殊易受自然灾害侵袭。

(4) 住宿地为对外营业场所，但无合法资质。

(5) 住宿地存在消防安全隐患，消防应急设施设备缺失，安全通道没有或被占用。

(6) 住宿地没有配备安保人员或安保设施。

(7) 居住房间电路老化，用电设施设备老化，电线裸露，电压不稳。

(8) 居住房间门窗破旧或已损坏，易于他人闯入。

---

① 杨瑞桥，曾应华.大学生安全教育[M].长沙：湖南科学技术出版社，2018.

(9) 居住房间隔音效果差,影响休息,易引发邻里矛盾等。

(10) 居住房间条件简陋,易出现漏雨、漏水、漏电等情况。

(11) 居住房间内使用煤气热水器,通风不足,易产生一氧化碳中毒。

(12) 不统一提供洗漱热水,需要自行烧水。

(13) 居住房间内无洗手间,需要前往较远的地方上厕所或洗浴。

(14) 入住时随身携带大量现金或贵重物品。

(15) 在居住房间内使用蜡烛、明火蚊烟香、大功率电器、"热得快"等,私接电线。

(16) 电单车在室内充电。

(17) 携带易燃易爆物品入住。

(18) 提供住宿的人员存在欺诈行为等。

(二) 住宿安全的保障举措

(1) 尽量选择在学校周边或自己家周边开展社会实践,方便在学校或在家居住。如必须在其他地方居住,尽量选择和团队成员一起居住,不独居,不和不熟悉的人或陌生人合住。

(2) 在选择居住地时,尽量选择在城市、县城、乡镇中心等较为安全的地区居住,在学校、实践地推荐的居住地居住,或选择正规酒店、政府机关、单位宿舍、幼儿园、中小学等地方居住。不在城郊等偏远地区、远离团队或实践地的地方、周边环境复杂和人员流动大的地方、地势特殊易受自然灾害侵袭的地方居住。

(3) 选择居住地时,还需要关注其是否存在消防安全隐患,比如是否存在消防应急设施设备缺失、没有安全通道或被占用、没有安保设施、电路老化、用电设施设备老化、电线裸露、私接电线、居住房间门窗破旧或已损坏、房间条件简陋(特别是存在漏雨、漏水、漏电等)、电单车在室内随意充电等情况。如有上述情况,建议向居住地管理人员反映,要求整改或直接更换居住地。

(4) 入住时不随身携带大量现金或贵重物品,不携带易燃易爆物品。不在房间内使用蜡烛、明火蚊烟香、大功率电器、"热得快"等,不私接电线。

(5) 在房屋内烧水时,水开后注意及时断电断气。

(6) 出门前进行一次全屋安全检查,关闭好门窗,随身携带贵重物品。

(7) 在安装有煤气热水器的房间内洗澡时,务必注意房间通风换气。

(8) 如需要前往较远的地方上厕所或洗浴,特别是夜间,应结伴而行。

(9) 与邻为善,尽量不与邻里发生矛盾。

(10) 如需租住房屋,选择正规中介公司,或直接与房东本人签订房屋租赁合同。注意防范房屋租赁诈骗等。

(三) 住宿遇到危险时的现场应急处置

在社会实践过程中,在外居住最容易遇到的危险或伤害主要有入室盗窃、火灾、触

电、滋扰、一氧化碳中毒等。当遇到这些情形时，应该在确保自身安全的情况下，尽可能阻止伤害的进一步扩大，减少人身和财产损失。

1. 入室盗窃

如遇入室盗窃正进行，切勿直接与犯罪分子发生冲突或搏斗，以免自己受到伤害。应迅速前往安全且远离犯罪分子的地方，如锁好门窗的房间或衣柜内，并尽快寻找最近的坚硬物品作为自卫武器，做好防卫准备，并大声呼喊，引起周边邻居或安保人员注意。同时，及时拨打110公安机关电话报警。在报警过程中，应该保持冷静并清晰描述现场情况。如有可能，也可将犯罪分子反锁在屋内，防止其逃脱，等待警察到来。在此过程中，尽可能记录下犯罪分子的外貌特征、偷跑方向等信息，方便后续公安机关追查。

如发现居住房间已经失窃，犯罪分子不知踪迹，在报警的同时，尽量保护好现场。在警方进行现场勘查时，予以积极配合，及时清点财物，评估损失。同时，向警方提供所有可能有助于案件侦破的信息，如目击情况、可疑人员行踪等。

2. 火灾

当居住地发生火灾时，首先应该保持冷静。大声呼喊，引起周围邻居或安保人员注意。判断火势，火势较小时，可以尝试使用灭火器或水进行扑救。如果火势较大或自己无法控制，应立即从安全通道撤离。边撤离边对周边邻居进行示警，同时拨打119消防救援电话报警。撤离时，切勿乘坐电梯，应尽量采用低姿势，如爬行或弯腰，有条件的话用湿毛巾捂住口鼻，以减少吸入烟雾或有毒气体的风险。在确保自身安全的前提下，尽量协助其他人员疏散，特别是老人、小孩和行动不便的人。如无法撤离到安全地带或被困在建筑物内，应找到一个安全的避难所。同时，使用手机或其他工具向外界发出求救信号，并等待消防人员的到来。

3. 触电

当遇到有人员发生触电事故时，应在确保自身安全的前提下，第一时间切断电源，或用绝缘良好的电工钳、有干燥木柄的利器等切断电线，或用木棒、竹竿、硬塑料等迅速将触电者与电源分开。然后判断触电者意识、呼吸、心跳等身体状态。如触电者已失去意识，没有了呼吸或心跳，应立即拨打120急救电话，同时对其进行心肺复苏操作。

4. 滋扰

如在居住地受到他人滋扰，应避免与其发生正面冲突，特别是肢体冲突。应尽快返回房间并锁好门窗，不让其进入。同时，与同学、老师、居住地安保人员、邻居等联系，或直接拨打110公安机关电话报警求助。如无法及时返回房间，应前往安全且远离滋扰分子的地方，并尽快寻找最近的坚硬物品作为自卫武器，做好防卫准备，并大声呼喊，引起邻居或安保人员注意。同时，与同学、老师、居住地安保人员、邻居等联系，或直接拨打110公安机关电话报警求助。在等待救援过程中，应尽可能使用手机做好音

视频记录，以提供给公安机关调查取证。如一时无法有效解决滋扰问题，及时更换居住地。

5. 一氧化碳中毒

一氧化碳中毒，也称煤气中毒。一旦自己在洗澡时出现头晕、胸闷、恶心、四肢无力等症状时，应立即停止洗澡，第一时间打开浴室门窗，呼喊同住人员，向其寻求帮助。如无同住人员，应尽可能将身体移至通风良好的地方，并借助呼喊、电话、敲击等引起他人注意，向他人求救。

如发现室友在浴室洗澡长时间未出来，呼喊对方也没有得到任何回应，应第一时间打开门窗，关闭热水器，进入浴室将其移到通风的地方。判断其意识、呼吸、心跳等情况。如其已失去意识，没有了呼吸或心跳，应立即拨打120急救电话，同时对其进行心肺复苏操作，直至医护人员赶到。及时检查对方的呼吸道，确保其畅通无阻。如果有呕吐物或分泌物，应迅速清除，以防止其吸入肺部导致窒息。此外，为其盖上衣物以保暖，避免因体温过低而加重症状。

第四节　文化和旅游工作安全

文化和旅游社会实践与其他社会实践相比，除具有一般社会实践的共同特征，从实践安全的角度出发，还具有其特殊性。如此类实践主要在户外开展，涉水活动、动物伤害和高温作业的情况较多；实践场地多样，人员密集，对室内外防火要求较高；接触人群较为复杂，社交范围广等。因此，在开展文化和旅游社会实践时，安全意识绝不能放松，将防范工作做得更加扎实、细致。

一、户外工作安全

（一）涉水

在开展文化和旅游社会实践时，难免会和水打交道。这里的涉水，主要是指在水域（如水池、江、河、湖、海等）临近区域或水域内，从事相关工作或开展相关活动。如在水上乐园内实习、在游船上服务、在江边开展清洁环保活动、在河边景点讲解、在水中舞台演出、在沿海地区调研等。但凡开展上述工作，都存在涉水方面的危险。

1. 涉水风险点

(1) 不会游泳，不掌握涉水安全技能。

(2) 水情复杂，在严禁开展涉水活动的区域实践（图8-7）。

图8-7　注意涉水安全

(3) 水域无人看管,无安全员(救生员)。

(4) 周边无涉水安全应急处置设施设备。

(5) 水域周边人员拥挤,桥梁、护栏等陈旧或缺失。

(6) 水上交通工具超员、超载、超速。

(7) 无水上作业资质。

(8) 忽视上游水库泄洪、潮汐、海浪等影响。

(9) 未做足充分准备贸然下水。

(10) 水上设施设备年久失修,易漏电、短路。

(11) 涉水活动,不听从指挥,认为会游泳就等同于安全。

(12) 在暴雨、大雾、台风、洪水等恶劣天气和自然灾害下仍然开展涉水活动等。

2. 涉水安全保障举措

(1) 严禁下河下海游泳。应在配备有安全员(救生员)和涉水安全应急处置设施设备齐全的安全水域或其周边开展实践活动。

(2) 在涉水活动中,务必听从指挥,避免人员拥挤,同时看护好自己的贵重物品,谨防人员或财物落水。

(3) 岸边活动尽量远离水域,水上活动不乘坐超员、超载、超速水上交通工具。

(4) 在下水时务必做足准备,做好热身运动,必要时应穿戴好救生衣,切勿认为自己会游泳而忽视安全。

(5) 操作相关水上设施设备的人员,必须具备相应的水上作业资质。

(6) 应时刻观察水情变化,注意上游水库泄洪、潮汐、海浪等影响。

(7) 暴雨、大雾、台风、洪水等恶劣天气和自然灾害发生时,应立即停止涉水活动。

案例阅读8-3

宁夏某高校大二学生龚某某,暑假期间在家乡河南省南阳市某村开展志愿服务工作。工作间隙,到附近的河边休息,不慎跌落水中,被湍急的河水冲至下游。经多方救援抢救无效,失去了年仅20岁的宝贵生命。

3. 落水或溺水事故现场应急处置

若本人不小心落水，在具备游泳技能的前提下，应保持冷静，一边呼救，一边向离自己最近的岸边或水上交通工具游去。在脱困过程中，尽量依托水上漂浮物或施救人员抛来的救生圈等，避免出现体力不支的情况。若本人不会游泳，更应保持冷静，放松身体，尽量让自己的身体漂浮起来，一边呼救，一边向水上漂浮物或施救人员抛来的救生圈等靠近，延长自身口鼻在水面上的时间，等待救援。如有救援人员来救，切勿正面抓抱救援人员，主动配合救援人员施救即可。

若发现有人不小心落水或出现溺水事故，水性不佳者或不具备下水营救条件时，切勿贸然下水营救。应大声呼喊引起周边人员注意，同时拨打110公安机关电话报警求助。此外，立即寻找周边的游泳圈、游泳衣或具备一定浮力的木板、泡沫块、塑料物件，甚至绳索等，抛向落水者。若本人下水营救，务必注意观察水情，在确保自身安全的情况下，携带救生衣、游泳圈等游向落水者。在施救过程中，应避免与被救人员正面接触，切勿被其抓住四肢而让自己陷入危险境地。应将救生衣、游泳圈等让被救人员抓住，然后通过这些物体将其拖拽上岸。如只能徒手救援，须从被救人员背后接近，用一只手从其腋下穿过，牢牢抓住其后背，将其头部托出水面，使其仰面向上，采用仰泳的姿势将其拖拽上岸。

落水者被营救上岸后，观察其身体状况。及时清除其口腔、鼻腔中的水、泥沙、水草等杂物，解开衣扣和领口，确保呼吸道通畅。然后抱起其腰腹部，使其背朝上、头下垂的姿势，促使其把灌入体内的水排出。如出现失去意识、没有呼吸或心跳等紧急情况，应对其进行心肺复苏操作。一边抢救，一边等待医护人员到来或将其紧急送医。如落水者意识清醒但体温较低，应给予保暖措施，如盖上毛毯等。

躬行蕴道 8-3

水中抽筋自救法

在水中游泳时，容易引发抽筋现象。一旦在游泳过程中出现抽筋，对游泳者来说，将处于极为危险的境地之中，处理不当极易发生溺亡。抽筋的主要部位是小腿和大腿，有时手指、脚趾及胃部等部位也会发生抽筋。抽筋的原因主要包括：下水前没有做准备活动或准备活动不充分；水温过低刺激肌肉突然收缩；游泳时间过长，体力消耗过多；精神紧张，游泳动作不协调等。游泳发生抽筋时，务必要保持镇定，可一边呼救，一边想办法自救。大腿抽筋，可仰浮水面，后屈小腿，一手握住抽筋腿足背后蹬几次；小腿抽筋，可用一手握住脚趾朝抽筋相反方向扳拉，另一手揉捏抽筋处；脚趾抽筋，可用手拉住抽筋脚趾，用力上下扳动；手指抽筋，可将抽筋的手握成拳，然后用力张开，直到抽筋缓解。如果抽筋十分严重，腿部已抽搐麻木，可采取侧泳或仰泳的姿

势，一边扳拉，一边动作轻缓地向岸边游进，并大声呼救。[①]

（二）动物伤害

在开展文化和旅游社会实践时，在户外的时间居多，特别是在夏季，除了蚊虫，还容易遭受蜂类、蛇类、犬类等动物的袭扰，甚至被其咬伤。因此，防范动物伤害是实践过程中需要特别注意的。

1. 动物伤害风险点

（1）前往乡村或进入养有犬类的住宅（图 8-8）。

图 8-8　农村地区很多村民家中都饲养有家犬

（2）前往野外、杂草丛生的地方，特别是草丛、灌木丛等较为密集的地方。

（3）不听从指挥随意走动，或在夜间出行。

（4）主动招惹蜂类、蛇类、犬类等动物。

（5）在户外，穿着短衣短裤或颜色鲜艳的衣服，或身上带有特殊香味。

（6）在河边、树林等地露营或开展活动。

（7）采摘路边植物、花朵或果实等。

2. 动物伤害的防范举措

（1）尽量避免前往杂草丛生的地方，特别是草丛、灌木丛等较多的地方，如果需要进入，可以用竹竿、木棍等开路，切勿徒手清理杂草杂木。

（2）进入山林、乡村等最好有当地人陪同。

（3）不随意进入养有犬类的住宅，如果进入，最好有住宅主人陪同，或先将犬类拴牢。

（4）听从指挥，不随意走动，尽量不在夜间出行。

（5）不招惹蜂类、蛇类、犬类等动物，如遇到，应绕行。

---

① 湖南省高等学校保卫学研究会．大学生安全教育[M].北京：现代教育出版社，2016.

(6) 在户外，特别是野外，不穿着短衣短裤或颜色鲜艳的衣服，要扣紧衣领、袖口、裤口，身上不涂抹含有特殊香味的物质。

(7) 不在河边、树林等地露营或开展活动，野外露营时需要做好防蛇处理，保持营地清洁。

(8) 在户外，特别是野外，不随意采摘路边植物、花朵或果实，不徒手翻动石块、朽木等。

3. 被蜂类、蛇类、犬类等蜇伤或咬伤的现场应急处置

如被蜂类蜇伤，特别是马蜂，常会出现头痛、发热、恶心、呕吐等全身症状。对毒蜂过敏者，还可能迅速出现荨麻疹、哮喘或过敏性休克，甚至因呼吸衰竭而死亡。[①]当发现被马蜂蜇伤后，须立即远离蜂群，寻找安全地域，确保自身不再受到马蜂袭击，并评估身体状况。如身体出现局部较重反应或全身症状，应立即拨打120急救电话或紧急送医治疗。在等待医护人员到达或送医前，可先检查被蜇部位是否存在蜇针，小心拔出后，挤出毒液，并用清水或食醋反复冲洗伤口。

如被蛇类咬伤，因一时无法准确判断蛇的种类及其是否具有毒性，建议立即拨打120急救电话或紧急送医治疗。在等待医护人员到达或送医前，应尽量记录蛇的外貌特征，以便医护人员甄别蛇的种类，为后续救治提供依据。同时，可采用捆扎法，使用布条、毛巾、绷带等，在伤口近心一侧5～10厘米处进行捆扎，以减少血液回流，延缓毒液吸收。用清水反复冲洗伤口，若能看到毒牙，可小心拔除。如果条件允许，在确保自身安全的情况下，可使用嘴吸、管吸、挤压、切开伤口等方法尽量使毒液排出。

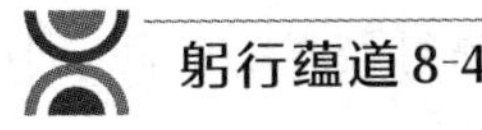

躬行蕴道8-4

被蛇类咬伤后的“五不”

不对受伤部位局部捆扎，否则易造成局部淤血，中毒更快。

不密闭伤口，否则造成毒血难以排出，吸收更快。

不用热水冲洗伤口和身体，否则易加快血管扩张和血液循环，加速毒液吸收。

不喝酒，否则易加快血管扩张和血液循环，加速毒液吸收。

不剧烈运动，否则易加快血液循环，加速毒液吸收。

如被犬类咬伤，应及时将其驱离，并确保自身处在安全环境下，不再受到袭击。同时，立即挤压伤口以排出含有毒素的血液，并用肥皂水反复清洗伤口（一般要持续30分钟左右），边冲洗边挤压伤口，继续排出含有毒素的血液。待清洗完伤口后，立即到医院接受治疗。

① 黄萌，陈立书.安全应急与避险[M].北京：中国医药科技出版社，2020.

（三）高温工作

暑期是开展文化和旅游社会实践较为集中的时间。暑期气温较高，特别是在户外，高温对实践活动的顺利开展带来不利影响。在高温条件下工作，易引发中暑、自燃等安全事故。特别是中暑，在暑期社会实践中较为常见。

1. 中暑的含义及症状

中暑是一种体温调节功能紊乱而导致的急性疾病。主要表现为在高温环境下，人体不能有效地将体内热量散发出去，导致体内热量蓄积，进而引发一系列症状。中暑的发病机制包括体温调节中枢功能障碍、汗腺功能衰竭，以及水、电解质丢失过多等。

根据症状的轻重程度，中暑可分为先兆中暑、轻症中暑和重症中暑三种类型。

先兆中暑，在高温环境下，出现头痛、头晕、口渴、多汗、四肢无力发酸、注意力不集中、动作不协调等症状。体温正常或略有升高，一般经过短时间的休息和补充水分后，症状可缓解。

轻症中暑，除出现先兆中暑的症状，体温往往在38 ℃以上。伴有面色潮红、大量出汗、皮肤灼热，或出现四肢湿冷、面色苍白、血压下降、脉搏增快等表现。如及时转移到阴凉通风处并补充水和盐分，症状通常可在数小时内恢复。

重症中暑，包括热痉挛、热衰竭和热射病三种类型，其中热射病最为严重。病情严重者可出现多器官功能衰竭，甚至死亡。

2. 中暑的预防

（1）尽量避免在高温、高湿的环境中长时间工作或运动。如果必须在户外进行，应合理安排作息时间，尽量选择清晨或傍晚时段外出，避开中午太阳辐射最强的时间，同时保证自身拥有充足的睡眠时间。

（2）高温、高湿环境下，室内也容易中暑。要注意室内温度的调节，使用空调、风扇等设备，保持室内凉爽、通风。

（3）外出时戴遮阳帽、太阳镜，使用遮阳伞等防晒工具，选择浅色、棉质等透气性好的衣物，以减少衣物对热量的吸收和保留。

（4）及时补充水分，以温开水、淡盐水、绿豆汤等为宜，不饮用含咖啡因、酒精等刺激性饮品，以免加重脱水症状。

（5）随身携带一些日常的防暑药物，如藿香正气水、风油精等，以备不时之需。

3. 出现中暑时的现场应急处置

如发现自己有中暑症状，应立即停止工作，到阴凉通风的地方休息，及时补充水分，并告知周围人员，寻求帮助和关注。

如发现周围人员有中暑症状，应立即将患者转移到阴凉通风处，解开衣扣，用湿毛巾或冰块等物品敷在额头、颈部、腋窝等处对其进行降温。然后及时给患者饮用淡盐水、葡萄糖水等，以补充体内流失的水分和电解质。如中暑患者出现呕吐症状，应保持患者的呼吸道通畅，避免出现呕吐物堵塞呼吸道引发窒息等危险，同时还要防止患者

Note

因抽搐咬伤自己的舌头。如出现失去意识、没有呼吸或心跳等紧急情况,应立即拨打120急救电话或紧急送医,并在此过程中对其进行心肺复苏操作。

二、消防安全

火,给人类带来了文明、进步、光明和温暖。人类能够对火进行利用和控制,是文明进步的一个重要标志。但是,失去控制的火会给人类造成灾难。所以说,人类使用火的历史与同火灾作斗争的历史是相伴相生的。开展文化和旅游社会实践,所处的环境人流量比较大,人员较为密集,有些场所极为特殊,如历史遗迹等,具有不可估量的珍贵价值;还有些场所,如博物馆等,存放着十分珍贵的藏品。因此,注重防火、确保消防安全显得尤为重要。

(一)火灾基础知识

火灾是指在时间或空间上失去控制地燃烧所造成的灾害。在各种灾害中,火灾是最常见、最普遍也是最容易发生的威胁公众安全和社会发展的主要灾害之一。人们在用火的过程中,不断总结火灾发生的规律,尽可能地减少火灾及其对人类造成的危害。

1. 火灾的成因

火灾的成因主要包括自然灾害和人为因素两大类。其中,人为因素是最主要的原因。在自然灾害中,雷击、高温、静电、地震、火山喷发等都有可能引发火灾;在人为因素中,如人为纵火、发动战争、违规操作、用火不慎、玩火、吸烟、电器老化或短路、交通事故等,都有可能引发火灾。

2. 火灾的分类

根据国家标准《火灾分类》(GB/T 4968—2008)的内容,按照可燃物的类型和燃烧特性,按标准化的方法将火灾分为A、B、C、D、E、F六类。火灾的分类对应表如表8-1所示。

表8-1 火灾的分类对应表

类型	内容	实例
A类火灾	固体物质火灾	如木材、干草、煤炭、棉、毛、麻、纸张等导致的火灾
B类火灾	液体或可熔化的固体物质火灾	如煤油、柴油、原油、甲醇、乙醇、沥青、石蜡、塑料等导致的火灾
C类火灾	气体火灾	如煤气、天然气、甲烷、乙烷、丙烷、氢气等导致的火灾
D类火灾	金属火灾	如钾、钠、镁、钛、锆、锂、铝镁合金等导致的火灾
E类火灾	带电火灾	如物体带电燃烧导致的火灾
F类火灾	烹饪器具内的烹饪物火灾	如动植物油脂导致火灾

3. 火灾的发展过程

火灾的发展，一般都要经过火势由小到大、由弱到强，逐步发展，最后减弱消灭的过程。对于建筑物火灾，都是从建筑物内的某个房间或局部区域开始的，然后蔓延到整个房间或区域，再扩大到相邻房间或区域，最后波及整个建筑物。一般来说，根据燃烧程度、温度等因素，将火灾的发展过程划分为初起阶段、成长阶段、猛烈阶段和衰退阶段。

初起阶段：火源面积不大，火焰不高，烟和气体的流速不快，辐射热不强，火势向周围发展的速度比较缓慢。

成长阶段：随着燃烧时间的延长，燃烧强度增大，温度逐渐上升，周围的可燃物迅速被加热并燃烧，火势迅速扩大。

猛烈阶段：燃烧速度达到最快，燃烧面积最大，温度最高，辐射热最强，此时建筑材料和结构可能受到破坏。

衰退阶段：猛烈燃烧过后，火势开始衰退，室内温度下降，烟雾消散，火灾渐渐平息。

从火灾的发展过程上看，扑灭火灾、降低损失的最有利阶段是在初起阶段，这也是火灾救援的黄金阶段。

（二）火场逃生与自救

1. 保持冷静，迅速报警

遇到火灾发生，应该始终保持头脑清醒，沉着冷静应对，第一时间拨打119消防救援电话报警，并大声呼喊，提醒周围人群注意。

2. 快速撤离，不恋财物

如果是在火灾发生的初起阶段，在确保自身安全的前提下，关闭电、油、气等阀门，使用消防栓、灭火器等有针对性地尝试扑灭火灾，或者将火源与其他可燃物隔离开来。如果火灾无法及时扑灭，应该立即撤离，把确保生命安全放在首位，不要贪恋财物。

3. 寻找出路，安全避险

撤离过程中，切勿盲从乱跑。应根据安全指示标识，选择路程最短、障碍最少的安全通道撤离。若是乘坐的交通工具起火，可以迅速打开“逃生门”“逃生窗”“安全门”等及时撤离。火灾中切勿乘坐电梯撤离。如通道被堵，所在楼层较低时可利用窗户、阳台、管道、窗帘、门板等逃生。如一时无法撤离到户外，应寻找远离火源的防烟楼梯、封闭楼梯间、厕所、阳台等区域紧急避险，关闭好门窗，防止毒烟侵入，等待救援。不到紧要关头，不盲目跳楼。

4. 防范毒烟，避免踩踏

吸入毒烟是火灾致死的主要原因。因此，在逃生过程中，应使用湿毛巾捂住口鼻，弯腰低身前行，以防止或尽可能减少对毒烟的吸入。同时，也要防止撤离时出现拥挤、

Note

摔倒等情况,否则容易产生踩踏事故,造成伤亡。

5. 用好工具,注意方法

发生火灾时,要学会用好身边的消防设施设备和工具,如消防面罩、消防绳、消防栓、消防斧、安全锤、灭火器、缓降器、救生带等,在保护好自己的同时安全逃生。如果火势不大,可以身披湿被褥冲出火场。若自己身上着火,切勿来回奔跑,应就地打滚、用厚重的衣物等灭火。不要将灭火器对准人的身体进行直接喷射,应立即用水浇灭火焰。部分消防设施设备和工具如图8-9所示。

图8-9 部分消防设施设备和工具

(三)火灾的预防

在开展文化和旅游社会实践过程中,作为实践的主体,大学生应该采取有效的措施,从自己做起,从身边做起,从小事做起,积极预防火灾的发生。

1. 强化防火意识,提升消防技能

应加强学习,在深刻认识消防安全重要性的基础上,掌握常用消防设施设备和工具的使用方法,以备不时之需。此外,在进入人员密集场所或乘坐交通工具时,应及时留意消防设施设备存放地点、安全通道、空间布局等,熟悉所处的环境,做到心中有数、有备无患。

2. 规范操作,正确使用电器

熟悉实践工作的操作流程,遵守生产工具的使用规范。认真阅读电器使用说明书和注意事项,正确使用电器设备。做到人离开时电器设备及时关停。定期开展消防安全排查,检查设施设备和线路,防止漏电、短路和可燃气体泄漏等。合法合规存放和使用易燃易爆材料。

3. 安全用火,养成良好习惯

不在室内使用明火或进行其他涉火高风险操作(活动)。未经允许,严禁在实践地使用蜡烛、明火蚊香、酒精炉等高风险物品和电熨斗、电加热器等大功率电器,严禁私接电线。不在室内吸烟,要完全熄灭烟蒂,不乱扔烟头。熟悉消防预案,积极开展消防演练。及时提醒他人,共同维护消防安全,落实消防责任。

三、社交安全

大学生涉世未深，社会经验和阅历相对较少。在开展文化和旅游社会实践过程中，大学生面对社会上诸多的人和事，难免因缺乏防备之心和应对之策，容易在社交过程中受到伤害。正所谓“害人之心不可有，防人之心不可无”，在社会实践中，大学生务必重视社交安全。

案例阅读8-4

李某和罗某在南昌某高校上大学。她们一直想利用暑假时间参与社会实践，一方面想锻炼自己，另一方面想通过兼职挣点生活费。放假后，她们经人介绍去找工作，结果被骗入传销组织。传销人员没收了两人的手机，使她们无法与外界联系。某日，罗某在上厕所时，透过窗户看见有路人经过，便急中生智，小声地呼喊救命，才使得路人得知情况而帮助报警。最终，李某和罗某被公安机关解救。

（一）防范诈骗

1. 诈骗的定义及其形式

诈骗，是指以非法占有为目的，用虚构事实或者隐瞒真相的方法，骗取数额较大的公私财物的行为，是一种含有一定智商成分的犯罪形式。[①]

当前，诈骗手段让人眼花缭乱、防不胜防，随着社会的进步和科技的发展，呈现出不断翻新变化的趋势。近几年出现的电信诈骗、网络诈骗等，往往借助现代通信技术和网络技术，以快速、隐蔽的方式实施，具有很强的欺骗性和较大的危害性，给受害人带来严重的财产损失和心理伤害。

从使用的手段来看，诈骗的形式多种多样，包括但不限于网络诈骗、电信诈骗、信用卡诈骗、合同诈骗、金融诈骗等。从表现形式来看，诈骗的手段包括但不限于伪装身份、投其所好、设置骗局、以次充好、制造紧张氛围、夸大不良后果、利用感情欺骗、以利益诱惑等。

2. 诈骗的防范

（1）保护个人信息安全。

不向陌生人提供身份证号码、手机号码、银行账户、验证码、各类用户名和密码等重要信息。此外，所在学校、实践单位、家庭住址，以及老师、同学、父母等相关情况和信息也要注意保密，不要轻易泄露。此外，不将身份证和银行卡原件、照片、复印件等随意提供给他人。

① 湖南省高等学校保卫学研究会.大学生安全教育[M].北京：现代教育出版社，2016.

(2) 增强防范意识。

积极学习防骗知识，时刻保持警惕，安装防骗软件(如“国家反诈中心”APP)。对于任何人、任何事，不可随意轻信或盲目听从，遇人遇事应有清醒的认识，不可因为事情“紧急”或事态“严重”而自乱阵脚。不点击任何陌生网络链接，要注意从官方渠道核实信息真伪。当涉及转账、预交定金等金钱转出事项时，务必向不同的当事人当面核对确认。如一次性转出金额超过500元时，还须向辅导员或社会实践指导教师报告。

躬行蕴道 8-5

“国家反诈中心”APP介绍

一、什么是“国家反诈中心”APP

“国家反诈中心”APP由公安部刑事侦查局组织开发，是一款能有效预防诈骗、快速举报诈骗内容的软件，软件里面有丰富的防诈骗知识，通过学习里面的知识可以有效避免各种网络诈骗的发生，提高用户的防骗能力，还可以随时向平台举报各种诈骗信息，减少财产损失。

二、为何要使用“国家反诈中心”APP

这款APP提供诈骗预警、快速举报诈骗、反诈防骗知识学习等防范诈骗的重要功能。

在这款APP上用户可以实现以下操作(图8-10)。

(一)检测手机可疑应用

用户可以在“国家反诈中心”APP里快速检测手机已安装应用和未安装应用安装包，精准识别手机内的可疑诈骗应用。

图8-10 “国家反诈中心”APP首页样式

(二)在线提交涉案线索

(1) 报案人在派出所现场报案后，上传涉案线索。

(2) 报案人电话报案后，上传涉案线索。

(3) 其他情况下要求报案人上传涉案线索。

(三)举报非法可疑电信网络诈骗行为

用户在使用手机时，若察觉到可疑的手机号、收到可疑短信，或是发现赌博网站、钓鱼网站、诈骗APP等有害信息，可以在“我要举报”模块进行举报。

(四)验证交易对方身份真实性

(1) 在社交软件转账时，验证对方身份的真实性，防止财产损失。

(2) 在社交软件交友时，防止对方冒充身份进行诈骗。

(五)支付风险核验

(1) 给好友或他人转账时，确认对方是否为涉诈账号，避免资金被骗。

(2) 在社交场景下，确认对方账号是否涉诈，提高警惕，避免点击或观看钓鱼网址等诈骗信息。

(六)提前预警

收到可疑诈骗分子来电、短信，或是遇到可疑网址、可疑APP时，可智能识别骗子身份，提前预警，大大降低被骗风险。

(七)收获专属防骗知识

(1) 根据不同年龄、职业等人群特点，测试用户的被骗风险指数，防患未然。

(2) 查看最新的诈骗案例，提升防骗能力。①

三、如何下载和注册使用"国家反诈中心"APP

现有市面上的手机均可在系统自带的应用商店内搜索到"国家反诈中心"APP，并下载安装。在系统提示下进行注册和登录，查阅APP自带的用户手册进行相关操作。

(3) 不贪图小便宜。

永远不要相信"天上会掉馅饼"。对于突如其来的"好消息""横财"或"好处"，如中奖、优惠、折扣、返现、送福利、高回报、高收入等，要保持头脑清醒，深思熟虑，仔细辨别、求证。不可贪图便宜，因小失大。

(4) 及时报警。

当发现自己遭遇诈骗时，应立即停止一切涉案操作，及时拨打110公安机关电话报警，并向办案民警提供相关线索和证据，积极协助调查。同时，切勿再抱有任何侥幸心理，吸取教训，避免再次上当受骗。

(二) 防范日常矛盾纠纷

1. 日常矛盾纠纷的主要内容及产生原因

在文化和旅游社会实践中，容易出现的日常矛盾纠纷主要分为本人与同事(实践团队成员)、本人与上级领导(指导教师)、本人与服务(关联)对象之间发生的矛盾纠纷。本人与同事(实践团队成员)之间，容易在工作职责划分、工作资源分配、相互配合协作、工作报酬(成果)分享等方面出现矛盾纠纷。本人与上级领导(指导教师)之间，

① 福安公安．"反诈神器"——"国家反诈中心"APP你装了吗？[EB/OL].[2024-07-19].https://mp.weixin.qq.com/s?__biz=MzIyNDUzNDQ4Mg==&mid=2247549902&idx=4&sn=480d27d41cab65f5bd411fa09a47f961&chksm=e9b596f45e012cfc8fd648cfc574ec911a4f684556f30df73983eac826bd894540b0892a917f&scene=27.

容易在目标达成、任务分配、工作环境、成绩评判、激励与惩罚等方面出现矛盾纠纷。本人与服务(关联)对象之间,容易在工作态度、服务质量、体验感受、责任履行、工作成效等方面出现矛盾纠纷。

出现矛盾纠纷的原因很多,应具体问题具体分析。但也存在一些相同因素,如思想不统一、缺乏有效沟通、性格缺陷、情绪管理不够、自身认知不足、制度不健全、职责划分不清等。

2. 日常矛盾纠纷的预防与化解

面对日常矛盾纠纷,在不触犯法律法规红线与底线的前提下,从自身做起,主动防范和化解。

(1) 加强沟通与交流。

加强沟通与交流是预防和化解矛盾纠纷的基础。及时有效的沟通可以避免误解和隔阂的产生,也有助于找到矛盾产生的原因。主动倾听对方的观点,表达自己的感受,共同寻找解决方案。

(2) 积极管控情绪。

在面对矛盾纠纷时,管理好自己的情绪非常重要。要始终保持冷静、理智和克制,避免冲动、过激反应和势态升级,降低冲突风险。

(3) 尊重他人,换位思考。

从语言和行动上尊重他人。只有尊重他人,才能得到他人的尊重。要尝试站在对方的角度思考问题,理解对方的立场和需求,这有助于增进相互理解和同情,从而减少冲突和矛盾。

(4) 主动协商,求同存异。

矛盾纠纷往往涉及双方或多方的利益冲突。各方应该主动协商,不回避也不逃避,积极探讨,站在双赢的角度寻找各方都能接受的解决方案。必要时,可以寻求同学、老师、家人、朋友或专业调解机构的帮助来进行调解。

(5) 有理有据,保护合法权益。

如本人合法权益受到破坏且调解不成功,应保留好相关佐证材料和证据,通过向上级部门反映或使用法律手段来维护自己的合法权益。

(三) 防范性骚扰和性侵害

1. 性骚扰和性侵害的定义

性骚扰是指以带性暗示的言语或动作针对被骚扰对象,强迫受害者配合,使对方感到不悦或不安的行为。性骚扰的具体表现包括但不限于言语性骚扰、行为性骚扰、环境性骚扰等。

性侵害则是程度上更恶劣的性骚扰行为,也可以认为是升级的性骚扰。性侵害具体是指以暴力、胁迫或欺骗等手段侵犯他人身体自主权的行为,通常包括强奸、猥亵等严重的性犯罪行为。性侵害不仅侵犯了受害者的身体自主权,还可能对其造成严重的

心理创伤和伤害。性侵害的形式多种多样，包括但不限于暴力型性侵害、胁迫型性侵害、诱惑型性侵害等。

无论是性骚扰还是性侵害，都是违法行为。开展社会实践，如同刚进入职场不久，对于涉世不深的大学生，特别是女大学生来说，容易受到这些行为的侵害。尤其是在夏天、夜晚等时间段，以及在僻静的地方、人流量大的公共场所、与异性独处的空间等环境中，同事之间、上下级之间、与服务对象之间，均容易发生性骚扰和性侵害事件。

2. 性骚扰和性侵害的防范举措

（1）提升防范意识。

加强学习，了解性骚扰和性侵害的表现形式，充分认识到性骚扰和性侵害对自己身心带来的严重伤害和不良后果。掌握相关法律法规知识，学会运用法律武器维护自己的合法权益。

（2）做好自我保护。

不在夜间单独出行，不独自前往僻静的地方，避免与异性在一个相对封闭的空间独处，不要贪图小便宜。对异性的不轨企图或行为，要坚决拒绝并制止，并严肃表明自身态度。如发现自己已经受到了性骚扰或性侵害，要及时向家人、老师、同学或相关机构求助，寻求支持和帮助。

（3）行为端正。

与异性文明交往，保持合理界限和尺度，注意控制交往分寸，不与多人保持暧昧或纠缠关系。注意举止打扮，穿着得体，避免引起他人误会。合理安排作息时间，不晚归、不酗酒。

3. 遭遇性侵害时的应对

在发现自己遭遇性侵害时，首先应保持镇静，临危不惧，对自己能够成功脱离危险要充满信心，对不法分子予以震慑。寻找各种机会逃脱，或使用身边各种器物与不法分子隔离并保持距离，及时拨打110公安机关电话报警。大声呼喊以引起周边群众注意，积极寻求帮助。避免与不法分子发生正面肢体冲突，与不法分子软磨硬泡、讲后果、讲严重性等，尽量拖延时间。或使用各种方法让不法分子分散注意力，趁其不备攻击其软肋，趁机逃脱。尽可能记录下不法分子的体貌特征，保留相关证据，以便公安机关及时破案。

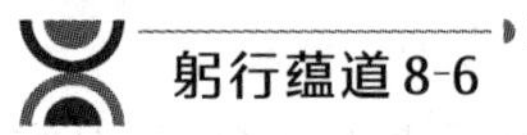

躬行蕴道8-6

常用应急电话

火警电话119

匪警电话110

普通道路交通事故报警电话122

高速公路交通事故报警电话12122

急救电话 120

电话号码查询 114

我国香港地区紧急求救电话 999

我国澳门地区紧急求救电话 000

第八章
课后习题

简答题

1. 处置突发社会实践安全事件的基本程序有哪些？
2. 在开展文化和旅游社会实践过程中，作为大学生应该如何预防火灾的发生？

简答题
答案

第九章
大学生文化和旅游社会实践常用文体写作

学习目标

1. 了解大学生文化和旅游社会实践中常用文体的类型及其写作特点。

2. 掌握这些常用文体的格式和内容结构，熟悉写作注意事项和写作技巧。

能力目标

1. 具备一定的文字功底，拥有较好的公文写作能力、书面表达能力和总结分析能力。

2. 能够撰写和修改实践方案、商洽函、感谢信、调研报告、实践总结、新闻稿件等大学生文化和旅游社会实践常用文体。

素养目标

1. 养成及时总结、善于总结的良好习惯和求真务实、知恩感恩的精神品质。

2. 培养文字、文化敏感度，提升审美意识。

案例阅读 9-1

暑假期间，某高校组建大学生“民族文化遗产保护”社会实践团队，深入少数民族地区，开展文化和旅游社会实践活动(图 9-1)。此次活动以社会调查为主，旨在掌握某地区民族文化遗产保护的情况，为当地保护和传承工作建言献策，并借此提高学生对民族文化遗产保护的认识与参与度。在实践过程中，学生们深入基层，访谈当地居民，收集相关数据，确保调研内容的真实性与全面性，最终形成调研报告。报告清晰地展现了项目的背景、目的和实施情况，不仅为后续类似活动的开展提供了宝贵经验，也为当地相关管理部门和单位提供了具有一定价值的决策依据。

图9-1 某高校大学生社会实践团队深入少数民族地区开展“民族文化遗产保护”主题社会实践活动

在大学生社会实践中，写作的重要性不容忽视。它不仅是沟通思想、传递信息的有效工具，也是反映实践成果、总结经验教训的关键手段。特别是在开展文化和旅游社会实践中，实践者大多从事与文化传播、宣传宣讲、旅游推广等相关的工作，从方案制定、信函往来、实践过程记录，到总结报告、研究报告、心得体会等的撰写，都离不开写作。在文化和旅游社会实践中，实践者能够通过写作有效地传达和记录文化信息，将所见所闻、所感所思进行整理和表达，从而实现对文化和旅游知识、文化和旅游现象的深刻理解与反思，更加深入地审视自己所经历的文化和旅游情境，从而培养批判性思维能力。此外，在文化和旅游社会实践过程中，文字能够丰富文化素养和旅游体验，激发人们的兴趣，推动文化和旅游的融合发展，让人真正感受到文化和旅游的无限魅力。因此，熟练掌握文化和旅游社会实践常用文体的写作技能，对于社会实践各个环节都是不可或缺的，能够有效提升社会实践的质量，让社会实践的成果更加丰富和扎实。

第一节 实践方案

实践方案是开展社会实践活动的基本文件，指导社会实践活动开展的全过程、各方面。对于大多数都是第一次参与文化和旅游社会实践的在校大学生来说，科学合理的社会实践方案能够帮助大学生明确目标、制订计划、开展分工、分配资源，提高实践活动的有效性、计划性和科学性，使大学生能够在真实的环境中锻炼沟通能力和团队协作精神，培养解决问题的能力，为大学生在社会实践活动中的学习与体验提供帮助和支持，为社会实践的顺利开展打下坚实的基础。

一、实践方案的含义与特点

实践方案是社会实践前期常用的文体中内容最为复杂的一种，是对大学生文化和旅游社会实践活动进行系统规划和安排的文件，旨在指导实施过程、确保活动的顺利进行。实践方案从目的、要求到时间、地点、方式、方法、进度都进行了具体而周密的安排，对大学生文化和旅游社会实践起着至关重要的作用。

实践方案一般具有指导性、系统性、预见性、灵活性和可操作性等特点。

（一）指导性

实践方案的指导性是指实践方案为大学生提供了明确的实践方向和目标，帮助他们在文化和旅游范畴内理解理论知识与实践经验之间的紧密联系。

（二）系统性

实践方案的系统性则体现在其涵盖了文化和旅游的各个层面，从政策背景、市场需求到具体的实践活动安排，都需要进行全面的考虑与整合，确保大学生能够在实践中获得多维度的体验与反思。

（三）预见性

预见性是编制实践方案时显著的特点之一。提前制定实践方案不是对已经形成的事实和状况的描述，而是在行动之前对行动的任务、目标、方法、措施所做出的预见性确认。这种预见不是盲目的、空想的，而是以相关规定为指导，以实际条件为基础，以过去的成绩和问题为依据，对今后的发展趋势进行科学预测之后做出的。可以说，预见性是否准确，决定了实践方案编制的成败，更决定了大学生实践任务的成败。

（四）灵活性

实践方案的灵活性是指如果在计划执行过程中，客观情况发生了变化，就要适时对方案予以修订。所以，实践方案既要有指导性，也要有可变性。同时，考虑到未来的变化，实践方案的制定还应该有弹性，可以预测未来可能的变化，辅以备选的多套计划，以备大学生面对突发情况时予以选择，灵活实施。

（五）可操作性

实践方案的可操作性是指通过合理设计，明确实践步骤与流程，使大学生能够在实践中更加合理地管理时间与配置资源，推动实践活动顺利开展，达到最终目标，增强其参与感和成就感。

二、实践方案的写作格式与内容

实践方案的写作格式通常包括标题、开头、正文、结尾和落款五个基本部分。每个

部分都有其特定的功能和要求。

（一）标题

社会实践方案标题应简练、明确，能够概括实践方案的主要内容与目的。如“××实践团队××主题社会实践方案”或“××大学××学院××实践团队酒店行业调研实践方案”等。

（二）开头

开头部分应简要介绍本次社会实践活动开展的背景、目的、意义（包括经济效益、社会效益、媒体效应等）和实践类型，阐述活动开展的必要性和可行性，同时为后文做好铺垫。

（三）正文

正文是实践方案的核心部分，主要包括活动时间、活动地点、实践主题、实践类型、参与人员、活动内容及安排、工作分工、资源准备（含预算）等内容。可以采用分段的形式，使结构清晰、完整。

1. 活动时间

活动时间是指具体的日期和时间安排。

2. 活动地点

活动地点是指活动实施的具体地点。

3. 实践主题

实践主题是指本次实践的主题内容。

4. 实践类型

实践类型说明本次实践是生产劳动、社会调查、志愿服务、创新创业中的哪一种类型，或是均有，或是其他类型。

5. 参与人员

参与人员是指参与活动的大学生、指导教师及其他相关人员。

6. 活动内容及安排

活动内容及安排是指详细的活动计划，包括具体活动的目的意义、预达到的效果、各项环节的安排等。为体现实践方案的灵活性，也可在此部分增加一些备选方案和相应内容。

7. 工作分工

工作分工是指参照活动内容进行的细致分工，落实到每一项任务、每一个人（组）。

8. 资源准备

资源准备是对所需物资、工具、设备、资金（预算）的说明。

（四）结尾

结尾部分应总结方案的主要内容，表明对活动顺利实施的期待，呼吁各方积极参与和支持。必要时，可以加上联系人和联系方式，以便后续的沟通与联系。

（五）落款

落款部分一般置于正文下方，署名、署时，即方案的制定单位和制定时间。

实践方案结构与内容的对应关系如表9-1所示。

表9-1　实践方案结构与内容的对应关系

结构	内容
□□□实践团队□□□主题社会实践方案	标题：制定单位＋内容＋文种
为认真贯彻落实□□□精神，进一步□□□，根据□□□文件要求，□□□大学□□□，拟开展以□□□为主题的大学生文化和旅游社会实践活动，特制定本方案。具体如下： 一、□□□ □□□□□□□□□□□□□□。 二、□□□ □□□□□□□□□□□□□□。 三、□□□ □□□□□□□□□□□□□□。	正文：分级分条撰写。开头部分应简要介绍本次社会实践活动开展的背景、目的和意义等。中间部分是实践方案的核心部分，主要包括活动时间、活动地点、实践主题、实践类型、参与人员、活动内容及安排、工作分工、资源准备（含预算）等内容。结尾部分加上对活动顺利开展的展望和号召，表明对活动顺利实施的期待，呼吁各方积极参与和支持
□□□实践团 □□□年□□□月□□□日	落款：在正文右下方加上制定单位和制定时间

躬行蕴道9-1

实践方案中各项工作或任务如何排序

社会实践方案中会提出本次实践的目的和意义，并设计和安排相应的工作或任务，以确保达到预期目标。做任何事情总有轻重缓急，各项工作或任务也有先后顺序。为使社会实践顺利进行，对社会实践各项工作或任务进行排序非常重要。在此过程中，要注意以下两点。

一、轻重缓急，要事第一

紧急的、核心的、关键的、具有代表性的、创新性的、影响全局的工作或任务，应尽量优先安排并设定完成时间。

二、追求效率，统筹安排

社会实践的时间是有限的，实践时间跨度越长，实践成本就越高。因此，在有限的实践时间内，要尽量利用大段完整的时间段来完成“大块”的工作或任务，利用琐碎的时间来处理琐碎的事情，利用等待的时间兼做其他的工作。切勿出现浪费时间、效率低下的情况。

三、实践方案的写作要求

目标明确、内容翔实、逻辑清晰和语言规范是撰写社会实践方案的四大基本原则和要求。遵循这些原则，将有效提高社会实践方案的质量，更好地指导实践活动的开展。

（一）目标明确

目标明确是社会实践方案的首要要求。目标的设定不仅为实践活动指明方向，也有助于后期的评估和总结。实践方案的开头部分应清晰阐述实践活动所期望达到的具体目标，以便实践者和相关人员能够一目了然。明确的目标应具有具体性、可测量性和可实现性，确保实践活动能够有效满足学校工作要求、回应社会需求和实现人才培养目标。

（二）内容翔实

内容翔实是保证方案完整的重要因素。所列内容应具体且具有科学性和可操作性，便于组织实施。实践方案应包含活动计划、实施步骤、所需资源等各方面内容。翔实的方案便于参与者理解，确保项目顺利进行。此外，信息的全面性也有助于对项目进行评估和后续改进。

（三）逻辑清晰

逻辑清晰是实践方案可读性和可行性的基础，是撰写社会实践方案时必须遵循的原则之一。撰写实践方案时，要注意各部分内容间的内在联系，确保条理清晰，使实践者能够顺畅理解实践活动的脉络。清晰的逻辑线索能够帮助实践者更好地理解实践的目的、方法及其意义。这样不仅能够增强方案的说服力，也能够提高方案的实施效率。

（四）语言规范

语言规范关乎实践方案的专业性，不仅体现了撰写者的文字功底，更影响读者的理解和对方案的认可程度。因此，撰写实践方案时，要注意使用规范的书面语言，避免口语化的表达，确保表达的准确性和方案的严肃性、正式性。

躬行蕴道 9-2

实践方案写作注意事项

在撰写实践方案时，还应重点注意以下事项。

第一，信息准确。确保所提供的信息真实可信，避免误导实践者。

第二，简洁明了。尽量使用简洁的语句，避免冗长复杂的表达。

第三，考虑受众。了解目标受众的需求和背景，调整方案的侧重点和语言风格。

第四，多次检查。在方案完成后，多次检查以确保没有遗漏和错误。

四、实践方案范文

××旅游大学××实践团队"探索文化遗产，增强保护意识"社会实践方案

为贯彻落实……，进一步增强大学生的文化遗产保护意识，提升社会责任感，××旅游大学××实践团队将举办以"探索文化遗产，增强保护意识"为主题的社会实践活动。此次活动将围绕本地区的文化遗产保护展开，旨在……为开展好本次社会实践活动，根据学校实践要求，结合实际情况特制定本方案，具体如下。

一、活动时间

××年7月15日至21日，为期7天。

二、活动地点

××市××县。

三、实践主题

探索文化遗产，增强保护意识。

四、实践类型

志愿服务。

五、参与人员

指导教师：××。

团队成员：××、××、××。

六、活动内容及安排

第一天：出发——抵达实践地。

第二天：举办研讨会——主题为文化遗产的重要性。

第三天：实地考察——参观文化遗址。

第四条：志愿服务——开展文化遗产保护活动。

七、工作分工

队长：××，负责……

副队长：××，负责……

宣传组：××（负责人）、××，负责……

活动策划组：××（负责人）、××，负责……

后勤保障组：××（负责人）、××，负责……

八、资源准备

（一）物资

……

（二）预算

……

希望团队全体成员各司其职，高度重视本次实践活动，以认真负责的态度和专业精神，圆满完成方案中制定的各项工作任务，充分展现××旅游大学学生的风采，为××地区的文化遗产保护工作做出积极贡献。

团队负责人及联系方式：××，182 ×××××××××，××@××.com。

××旅游大学×× 实践团队

××××年6月10日

躬行蕴道9-3

社会实践方案与工作方案的区别

社会实践方案与工作方案有所不同。社会实践方案主要着眼于具体的社会实践活动本身，强调大学生的参与性和体验性，与大学生的专业学习联系更为紧密，注重大学生在此过程中的自我学习与自我提升。工作方案则更多地关注任务的执行、目标的达成，通常包括更为详细的工作流程、责任分工及时间节点安排。尽管两者都有规划与实施的性质，但在目的、内容和形式上存在明显差异。

第二节 商洽函

在大学生文化和旅游社会实践中，商洽函作为一种正式的书信形式，承担着传递信息和促进沟通的重要作用。大学生在开展文化和旅游社会实践前，需要与实践地文化和旅游部门、所在地政府、实践基地及相关企事业单位等进行沟通，希望对方能够提供必要的协助，如共同完成实践内容，安排实践行程、解说、向导，帮助对接具体事务，提供相关资料等。这些均需要以商洽函的形式将实践所需正式传递给对方单位，便于对方单位做好有关准备，确保实践顺畅高效地开展。

案例阅读9-2

暑假来临，某高校暑期社会实践团队准备到桂林市下辖的某乡镇开展民族非遗美食调研活动（图9-2），经过与实践地乡镇人民政府的初步沟通，达成接待共识。根据实践地人民政府要求，实践团队以学生所在的二级学院名义正式给实践地乡镇人民政府传真一封商洽函，希望帮助安排好调研行程、实践团队食宿、调研向导等事宜。收函后，该乡镇人民政府便安排专人主动与实践团队取得联系，做好调研行程、食宿地点、调研向导及相关资源准备等工作，还为实践团队成员协调安排好了进村车辆、访谈地点等，使得社会实践如期顺利开展，为调研工作取得较好成效发挥了重要作用。

图9-2 某高校社会实践团队成员在实践地政府支持下开展民族非遗美食调研活动

一、商洽函的含义与特点

函是适用于不相隶属单位之间商洽工作，询问和答复问题，或是请求批准事项和答复审批事项时所使用的公文。商洽函是函的一种，主要用于请求协助、支持、商洽解决办理某一项事情或问题。在开展大学生文化和旅游社会实践前，联系参观考察文史馆、博物馆，实地调研考察，请求相关单位帮助支持等场景下都需要用到商洽函。

商洽函一般具有正式性、平行性、商洽性、广泛性等特点。

（一）正式性

商洽函具有高度的正式性。通常遵循特定的格式和用词规范，传达明确的意图或请求。在实践过程中，商洽函的正式性不仅体现在写作时的礼仪和专业性上，还在于实践者所代表的学校、学院的形象。因此，撰写商洽函时需用词慎重，以体现双方的尊重与信任。

（二）平行性

商洽函的平行性体现在收发函双方单位的地位对等上。在合作交流中，无论是发

函方还是收函方，都是以平等的身份进行交流。这种平行性有助于构建良好的合作关系，确保信息的对称与共享。在社会实践中，平行的沟通方式能够有效减少误解与摩擦，为后续的活动开展、深入合作奠定基础。

（三）商洽性

商洽函的核心特征是商洽性。商洽函的目的在于进行交流合作的探讨与洽谈，通常涉及合作交流意向、条件、细节等内容。这种商洽性使得函件成为交流合作的重要工具，能够促成与对方的深入沟通，推动合作的顺利进行。明确的商洽内容有助于促进双方对交流合作事项的理解与认同。

（四）广泛性

商洽函的广泛性表现在其适用范围之广。无论是在行政、教育、文化、商业还是各类活动领域，商洽函均可发挥重要作用。在社会实践中，不同类型的组织和单位均可通过商洽函进行资源的整合与共享，推动更广泛的合作交流。这种广泛性不仅提高了各方在社会实践中的合作效率，也推动了实践成果的最大化。

二、商洽函的写作格式与内容

商洽函作为一种较为常用的对公文体，格式一般包括标题、主送单位、正文、落款四个部分。

（一）标题

商洽函的标题应明确且简洁，可以为“商洽函”加上具体内容的简要说明，如“××大学××学院关于联合开展××社会实践项目的商洽函”。

（二）主送单位

明确写上接收单位的全名。

（三）正文

正文部分是商洽函的核心，应包括以下几项内容。

1. 介绍背景

简要介绍发件业务背景。

2. 洽谈目的

清楚表明此次函件的目的，如寻求帮助、交流意见等。

3. 具体事项

详细阐述具体合作内容、条件及对方需予配合的事项。

一般情况下，为突出正式性或为对方联系反馈提供方便，在商洽函上应附发函单

位联系人、联系方式和单位地址等信息。

（四）落款

正文书写完成后，落款部分应署名、署时，包括发件单位名称和发文日期。

商洽函结构与内容的对应关系如表9-2所示。

表9-2　商洽函结构与内容的对应关系

结构	内容
□□□大学□□□学院关于为□□□实践团队提供文化和旅游社会实践协助的商洽函	标题：单位名称＋关于＋事由＋的商洽函
□□□单位：	主送单位，应明确写上接收单位的全名，一般只能一函一送
为认真贯彻落实□□□精神，根据□□□文件要求，□□□大学□□□学院，拟于□□□赴□□□开展以□□□为主题的大学生文化和旅游社会实践活动，□□□等事宜需要贵单位予以协助。 请予以支持为盼。 实践团队联系人及联系方式：□□□	正文：简要介绍背景情况，写清楚需要商洽的事情，最后提出要求或希望，如“请予以支持为盼”“此致”“敬礼”等。要一函一事，切忌一函数事
□□□大学□□□学院 □□□年□□□月□□□日	落款：在正文右下方注明发文单位和发文时间

三、商洽函的写作要求

在撰写商洽函时，应始终遵循语言规范、逻辑清晰、态度诚恳和专业性强的写作要求。这些要求不仅关乎函件的形式和内容，更直接影响交流的效果和实践成果。

（一）语言规范

语言规范是商洽函写作的基础。在撰写商洽函时，应注意使用标准的汉字，避免使用拼音、方言或非正式的表达方式。此外，应遵循书信的格式，包括标题、称谓、正文、结尾和署名等基本要素。语法和标点的正确使用同样不可忽视，错误的标点和语法会影响函件的专业性、正式性和可读性。同时，字词的选用也应尽量做到简洁、准确，避免使用过于复杂或生僻的词汇，以确保对方能够轻松理解函件的主旨。

（二）逻辑清晰

逻辑清晰是商洽函传递信息的关键。在函件的构思和布局上，应合理安排段落，确保信息的条理性。具体而言，引言部分应简洁明了地说明函件的目的，主体部分则

需要层次分明，分别阐述各个要点，以便对方能够顺畅阅读、理解。同时，结尾部分应总结函件的要点并提出期望，进而有效地引导收件人的进一步行动。在此过程中，逻辑关系的准确表达、论据的合理运用，都会显著增强商洽函的说服力和严谨性。

（三）态度诚恳

态度诚恳是商洽函取得成功的重要因素之一。在撰写函件时，应以礼貌和尊重的语气表达发函单位的观点和请求。使用恰当的尊称来称呼对方，并适时表达感谢之情，让对方在阅读函件时感受到诚意。同时，应该避免使用讽刺、消极的表达方式，以保证函件的积极性和友好性。态度诚恳不仅能够增强函件的亲和力，还有助于建立良好的信任关系，从而提高后续沟通的效率。

（四）专业性强

商洽函的专业性尤为重要。为了体现写作主体的学术素养，在商洽函撰写中应适当融入与主题相关的专业知识和专业术语。在表述时，必须确保所使用的术语准确合理，避免出现模糊不清的情况。此外，若涉及具体的数据、统计或理论依据，尽可能附上相关的参考资料，增加函件的权威性和可信度。在社会实践中，实践团队往往需要向企业或社会组织申请支持，专业性的展示不仅能够彰显实践团队的学识，也能增强收件人对函件内容的重视程度。

躬行蕴道9-4

商洽函写作注意事项

在撰写商洽函时，应特别注意以下四点。

第一，确保信息准确。所有信息和数据必须准确可靠，避免因错误信息影响后续合作和交流。

第二，控制字数。函件应言简意赅，避免冗长的叙述，应重点突出核心观点。

第三，使用礼貌用语。给对方留有良好的印象，确保措辞得体，平等待人。一般不用“应该”“必须”等指示性语言。

第四，校对函件。在发函前，需仔细校对文本，包括语法、标点及排版等，确保无错后再发出。

四、商洽函范文

××大学××学院关于协助开展××族传统民俗文化调研活动的商洽函

××县文化和旅游局：

为深入挖掘和传承××族的传统民俗文化，进一步促进民族团结和文化

交流，我院拟组建12人的实践团队，赴××乡镇开展为期7天的××族传统民俗文化调研活动。调研团队将进村入户，采取访谈、实地考察及文献查阅等多种方式开展调研，全面系统地了解××族的历史背景、风俗习惯、节庆活动及其对当地文化的影响，为后续开展××族传统民俗文化保护和传承工作提供重要参考。希望贵单位协助确定调研时间、地点、向导和食宿安排等事宜，以便调研活动顺利开展。

请予以支持为盼。感谢一直以来给予我院大学生社会实践工作的关注和帮助。

实践团队联系人及联系方式：××，138××××××××。

××大学××学院

××××年××月××日

躬行蕴道 9-5

商洽函与请批函的区别

商洽函与请批函的区别主要体现在以下几个方面。

第一，功能不同。商洽函主要用于业务洽谈和合作表达，而请批函则是用于申请批准某个事项，通常涉及的内容较为具体和必要的审批流程。

第二，内容侧重不同。商洽函侧重介绍合作意图和背景，强调合作的愿望。而请批函则侧重陈述具体申请及请求的合法性和必要性。

第三，收件方不同。商洽函通常发送给潜在的合作伙伴，而请批函一般发送给有决策权的相关管理部门。

商洽函在文化和旅游社会实践中是单位之间不可或缺的沟通工具，其撰写需要认真对待，应遵循格式要求和写作规范，以确保信息的有效传递与良好合作关系的建立。

第三节　感　谢　信

在大学生文化和旅游社会实践中，会得到很多单位或个人的热情接待、无私指导、大力支持和积极协助，尤其是地方文化和旅游管理部门、旅游协会及相关文旅企业等。正因有了这些单位与个人的支持与帮助，大学生文化和旅游社会实践才得以顺利开展并取得丰硕成果。学校、二级学院或实践团队常常以发送感谢信的形式，对关心与支持实践活动的单位或个人表示衷心感谢。感谢信作为一种重要的书面表达形式，不仅体现了个人对他人付出和帮助的认可，也促进了社会的良性互动。

一、感谢信的含义与特点

感谢信是向给予帮助、支持或关心的个人或集体表示感谢的专业书信，具有表扬和感激的双重意义。在大学生文化和旅游社会实践中，感谢信有写给个人的感谢信、写给集体的感谢信等类型，不管是哪种类型的感谢信，通常内容比较简洁明了，能够准确且充分地传达敬意和感谢之情。

感谢信一般具有真实性、感召性、简洁性等特点。

（一）真实性

感谢信的内容应当真实可信，真正反映写信者对帮助者的感激之情，不能添油加醋或夸大其词，不能流于形式。感谢信中应包含具体的事例和经历，展现出对帮助者付出努力的真切认可和感恩。通过真实具体的表达，能够有效增强感谢信的感染力，使帮助者感受到自己的付出得到了应有的重视。

（二）感召性

感谢信不仅仅是对单位或个人的感谢，更应具有激励作用，鼓舞人心。感谢信应通过积极的语言和热情的表达，引起他人对关心和支持社会实践工作的共鸣，激励更多人参与到文化和旅游社会实践中来。有效的感谢信能够传递出一种积极向上的社会风尚，促进共同进步。

（三）简洁性

感谢信需要在简洁中传达真挚的情感，语言必须精练、简洁，避免冗长复杂的语言表达。简明扼要的语言能让读者迅速抓住重点，提升感谢信的可读性。言简意赅的写作风格不仅体现了写信者对帮助者的尊重，也能更有效地传达感激之情。

二、感谢信的格式与内容

感谢信的写作格式较为固定，通常包括标题、感谢单位/个人、正文和落款等部分。

（一）标题

感谢信的标题应简单明了，如“感谢信”或“致××的感谢信”。

（二）感谢单位/个人

在感谢信的开头部分，应明确写出感谢的对象，如“尊敬的××单位”或“尊敬的/亲爱的××”。

（三）正文

正文应该具体阐述感谢的理由，可以包括以下要素。

1. 感谢的原因

说明为什么要感谢对方,具体到事件和情境。

2. 个人的感受

对对方的帮助或支持,表达个人的感激和受益。

3. 未来的期望

可适当表达希望今后继续保持联系和合作的愿望,或是希望被感谢人所在单位能够对被感谢人给予表扬。

(四)落款

落款部分一般应在正文下方署名、署时,即感谢信的拟定单位或个人,以及成文日期。

感谢信结构与内容的对应关系如表9-3所示。

表9-3　感谢信结构与内容的对应关系

结构	内容
致□□□的感谢信	标题:可采用"致+名称+感谢信"的形式,也可以只写"感谢信"
尊敬的/亲爱的□□□:	主送单位/个人:根据情况可以在称呼前加"尊敬的""亲爱的""光荣的"等修饰词语,以表示对被感谢者的敬重
贵单位在□□□文化和旅游社会实践中,为我们团队在□□□上提供了□□□帮助和支持。正因为你们的□□□,推动我们的社会实践顺利开展并取得□□□成绩。对你们的□□□精神,我们表示衷心感谢。 希望今后还有机会向贵单位学习。	正文:采取合理的写作方式,将社会实践中需要感谢事情的起因、经过、结果、被感谢单位或个人的相关行为、需要表达的谢意等表述清楚。针对事实作出中肯的评价,指出其中所体现出的崇高精神和感人力量。在致敬语部分,应在表示感谢的同时表达向对方学习的愿望和决心
□□□大学(学院) □□□年□□□月□□□日	落款:在正文右下方加上撰写感谢信的单位名称或个人姓名和发文时间

三、感谢信的写作要求

在撰写感谢信时,应遵循语言真诚、逻辑清晰、简洁有力、格式规范的基本要求,以确保信息有效传达,情感真诚流露。

(一)语言真诚

语言真诚是感谢信撰写的基本要求。写信者应当充分表达对提供帮助的单位或个人的真心感激。这不仅是出于礼节的需要,更是对帮助方付出努力的尊重。在撰写

感谢信的过程中，可以结合实际经历，具体说明在社会实践中获得了哪些帮助，以及这些帮助是如何影响个人成长的，并分享自己的感悟等。如可以提到某位校外企业指导教师在实践期间给予的细心指导，以及这种指导如何改变了自己的错误观点或提高了自己的能力。通过具体的实例让读者感受到感谢信中所传达的真挚情感，从而增强感谢信的真诚性。

（二）逻辑清晰

感谢信的逻辑性同样重要。一封结构合理、逻辑清晰的感谢信能够更好地传达谢意，使对方容易理解信中所表达的感激之情。在撰写感谢信时，应注意段落分明，每个段落传达一个中心思想。同时，写作语言应简单明了，应避免冗杂，确保读者能够迅速理解感谢信的核心内容。可以采用带有引导性语言的句子，例如，“在这次文化和旅游社会实践中，我特别感激您的……”或者“我从您身上学到了……，这对我今后的成长帮助很大”等，以此引导读者关注信件的重点。

（三）简洁有力

感谢信应当简洁有力，避免不必要的赘述与烦琐的表达。为社会实践提供帮助的人通常时间有限，因此感谢信应能迅速传达核心信息，体现写信者的尊重和认真。冗长的感谢信可能会让读者感到疲惫，可能导致重要信息的遗漏，甚至产生误解。在撰写时，写信者应该使用简明扼要的语言描述整件事情，概括实践经历及所获，同时适当增加对未来的展望。用简洁有力的语言传达诚意，能够让对方感受到写信者的用心。

（四）格式规范

感谢信在格式上也需遵循相应的规范。在称呼部分，宜使用尊称，如“尊敬的××老师/领导”，以示敬意。正文的导语部分应简明扼要地说明写信的目的，主体部分详细阐述感谢原因，并至少举一至两个具体事例加以说明。正文的结尾部分应再次表达感谢，并附上祝福语，如“祝您工作顺利，身体健康”等。同时，感谢信的书写应注意字体、行距等格式上的规范，以增强信件的正式感和可读性。

躬行蕴道 9-6

感谢信写作注意事项

在撰写感谢信时，需注意以下几点。

第一，避免虚假夸大。内容应真实，不应夸大对方的帮助。

第二，尊重语境。根据不同的场合和对象，调整用词和语气，保持适当的礼节。

第三，及时发送。感谢信应尽早送出，以确保感激之情的时效性。太晚送达，会影响感谢信所传达出来的诚意。

第四，语言规范。注意语法和拼写准确无误，保持正式书信的语言风格。

四、感谢信范文

（一）感谢单位

感　谢　信

尊敬的××县文化和旅游局：

非常感谢贵单位在我院“走进非遗之乡，感受非遗魅力”大学生文化和旅游社会实践活动中给予的大力支持和帮助。贵单位的细致安排和周到考虑，不仅为实践团队提供了宝贵的实践机会，也让实践团队成员在实践中收获了知识与成长。

通过这次实践，实践团队成员们深刻体会到……，通过本次实践，实践团队取得了……丰富的实践成果。这些都离不开贵单位的辛勤付出。在今后的学习和生活中，我院实践团队将更加努力，以实际行动来回馈贵单位的关心与支持。

希望今后能够继续得到贵单位的指导和帮助。

××大学××学院

××××年××月××日

（二）感谢个人

感　谢　信

尊敬的××先生：

您好！

××年××月，我们在××地开展了为期7天的大学生文化和旅游社会实践活动。在活动圆满结束之际，我谨代表××团队，向您致以诚挚的感谢。在此次实践中，您的无私帮助和大力支持，为我们顺利完成本次实践提供了巨大助力，使我们深入了解了当地文化的多样性与旅游的魅力，实现了预期制定的实践目标。

首先，感谢您对我们实践活动的关注与指导。您的热情参与不仅提升了活动的专业性，更增强了我们团队的凝聚力。在您的悉心指导下，我们在实践过程中获得了许多宝贵的经验，开阔了视野。

其次，您为我们提供了丰富的资源与便利条件，使我们能够顺利开展各项活动。无论是对文化背景的深入讲解，还是对旅游路线的详细规划，您都给予了无私的支持，这些都使我们的实践更加生动而富有意义。

最后，我想再次表达我们对您的感激之情。您所做的一切，不仅激励了我们，也将深深铭刻在我们的心中。希望未来能有更多的机会与您合作，共

同探寻文化和旅游的无穷魅力。

祝您工作顺利，万事如意！

××（写信人/团队名称）

××××年××月××日

躬行蕴道 9-7

感谢信与表扬信的区别

感谢信和表扬信虽然在形式上有相似之处，但其主旨和功能有所不同。感谢信主要侧重表达个人对他人的感激之情，通常是一对一的沟通形式；而表扬信则旨在对集体或个人的优异表现给予肯定和表彰，通常采用公之于众的形式，具有更强的激励和宣传性质。因此，在写作时应掌握两者的侧重点，以便更好地表达情感和传递信息。在大学生文化和旅游社会实践中，常用到的是感谢信。

第四节　调研报告

大学生文化和旅游社会实践的类型多样，主要包括生产劳动、社会调查、志愿服务、创新创业等。在社会调查中，完成调查后通常需要撰写调研报告。因此，调研报告是大学生文化和旅游社会实践中一种常用的重要文体。它能够系统地展示调研过程和结果，为问题的发现和解决提供可靠依据，为决策提供有效参考。在大学生文化和旅游社会实践中，社会调查类活动日益增多，为更好地总结经验，发现问题，推动实践活动有效开展，进一步固化实践成果，调研报告的撰写已成为一项必备的技能。因此，了解并掌握调研报告的含义与特点、写作格式与内容、写作要求等知识，能够帮助大学生提高调研报告的写作能力，以便更好地服务于文化和旅游事业的相关研究与实践。

一、调研报告的含义与特点

报告是对某特定主题、现象或事项进行汇报时所用的公文，具有真实性、时效性等特点。常用的报告有综合报告、情况报告、专题报告、调查报告、调研报告等。

调研报告是特定类别的报告，是对某种社会现象或某方面问题展开调查研究，经过分析，找出规律、揭示本质、总结经验，提出可行性的意见建议，最后以书面的形式呈现出来的公文。调研报告一般具有真实性、针对性、典型性、系统性等特点。

（一）真实性

调研报告的真实性是其最基本的要求。报告必须以事实为依据，实事求是，用事实说话，所涉及的数据、资料和结论必须建立在真实的调研基础上，确保材料数据的可靠性。报告撰写必须在充分了解实际情况和全面掌握真实材料的基础上进行，不能空想，更不能无中生有，这样才能使调研报告具备说服力和参考价值。

（二）针对性

调研报告的针对性主要表现在有明确的目标。调查研究都是根据特定的问题背景和研究目的、针对特定的对象和领域而开展的，通过调查、分析规律、总结经验教训，从而提出切实可行的解决方案或是建议对策，形成有深度的调研报告。

（三）典型性

调研报告应注重典型性，通过对特定案例的深入分析，呈现出一系列具有代表性的现象和问题。典型案例的选择不仅能增强报告的可信度，也能为后续的实践和决策提供有力的支持。

（四）系统性

调研报告应具有系统性，报告的结构要规范，逻辑要严谨。通过科学的分析框架，将调研过程、结果及其意义进行系统的呈现，帮助读者理解研究的全部内容。

二、调研报告的写作格式与内容

调研报告的写作格式一般包括标题、正文、落款三个部分。每个部分都承载着特定的信息功能，确保报告的完整性和可读性。

（一）标题

标题应简洁明了，能够准确反映调研的主题和内容，通常包括调研对象和研究目的。

（二）正文

1. 引言

引言部分应对调研进行概述，包括调研主题、研究对象、调研背景、目的和意义，以及文献综述、研究方法等。

2. 过程

过程部分详细阐述调研的过程、数据及分析结果，包括对所调研现象的解读和讨论。

3. 结论

结论部分应总结调研的主要发现，指出存在的问题，并根据调研结果提出切实可

行的建议或对策。

（三）落款

落款一般包括撰写人的姓名、单位及日期等信息，标明报告的作者及相关责任。

调研报告结构与内容的对应关系如表9-4所示。

表9-4 调研报告结构与内容的对应关系

结构	内容
□□□调研报告	标题：单标题，即一个标题，一般采用“名称＋调研报告”的形式。双标题，就是两个标题，即主标题和副标题，其中，主标题采用文章式标题写法，副标题采用公文式标题写法，这种标题可以增加标题的信息含量，增强调研报告的吸引力。例如，《促进文旅融合，推动旅游业高质量发展——××市文化旅游发展现状调研报告》
旅游业是□□□市的支柱产业，为探索□□□市文旅融合的新路径，推动旅游业高质量发展，服务地方经济，□□□学院成立□□□调研社会实践团队，于□□□年□□月□□日—□□月□□日，对□□市文旅企业、景区、相关单位进行调研，现将调研情况报告如下： 一、□□□。 二、□□□。 三、□□□。	正文：正文包括引言、过程、结论等部分。引言部分应对调研进行概述，包括调研主题、研究对象，调研背景、目的和意义，文献综述、研究方法等。过程部分详细阐述调研的过程、数据及分析结果，包括对所调研现象的解读和讨论。结论部分应总结调研的主要发现，指出存在的问题，并根据调研结果提出切实可行的建议或对策
□□□学院(团队) □□□年□□□月□□□日	落款：在正文右下方加上撰写调研报告的单位(团队)名称或个人姓名和成文时间

三、调研报告的写作要求

在撰写调研报告时，必须遵循内容完整、结构清晰、逻辑严密、语言规范等要求，使用规范的学术语言，确保报告的专业性，同时注意格式的统一与整洁。

（一）内容完整

调研报告的内容必须完整，应涵盖研究背景、目的、方法、结果及结论等基本要素。在进行文化和旅游社会实践调研时，报告的背景部分应紧密结合文化和旅游特征，明确指出调研的社会意义与学术价值，同时阐明调研的具体目的，如了解当地文化特色、评估旅游资源的开发和利用状况等。在方法部分，应详细描述所采用的调研方式，包括问卷调查、访谈、实地考察等，以便读者理解调研的科学性与有效性。报告的结果部

分应客观呈现调研发现的数据和案例，最后在结论中提出调研的主要发现与建议。只有确保内容的完整性，报告才具有一定的学术参考价值和实用意义。

（二）结构清晰

结构清晰是提高调研报告可读性的重要因素。调研报告应具备明确的段落分配，整体包含标题、正文、落款三个部分，各部分之间应自然衔接。特别是正文部分，一般包括调研主题、研究对象、调研背景、目的和意义、文献综述、研究方法，以及调研的过程、数据及分析结果，发现的问题和建议等。调研报告整体结构要清晰，能够帮助读者快速把握重点，从而提升报告的影响力。

（三）逻辑严密

逻辑严密是保证调研报告科学性的关键。报告中的论述应遵循严谨的逻辑结构，避免主观臆断和个人偏见。在分析调研结果时，作者应提供充分的依据并进行合理推断，以支持自己的观点或建议。此外，各部分内容之间应形成良好的逻辑关系，确保前后的论述连贯，使整体报告呈现出紧凑一致的思路。只有通过逻辑严密的推理，读者才能够更加信服报告的结论。

（四）语言规范

语言规范是提升调研报告专业度的重要环节。在撰写过程中，应注意使用准确、简练的学术语言，避免使用口语化及模糊不清的表述。尤其在涉及数据和结果时，应秉持严谨的态度，确保所用术语的准确性与一致性。此外，报告应注意语法、标点和格式的规范，力求语言通顺流畅，从而提升整体的学术形象。

躬行蕴道 9-8

调研报告写作注意事项

1.总结经验

调研报告应在总结经验的基础上，提炼出可复制的经验和教训，为今后的调研提供参考。

2.揭示问题

通过调研，能够揭示现实中存在的问题，促使相关方面重视并加以解决。

3.研讨工作

调研报告应为深入的讨论奠定基础，促进相关领域的研究不断发展。

4.服务地方

调研报告不仅仅是学术研究的产物，也应服务于地方经济和社会发展，提出符合地方实际的建议。

四、调研报告范文

××市旅游现状调研报告

当前，旅游业已成为推动××市经济增长的重要引擎。××市作为一个历史悠久、文化底蕴深厚的城市，依托其独特的自然资源和人文景观，旅游业的发展潜力巨大。然而，旅游业在快速发展的同时，也面临着诸多机遇与挑战。为有针对性地提出解决措施和建议，推动××市旅游业高质量发展，××学校××学院成立××社会实践调研团队，于××××年×月至×月，对××市的旅游情况开展调研和分析，现将有关情况报告如下。

一、调研基本情况

（一）调研的主题

深入了解旅游市场发展现状，探索旅游业高质量发展之路。

（二）研究对象

……

（三）研究方法

本次调研采用了定性与定量相结合的方法。通过问卷调查的方式，收集了来自游客、从业人员及当地居民的意见和建议。结合对旅游景点的实地考察与行业专家的访谈，查阅相关文献资料，深入分析了××市的旅游现状及未来发展潜力……

（四）调研内容

……

二、调研结果与分析

（一）调研过程

……

（二）数据采集及分析

……

三、研究结论

（一）××市旅游现状概述

1.旅游资源丰富

××市地理位置优越，拥有丰富的自然景观和人文历史资源，主要旅游景点如××公园、××河景区、××岩景区、××博物馆、××古镇等，同时还保留着多样的民俗文化。这些独特的旅游资源为提升××市的旅游吸引力奠定了基础。

2.旅游市场发展良好

近年来，××市的旅游市场逐步扩大，游客流量稳步上升。根据最近的统计数据，××××年××市接待游客总数达到了××万人次，旅游总收入

达到××亿元。各类旅游活动和节庆活动的举办，也在一定程度上促进了游客的涌入。

(二) ××市旅游业发展的机遇和挑战

1.××市旅游业的发展机遇

一是政策支持，近年来政府采取了一系列措施促进旅游业发展，包括设立××、出台××、加大宣传力度等。

二是新型旅游方式的崛起，使得自助游、短途游、“特种兵”式游等成为新趋势，吸引更多年轻游客。

三是国内国际旅游形势回暖，也为××市带来了更多的外来游客。

……

2.××市旅游业面临的挑战

一是竞争加剧，周边城市的旅游资源逐渐丰富，这使得××市在吸引游客方面面临压力。

二是旅游服务质量良莠不齐，严重影响了游客的体验。

三是环境保护与旅游发展之间的矛盾日益突出。

……

(三) 对当地旅游业高质量发展的建议

为了推动××市旅游业的高质量发展，建议采取以下措施……

××(团队名称)

××××年×月×日

躬行蕴道 9-9

调研报告与调查报告的区别

调研报告与调查报告虽然有相似之处，但在内容和目的上有所不同。调研报告更注重对特定问题的深入研究与分析，而调查报告则更多地侧重数据的收集与展示。调研报告往往需要对数据进行深入的解读，并提出有效的建议，而调查报告则旨在展示具体的调研结果，帮助读者迅速了解某个现象。

拓展资源包 9-1

同促月柿小镇发展，共谱农旅融合新篇——广西恭城瑶族自治县××镇特色小镇建设调研报告

第五节　实践总结

社会实践结束后，一般都会对实践活动开展的全过程进行总结和反思，为以后活动的开展提供参考。社会实践总结有书面总结、会议总结等多种形式。在大学生文化和旅游社会实践中，常常会要求学生以及二级学院进行书面总结，实践总结的写作任

务也就成为社会实践开展过程中的一项重要任务。实践总结不仅是对实践过程和结果进行系统回顾，更是对所学知识和经验进行提炼和升华，使参与者能够在实践总结的写作过程中不断提升自己的观察力、思维能力与写作能力。

一、实践总结的含义与特点

实践总结是指在完成一项社会实践活动后，实践者通过系统整理、分析和反思实践过程与结果，最后形成的书面材料。这种能够帮助实践者从中获得经验与感悟的系统总结，旨在促进参与活动的大学生实现全面发展并提升个人能力。

实践总结一般具有真实性、实用性、概括性、客观性、回顾性等特点。

（一）真实性

实践总结的撰写必须实事求是，有效反映参与实践的实际情况，成绩不夸大、缺点不缩小，更不能弄虚作假，这样才能为后续的改进提供可靠依据。通过真实的记录，大学生能够在实践总结中清晰地呈现自己在实践中所面对的挑战与困难，以及获得的收获与感悟。

（二）实用性

社会实践总结的实用性体现在其能够为未来的实践活动提供指导。在撰写报告的过程中，大学生不仅需要总结过去的经验，还要提出改进建议，为学校、实践地或相关机构在策划未来的文化和旅游实践项目时提供有价值的数据和素材支持。

（三）概括性

概括性是指总结报告应在撰写过程中合理提炼信息，抓住重点，避免冗长而无谓的描述。内容上应做到条理清晰、结构合理，能够有效地总结出本次实践活动中的经验与教训。概括性能提高报告的可读性，也能让读者快速把握核心信息。学会从具体的实践中提炼出普遍性的规律与启示，是大学生在撰写实践总结时应努力追求的目标。

（四）客观性

客观性指的是撰写者在撰写实践总结时应力求中立，避免个人情感、偏见或主观臆断的干扰。实践过程中的各种观感和体验应以客观视角呈现，既包括成功的经历，也需要如实反映不足与失败的教训。客观性有助于读者全面了解实践过程，客观的分析能够引导社会各界认识到潜在问题，以便提出相应的改进措施。

（五）回顾性

回顾性是指实践总结应通过对过去实践的回顾，分析经验与教训，以指导未来的

实践活动。社会实践总结不能只是对社会实践活动的简单复述,还应通过回顾性分析帮助读者理解自己的成长过程。回顾性促进大学生思考、反思自己的行为及其影响,使大学生能够在未来的实践中更具针对性和有效性。通过对参与过程的总结,大学生能够发现自己的优点与不足,从而在今后的活动中有针对性地进行改进。

二、实践总结的写作格式与内容

实践总结通常包含标题、正文、落款三个部分。

(一) 标题

标题应简洁明了,能够概括实践主体、主题及活动内容等,如"××团队'××'主题社会实践总结"。

(二) 正文

1. 开头

开头部分应简要介绍实践活动的背景,包括实践目的、时间、地点和参与人员等。同时,可以简要阐述实践总结的重要性。开头部分应高度凝练且有吸引力。

2. 主体

正文是实践总结的核心内容,这部分内容比较复杂,因此要规划好层级结构。可以将正文分为多个小节,具体包含以下内容。

(1) 实践过程。

详细描述实践活动的开展情况,包括活动的筹备、参与和反馈等。

(2) 问题与挑战。

列举在实践中遇到的困难和挑战,分析原因,并探讨解决方案。

(3) 收获与反思。

总结在整个实践过程中获得的经验教训和个人成长,包括对专业知识的理解、团队合作的感悟等。

3. 结尾

结尾部分应概括实践总结的主要观点,展望未来的实践活动并提出建议,强调实践体验对个人学习和成长的积极影响。这部分内容要与开头相呼应,篇幅不宜过长。

(三) 落款

落款包括撰写者的姓名和日期,通常位于实践总结的最后部分。

实践总结结构与内容的对应关系如表9-5所示。

表9-5 实践总结结构与内容的对应关系

结构	内容
□□□实践队□□□社会实践总结	标题：实践总结的标题比较灵活，常用的形式有“单位(团队)＋内容＋文种”
□□□年□□□月(时间)，由□□□(部门)组织的□□□大学生文化和旅游社会实践团队赴□□□开展了为期□□□天的社会实践活动。此次活动，□□□。 现将参与实践情况总结如下： 一、□□□。 二、□□□。 三、□□□。	正文：多采取分条分项撰写需交代情况，交代开展哪些活动、做了哪些工作、取得了哪些成果，以及存在哪些问题和不足，并提出解决办法。应实事求是，态度端正，注意内容的书写次序
□□□ □□□年□□□月□□□日	落款：在正文右下方加上撰写团队/个人姓名和成文时间

三、实践总结的写作要求

大学生在撰写实践总结过程中，要遵循真实客观、突出重点、详略得当、逻辑清晰等要求，系统性地反映实践活动的过程与效果，从而为今后的工作提供参考。

（一）真实客观

在撰写实践总结时，首先需要强调的是总结的真实和客观。无论是实践内容、过程还是结果，都应基于实践活动事实，而非个人的主观臆断。实践者应如实记录实践活动中的经历与观察，包括存在的不足和收获。真实客观的表达能够增添实践总结的可信度，也能使读者更好地理解所进行的实践活动。同时，实践总结中可以适当融入定量和定性的调查数据，如问卷调查的结果、访谈记录等，这将进一步提高报告的真实性、客观性和学术性。

（二）重点突出

在撰写实践总结时，重点和主旨应明确且突出。实践者在参与社会实践时，通常会经历多种多样的活动和任务。然而，在实践总结中应当避免将所有经历逐一罗列，而是应当从中选取具有代表性和影响力的经历进行深入阐述。如可以围绕某一具体事件或活动展开，深入探讨其对个人发展的影响，以及在团队合作、专业技能提升等方面的促进作用。同时，对重大事件进行反思和总结，能够使实践总结更具深度和广度，也能引起读者的关注与思考。重点突出，能够使实践总结的整体结构清晰明了，便于读者把握核心内容。

（三）详略得当

在实践总结的撰写过程中，详略得当是提升报告质量的重要方面。对于重要的环

节、富有启发性的经历，需详细描绘，提供必要的背景信息和情境描述，可以帮助读者理解其重要性。而次要或重复的信息则应简明扼要，不宜赘述。过于冗长的细节表达会影响实践总结的可读性，因此，撰写者要把握好信息的主次关系、重要程度。如在描述一项重要的活动内容时，可以增加参与者的感受、活动的成果以及对当地文化和旅游的影响等方面的详细叙述，而一些普通的常规活动则可以简略带过。

（四）逻辑清晰

实践总结的撰写必须逻辑清晰。文章的各部分应当条理分明、环环相扣，前后联系紧密。一个清晰的逻辑框架不仅有助于读者理解，还是展示个人思维能力的重要途径。在实践总结中，撰写者可以通过设定清晰的段落主题，合理安排内容的先后顺序，如时间顺序、因果关系等，以增强文章的逻辑性。如可以从实践目的引入，接着讲述实践活动的实施，再分析实践效果，最后总结反思。这样的结构能使实践总结条理分明，让读者在阅读时感受到逻辑的连贯性。

躬行蕴道 9-10

实践总结写作注意事项

第一，内容要实事求是，忌空话、套话。

第二，避免抄袭，确保总结内容原创。

第三，建议叙述时使用第一人称，如“我”“我们”或“本团队”“本团队成员”等。

第四，在反思中应有建设性意见，避免仅提出问题而无解决方案。

第五，要详略得当。材料有本质的，有现象的；有重要的，有次要的。该详细的详细，该省略的省略。

四、实践总结范文

××实践团××年“非遗文化保护与传承”社会实践总结

为更好地保护和传承非遗文化，推动大学生深入了解非遗文化的内涵，感受非遗文化的魅力，提升大学生的实践能力和社会责任感，××学院组织成立××实践团，于××年××月赴××开展以“非遗文化保护与传承”为主题的大学生暑期“三下乡”文化和旅游社会实践活动。在这次活动中，实践团队全体成员……（做法），对非遗文化保护和传承的重要性有了更深刻的理解。现将本次实践情况总结如下。

一、活动背景

……

二、活动内容

(一)走访调研

……

(二)志愿服务

……

(三)实地参观考察

……

(四)举办公益宣讲活动

……

三、活动成果

通过为期两周的社会实践活动,实践团队取得了显著的成果,具体如下。

(一)提升了对非遗文化的认识

……

(二)激发大学生和乡村居民非遗传承的兴趣

……

(三)建立非遗保护校地联系机制

……

(四)积累宝贵的调研数据

……

四、存在的问题与不足

尽管本次社会实践活动取得了一定的成果,但在实施过程中也存在一些问题与不足,具体如下。

(一)调研深度不足

……

(二)活动组织不够完善

……

(三)时间安排不够合理

……

(四)缺乏后续跟进

……

五、改进意见及建议

针对以上问题与不足,提出以下改进建议。

(一)加强调研培训

……

(二)完善活动组织

……

（三）合理安排时间

……

（四）建立跟踪反馈机制

……

六、总结与展望

以“非遗文化保护与传承”为主题的社会实践是一项系统工程，其核心在于增强大学生和居民对传统文化的认同与传承能力……

××（团队名称）

××年××月××日

躬行蕴道 9-11

拓展资源包 9-2

××学院“传承百年党史，追寻红色记忆”实践团实践总结

实践总结与工作总结的区别

实践总结与工作总结是两种重要的总结形式，它们在内容、目的和应用上存在显著区别。实践总结主要侧重对实际操作中所获得经验的回顾与反思，它不仅包括对具体实践过程的详细描述，还强调从中提炼出的教训和成功经验，以便为今后的类似实践提供指导。因此，实践总结的重点在于探索与分析实际操作中的问题、挑战及其解决方案，旨在促进个人或团队在未来工作中的成长。而工作总结则更广泛地涵盖了对在一定时间内所完成工作的综合评估，它通常包括工作目标的达成情况、工作绩效的衡量、工作中的创新措施及其效果等方面。工作总结的目的是审视整体工作过程，为后续工作规划提供参考依据，同时也为团队成员提供反馈和激励。综上所述，虽然两者都旨在促进学习与改善，但实践总结更注重具体经验的提炼，而工作总结则侧重对工作整体效果的评估与反思。

第六节　新闻稿件

案例阅读 9-3

“探寻南北旅游差异，促进南北文化交流”
——××学院“两江四湖冰雪游实践队”成功开展寒假社会实践活动

南北文化的差异反映着中国文化的多样性和丰富性。为探索不同地域之间的文化差异，推动中国文化的传承和发展，××学院“两江四湖冰雪游”寒假社会实践团队于××年1月18日至2月20日，采取线上线下相结合的方

式，开展了以“探寻南北旅游差异，促进南北文化交流”为主题的寒假大学生文化和旅游社会实践活动。

本次团队成员主要前往黑龙江A市和广西B市两地进行实地调研，体验“冰”与“火”的不同（图9-3）。黑龙江以独特的冰雕、洗浴文化、历史遗迹、美食文化等深受南方游客喜爱，而广西则以得天独厚的自然景观和人文资源，如漓江风光、桂林山水、象鼻山，以及壮族、瑶族等少数民族的独特文化等吸引着大量北方游客前来观光和体验。“两江四湖冰雪游”团队通过实地考察、游客访谈、查阅资料等方式，深入了解A市与B市的旅游业发展的重点和特色，也了解南北方旅游的文化差异，探索如何更好地促进南北方文化的交流与融合。

图9-3 实践队在广西B市某村镇观看当地少数民族油茶制作过程

通过此次大学生文化和旅游社会实践活动，团队成员能够深入感受南北方不同的文化底蕴和历史的厚重感，深度挖掘文化与历史背后的作用与意义，从当代大学生的视角，推动南北文化发展。

新闻稿件作为一种重要的信息传播载体，在大学生文化和旅游社会实践宣传工作中扮演着重要角色。新闻稿件的撰写有助于大学生记录和反映实践过程中的多样性和丰富性，有助于培养大学生的观察能力、写作能力和社会责任感，更有助于对外宣传和报道实践活动，让更多人了解实践情况，扩大实践活动的影响力。此外，借助新闻宣传，可以对学校、学院和实践地等进行深入报道，这不仅能够有效传播和推广实践组织方和实践地的特色亮点，还能为学校的发展，以及地方经济和文化的繁荣提供积极助力。

一、新闻稿件的含义和特点

新闻稿件是指对事实进行及时、客观、真实的报道所使用的文体形式。大学生文化和旅游社会实践新闻稿件是对大学生参与社会实践活动的过程、经历和成果的全面反映和宣传。新闻稿件不仅具备特定的内涵，更蕴含了一系列鲜明的特点。

（一）真实性

真实性是新闻稿件的核心要求。报道必须基于真实的经历和数据，以确保所传播信息的可靠性。这种真实不仅涉及事件本身，还包括参与者的实际感受和反思，能够为读者提供真实的新闻视角。

（二）时效性

大学生文化和旅游社会实践的新闻稿件具有时效性，涉及新鲜的体验和资讯。报道应当快速生成，与实践活动紧密相连，以便及时传递信息给读者。

（三）可读性

在大学生文化和旅游社会实践新闻稿件中，生动的描绘和真实的细节能够让读者感受到参与者的激情、体验和收获。通过通俗的语言和形象的表达，让更多的人关注到社会实践活动中所蕴含的教育意义和社会价值。

（四）针对性

针对性是大学生社会实践报道的另一重要特点。这类报道不仅是信息的传递，更应包含丰富的知识和思想，确保内容与目标受众密切相关，针对性强。它应当能够满足特定人群的需求，传递有价值的信息和见解。

（五）客观性

客观性同样不可忽视。尽管报道可能涉及个人的观点和体验，但仍需保持客观的立场，避免主观偏见。通过多角度的呈现，更全面地反映实践的真实情况。

（六）简洁性

简洁性是提高新闻稿件有效性的重要方面。简洁明了的表达能够帮助读者迅速抓住核心内容，避免冗长的叙述使信息失去重点。

二、新闻稿件的写作格式与内容

新闻稿件的写作格式通常包含标题、导语和正文三个部分。

（一）标题

在新闻稿件中，标题是吸引读者注意的第一要素，往往决定了文章的阅读量。标

题应当简洁明了,概括文章的核心内容,同时也能引发读者的好奇心。如一篇关于某高校大学生实践团在某文化遗址开展实践活动的新闻稿件,可以使用“传承与创新——某高校学生走进文化遗址,探寻历史背后的故事”这一标题。这样的标题让人一目了然,能够激发人们对文化遗产及其保护工作的关注。

(二)导语

导语是新闻稿件的开端,是对标题的进一步解释和深入展现。其主要功能是以简短的语言概括新闻稿件的主题、时间、地点和参与者等关键信息。导语应该具体而富有吸引力,以确保读者能够快速抓住文章的精髓。如“××年×月×日,西安某大学的10名大学生在××文化遗址开展了为期一周的社会实践活动。他们通过参与文物保护、实地考察和专题讨论,深入感受古文化的魅力,并了解其在当代社会中的重要性”。这一导语明确了活动的时间、地点和参与者,为接下来的正文打下了基础。

(三)正文

正文是新闻稿件的核心部分,分为躯干、背景和结尾三个主要构成要素。

1. 躯干

躯干部分应详细描述所开展的文化和旅游社会实践的实际情况,包括活动内容、过程及参与者的感受与收获。如“在为期一周的实践中,同学们首先通过讲解员的详细讲解,了解了文化遗址的历史背景及其价值。随后,他们参与了遗址的清理和维护工作,在实践中体会到文物保护的重要性。在结束后的座谈会上,同学们纷纷分享自己的心路历程,许多同学表示,这次实践让他们对历史有了更深刻的认知,也增强了他们对文化遗产保护的责任感”。

2. 背景

背景部分是为具体活动提供更丰富的上下文信息,可以包括当前涉及文化和旅游方面的相关发展背景、大学生社会实践的意义,以及相关政策的支持等内容。如“近年来,国家对文化遗产的保护日益重视,特别是在鼓励年轻一代参与文化传承的背景下,大学生的社会实践活动逐渐成为促进文化保护与传承的重要力量。各高校纷纷设立相关课程和活动,以期通过实践让同学们了解传统文化的重要性,激励他们为保护这些文化财富贡献自己的力量”。

3. 结尾

结尾部分是对活动进行总结,同时给出更广泛的思考。可以是对大学生未来发展的展望,或者是对文化和旅游行业未来发展的启示。如“通过此次社会实践,同学们不仅提升了自己的实践能力,更重要的是,他们在与历史亲密接触中,明白了自己的角色与责任”。

新闻稿件结构与内容的对应关系如表9-6所示。

表 9-6　新闻稿件结构与内容的对应关系

结构	内容
□□□开启一场别开生面的文化保护之旅/开启文化交流新篇章——□□□与□□□联合开展大学生文化和旅游社会实践活动	一般采用单行式新闻标题或多行式新闻标题。单行式新闻标题一般由一个单句构成，它的特点是一目了然。 多行式新闻标题一般由主标题和副标题组成，主标题用来点明新闻消息中最主要的事实或观点。副标题是对主标题的补充说明
为促进人们对中国传统文化的认知与尊重，□□□年□□□月在□□□（地点），□□□与□□□联合组成大学生文化和旅游社会实践团，开展了为期两周的以传统文化保护为主要内容的社会实践活动。此次活动，□□□（经过），□□□（结果）。	导语：一般用高度概括的语言交代清楚新闻消息的“六要素”，即时间、地点、事情、原因、经过、结果
启动仪式上，□□□。 活动中，□□□。 此次活动的开展，□□□。	正文：进一步阐述事实，使读者能够更详细地了解事情的真相，使新闻内容更丰富。正文的书写可以采用时间顺序法，也可以采用内容顺序法等

三、新闻稿件的写作要求

大学生文化和旅游社会实践的新闻稿件写作需要遵循主题鲜明、内容真实和语言简洁等原则，向社会传递大学生在文化和旅游实践中的积极作用与贡献，为更广泛的社会交流与理解奠定坚实的基础。

（一）主题鲜明

在撰写有关大学生文化和旅游社会实践的新闻稿件时，要确保主题鲜明。新闻稿件应聚焦于特定的实践活动或事件，清晰地传达其核心信息。明确的主题有助于读者理解新闻稿件的核心思想，也能够引导撰写者在写作过程中保持逻辑的一致性与连贯性。如以“乡村文化振兴”为主题的实践活动，其新闻稿件的内容应紧密围绕这一主题展开，涉及的内容包括：开展“乡村文化振兴”实践的背景、目的；是如何开展“乡村文化振兴”实践的；参与者的感受、取得的成效等。

（二）内容真实

真实性是新闻稿件的生命线。在大学生文化和旅游社会实践新闻稿件中，内容的真实性尤为重要。实践活动本身是建立在现实基础之上的，新闻稿件中的每一条信息都应经过仔细核实，确保无误。这不仅包括数据、活动结果的准确性，还涉及参与者的发言、感受等主观体验的真实反映。真实的信息能够增强报道的可信度，为读者提供更为全面的视角。

（三）语言简洁

语言简洁是大学生文化和旅游社会实践新闻稿件的重要要求。在撰写过程中，应尽量避免使用冗长的句子和复杂的措辞。简明扼要的语言，可以增强报道的可读性，让读者快速抓住重点。同时，新闻稿件应保持客观性与中立性，避免使用主观判断或感情色彩过于强烈的词语。此外，还需确保语法与标点的准确使用，适当进行文字润色，提高语言表达质量。

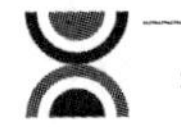

躬行蕴道 9-12

新闻稿件写作注意事项

在撰写新闻稿件时，需要注意以下事项。

1.核实信息

确保每一条信息都经过核实，以防传播不实或虚假信息。

2.避免情感渲染

客观叙述事件，不应夹杂个人情感或评论。

3.注意隐私

在报道过程中，应尊重个人隐私，避免不必要的信息泄露。

4.遵守法律法规

发布新闻稿件，特别是在互联网上发布新闻稿件，要严格遵守包括《中华人民共和国网络安全法》《中华人民共和国个人信息保护法》《网络信息内容生态治理规定》《互联网新闻信息服务管理规定》等相关法律法规。

四、新闻稿件范文

××学院举办“保护传统，传承文化”社会实践启动仪式

为深入发掘和保护××地区丰富的传统文化遗产，推动社会实践活动顺利开展，××年××月××日，××学院在××（地点）举办“保护传统，传承文化”社会实践活动启动仪式。

在仪式上，院领导发表讲话……

活动期间，学院邀请××非遗传承人进行现场讲解和互动，帮助学生深入了解……

现场还设置了授旗环节和专题展览环节……

此次活动的举办，标志着本次实践活动正式拉开帷幕……

××学院茶韵知行实践团在柳州三江侗族自治县开展调研实践活动

为贯彻落实××精神，推动××发展，××学院茶韵知行社会实践团

于××月××日至××日深入广西壮族自治区柳州市三江侗族自治县，开展以“布央茶韵漫山香，农旅情深诗意长”为主题的调研实践活动。

在实践地，实践团队成员走访当地居民，了解茶产业发展的现状和对当地经济发展的促进作用，并通过发放调查问卷的形式了解外来游客对当地茶产品的评价，为农旅、文旅融合下的当地茶产品的生产、销售等改进提出意见和建议。此外，实践团队成员通过对当地管理部门的访谈，更深入地了解到当地茶产业的发展情况和今后的发展规划。同时，在当地茶农的指导下，实践团队成员亲身体验了采茶、制茶、品茶等环节，深刻感受了当地侗族茶文化的独特魅力。

下一步，茶韵知行社会实践团将持续探索茶文化与旅游产业的融合之道，力求在农旅融合、文旅融合的大背景下探索新模式、新路径，为推动少数民族地区茶产业的发展贡献积极力量。此次调研实践活动的开展，不仅锻炼了同学们的沟通与社交能力，还提高了他们的专业素养，增强了他们的社会责任感，也为他们进一步明确学习目标、做好职业生涯规划发挥了积极作用。

躬行蕴道 9-13

新闻稿件与公文的区别

新闻稿件注重信息的传播和公众的知晓，而公文则偏重正式的行政事务性记录，通常具有更高的规范性和正式性。公文的语气和用词往往更加严谨，而新闻稿件则强调生动性和趣味性。

践履试金

第九章课后习题

简答题答案

简答题

1. 请简述撰写实践方案时应注意的基本原则和要求。
2. 大学生文化和旅游实践总结的定义是什么？有什么特点？
3. 感谢信的基本结构(格式)有哪些？

第十章
大学生文化和旅游社会实践考核评价

学习目标

1. 掌握社会实践考核的目的和意义，理解其在高校实践育人中的重要作用。
2. 熟悉社会实践考核评价的基本原则、方式、内容和流程。

能力目标

1. 具备过程化、规范化的工作思路。
2. 能够借助考核评价来指导自身社会实践的开展，提升实践成效。

素养目标

1. 树立严谨、务实和专注的实践态度。
2. 养成科学化、标准化的工作作风。

案例阅读10-1

暑假期间，某高校组织了一支由历史、旅游、文化传播等相关专业的大学生文化和旅游社会实践团队，赴平陆运河沿线乡村和社区，开展主题为“平陆运河文化带保护与开发”的社会实践活动。本次实践旨在增强大学生对运河沿线文化遗产的保护意识和文化挖掘与开发的实际操作能力。活动内容以实地调研和社区互动为主。工作目标是在评估平陆运河文化带当前现状的基础上，为运河沿线地方文化保护和开发提出可行性的意见和建议，以此推动地方文化和旅游事业的发展。

在实践过程中，同学们分成若干小组，围绕实践主题和调研内容分别在相应区域内开展活动。每个小组深入运河沿线的乡村和社区，广泛访谈当地居民、非物质文化遗产传承人及地方管理部门负责人，旨在获取更多信息。此外，同学们还现场观摩了传统技艺的展示过程，获得了更为直观的文化体验。

同学们用心撰写的调研报告详细记录了他们的调查发现和反思。报告不仅包括丰富的文字材料,还有实地采集的照片、人物访谈录像及数据统计图表等。此外,针对运河文化带的保护和开发工作,同学们提出了切实可行的对策建议,如加大文化遗产保护投入力度,提升公众文化遗产保护意识,发挥政府、社会、高校等多方力量,制定文化和旅游相结合的发展规划等。

通过此次社会实践,同学们不仅提高了对运河文化遗产的认知,还在实际调研和团队合作中锻炼了学术研究和实践操作能力,达到了开展社会实践的预期目的。同时,他们也从大学生的角度,为服务地方经济社会的发展贡献了积极力量。根据实践过程中的表现及取得的实践成果,该实践团队的全体成员最终在学校组织的社会实践考核评价中获得了优秀等次。

大学生社会实践是高校培养大学生实践能力、强化大学生参与意识的重要途径。让大学生在社会实践中形成道德认知、强化道德情感、养成道德行为,为我国高等教育实现立德树人目标提供了有力支撑。社会实践作为高等教育的重要教学环节和一门必修课程,其考核评价具有帮助大学生指明努力方向、引导大学生发展轨迹、确保社会实践达到预期目标的作用。在此背景下,考核评价作为衡量和提升实践活动质量的关键环节,其作用和重要性日益显著。

考核评价不仅是一种检验大学生社会实践活动成效的过程,更是不断优化教学方法和实践策略、推动学生全面发展、保障教育质量的重要手段。通过对社会实践开展考核评价,可以确保大学生开展社会实践遵循既定的教育目标和质量标准,及时发现并纠正实践过程中的不足,从而保障教育质量、提升实践成效并最终实现育人目标。

第一节　考核评价的原则和方式

一、考核评价的原则

中共中央、国务院在《关于进一步加强和改进大学生思想政治教育的意见》(中发〔2004〕16号)中明确指出:社会实践是大学生思想政治教育的重要环节,对于促进大学生了解社会、了解国情,增长才干、奉献社会,锻炼毅力、培养品格,增强社会责任感具有不可替代的作用。在实施大学生社会实践,特别是大学生文化和旅游社会实践的考核评价时,必须依据这一核心定位,遵循考核评价过程公开性、主体多元性、内容全面性、方式多样性、时间连续性等原则,以确保考核评价的公正、有效和科学,达到实施考核评价的初衷和目的。

(一)考核评价过程公开性原则

考核评价过程公开性原则是大学生文化和旅游社会实践考核评价体系的主要准

则之一,它强调评价过程的透明度和明晰度。这一原则要求评价标准、程序和结果必须对所有参与者公开,确保每位大学生都能在了解评价依据和目的的基础上,公平地接受考核评价。通过公开考核评价细则,包括考核评价主体、指标体系、计分方法、成绩组成、实施程序和反馈机制等,大学生可以清晰地知晓自己如何参加考核评价、如何被考核评价。同时,公开性原则能促使相关方面自觉接受他人监督,这些举措都能增加考核评价结果的信任度和接受度。此外,公开性原则还意味着评价过程应尽量避免任何形式的主观偏见和个人情感影响,确保评价结果能真实、客观地反映大学生在社会实践中的表现和成效,从而提升大学生参与社会实践的积极性,帮助大学生进一步明确自己的成长目标。

(二)考核评价主体多元性原则

考核评价主体多元性原则是确保大学生文化和旅游社会实践活动评价全面和客观的重要原则。实践育人是一个涉及多方面、多部门、多单位的系统工程,它不仅有教育部门的主导,还有社会各界的广泛参与和支持。因此,在大学生文化和旅游社会实践的考核评价中,应积极引入多元化的考核评价主体。考核评价主体不仅应包括校内的社会实践指导教师、社会实践工作负责教师等,还应涵盖社会实践过程中的相关人员,特别是校外人员,如实践基地管理人员、校外实践导师、实践对象等。不同考核评价主体能够从各自角度出发,不仅能为参加社会实践的大学生提供更全面、更客观的评价,还能确保评价结果更加公正、合理,更好地服务于实践教育的目标。

此外,大学生本人也应成为考核评价过程的一部分。通过引导大学生参与考核评价,可以让他们从被动接受评价转变为主动参与评价,从而实现考核评价主客体的有机统一。这种参与不仅有助于大学生识别并改进自身存在的不足,还能让大学生学习他人的优秀做法,在激发自身学习主动性和实践积极性的同时,也进一步提升了大学生作为学习主体的自我反思能力,还能增强大学生对评价过程的认同感和参与度。

(三)考核评价内容全面性原则

社会实践是一项既重视过程也重视成果的教育活动。大学生文化和旅游社会实践的考核评价既是一个成果展示的平台,也是一个体验和学习的过程。大学生的实践成果不仅体现在最终的实践总结或调研报告中,还应体现在整个实施阶段形成的过程性成果中。因此,考核评价内容必须体现全面性原则,全面覆盖社会实践的各个层面和全过程,包括但不限于大学生的知识掌握、技能应用、态度表现、创新能力、实践成果、社会效益等。这一原则强调,考核评价不仅要关注最终的结果,还要关注大学生在整个社会实践过程中的参与和表现。

全面性的考核评价有助于激发和维持大学生在社会实践活动中的持续热情和参与度,鼓励大学生在每个阶段都全力以赴,发挥自己的优势,同时识别并弥补自身不足。如果评价仅仅基于最终的实践总结,就可能导致部分大学生过分关注总结的表面形式,而忽视了实践过程中的深度参与和真实表现,进而影响社会实践的实际效果和

教育价值。因此，在进行考核评价时，应该重视考核评价内容全面性原则，这样不仅能够更准确地评估大学生在社会实践中的表现和发展，还能够促进大学生在实践中的自我反思和持续成长，确保社会实践能够达到其教育和培养目标。

（四）考核评价方式多样性原则

考核评价方式多样性原则是大学生社会实践考核评价中的重要原则之一。大学生的社会实践形式多种多样，如社会调查、生产劳动、志愿服务、创新创业等。这些多样化的形式使得单一的考核评价方式难以全面、客观地反映学生的实践成果。因此，考核评价应采用多样化和灵活的方式，综合运用各种评价方法以实现全面的考核评价。具体而言，这包括大学生的自我评价，使大学生能够反思和认识自己的实践经历；教师及其他利益相关者的评价，提供外部视角和专业意见；整体性评价，把握大学生在社会实践中的总体表现；针对大学生特色和创新能力的评价，鼓励个性化发展和创造性思维等。

此外，评价方式还应结合定量和定性两种方法。定量评价可以通过具体的数据和指标来衡量大学生的社会实践效果，而定性评价则可以深入探讨大学生在社会实践过程中的体验、感悟和成长。应根据社会实践内容选择合适的考核评价方式，注重评价的灵活性和多样性，旨在全面、客观、准确地评价大学生的学习成果，并充分发挥评价的激励、指导和反馈功能，促进大学生能力的全面提升。

（五）考核评价时间连续性原则

考核评价时间连续性原则是确保大学生社会实践效果和质量的关键原则之一。社会实践不仅仅是任务的完成，还是深度学习和实现个人价值的宝贵机会和过程。考核评价应当贯穿于社会实践的全过程，包括前期准备、中期实施、后期总结等阶段，形成一个连续的评价时间线。同时，社会实践课程可能会被划分成多个阶段，分布在不同的学期完成。这样的实践安排也凸显了在考核评价时强调时间连续性原则的重要性，要把这些阶段统一起来，既要关注时间的先后性，也要关注时间的连续性。只有这样，才能对大学生的整个社会实践予以科学、合理、公正的评价，同时鼓励大学生在整个社会实践过程中保持积极的、长久的、稳定的学习态度，从而实现学业的持续进步与增值。

二、考核评价方式的选择

考核评价的方式是衡量大学生社会实践成效的关键工具。在制定了科学合理且全面的考核评价标准之后，选择合适的评价方式对于确保评价结果的准确性和有效性至关重要。在大学生文化和旅游社会实践活动中，评价方式应多样化，以全面、客观地捕捉大学生的实践表现和真实成果。

（一）定性评价与定量评价相结合的方式

定性评价与定量评价相结合的评价方式，可以反映大学生的社会实践表现和成果。例如，考核评价主体根据考核评价标准，主要以大学生提交的社会实践总结和实践成果统计表等进行评判，依此确定大学生社会实践的考核评价成绩，这就是定性评价与定量评价相结合的一种方式。大学生的书面社会实践总结是定性评价的重要组成部分。通过深入分析总结的内容，评估大学生对实践主题的理解和实践程度，以及大学生的批判性思维和分析能力。实践成果统计表中所展现出来的内容是社会实践中可以量化的成果，如新闻媒体报道的次数、受益群体人数、实践成果获奖等级、经济效益等，都可以采用定量评价方法来进行衡量。通过这些具体且真实的数据，比较和衡量大学生实践成果的影响力和认可度。因此，定性评价的深入分析和定量评价的客观数据相结合的考核评价方式，能够更全面地对大学生在文化和旅游社会实践中的表现进行考核评价。

（二）整体评价与特色创新评价相结合的方式

在大学生文化和旅游社会实践活动中，整体评价与特色创新评价相结合是衡量大学生社会实践成效的重要手段之一。整体评价关注大学生参与社会实践的整体表现，而特色创新评价则特别关注学生在社会实践中展现的特色和创新点。这种双重关注有助于培养和鼓励大学生的创新精神，同时确保评价结果能够全面反映学生的实践和创新能力。例如，通过举办社会实践展评会，大学生进行陈述答辩和成果展示，依此确定大学生社会实践的考核评价成绩，这就是一种整体评价与特色创新评价相结合的方式。在陈述答辩环节，考核评价主体通过大学生的整体陈述对其参加实践的情况进行综合评价；在成果展示环节，考核评价主体更加关注大学生在实践中展现出的创新思维和特色亮点，如独特的解决方案、新颖的实施策略或创造性的知识应用方式等，给出特色创新评价。最后将综合评价与特色创新评价结合起来，成为大学生社会实践的最终考核评价成绩。使用整体评价与特色创新评价相结合的方式，既能够从宏观角度审视学生的实践成果，又能够挖掘和认可大学生在特定领域或项目中的创新实践和个性化贡献，从而达到组织开展考核评价的目的。

（三）过程性评价与结果性评价相结合的方式

在大学生文化和旅游社会实践活动中，评价不仅要关注最终成果，更要重视学生在实践过程中的体验、学习和成长。过程性评价与结果性评价相结合的方式，也是运用较为广泛的一种社会实践考核评价方式。过程性评价关注大学生在社会实践中的参与度、团队合作、问题解决能力及适应变化的能力。结果性评价则更关注大学生社会实践最终的成果形式和具体成效。例如，考核评价主体亲临实践现场，直接参与或者观察大学生的实际工作情况，并给出过程性评价意见，再通过实践单位出具的正式社会实践鉴定表来衡量大学生社会实践成果的质量和实际效益，给出结果性评价意

见。最终将过程性评价与结果性评价相结合,成为大学生社会实践的最终考核评价成绩。过程性评价是结果性评价的前提和保障,结果性评价是过程性评价的重要补充。将过程性评价和结果性评价相结合,有利于全面捕捉学生在文化和旅游社会实践中的学习路径和成长轨迹,同时确保社会实践的教育目标的实现。

(四)主观评价与客观评价相结合的方式

在大学生文化和旅游社会实践活动中,主观评价与客观评价相结合的方式能够为考核评价工作提供一个全面的评估视角。如在考核评价中,一方面实践团队成员内部互评(也包括自评),另一方面由社会实践指导教师、企业导师、专业人士等给出评价,将二者结合起来成为大学生社会实践的最终考核评价成绩,这就是主观评价与客观评价相结合的一种方式。实践团队成员内部互评,属于主观评价。通过这种方式,大学生能够从同伴那里获得直接的反馈,了解个人在团队中的表现和贡献,以及如何更好地与他人相处和合作。社会实践指导教师、企业导师、专业人士等,根据大学生在实践过程中的具体表现和最终成果,给出基于专业知识和经验的评价和建议,这属于客观评价。这种评价侧重大学生的个人专业成长,包括技能掌握、知识应用和创新能力等方面,是一种更为客观和专业的评价。将主观评价和客观评价结合起来,能够获得关于大学生在社会实践活动中表现的全面视角。主观评价帮助大学生从同伴那里获得宝贵的反馈,而客观评价则确保评价的专业性和公正性。

大学生文化和旅游社会实践的考核评价,并非单纯地采用某一种或两种方式,而是在实际操作中,根据不同的实践内容和实践特点进行组合,在不同的时期或者阶段进行相应的调整。同时,随着科学技术的不断发展和进步,很多高校也将新技术、新产品、新平台引入大学生文化和旅游社会实践的考核评价之中,丰富考核评价方式,提升考核评价的专业性、科学性和公正性。如利用大数据技术收集和分析大学生在社会实践中的各种数据信息,使用人工智能技术来优化调整考核评价指标,使用"云调研""云课堂""云展厅"等虚拟平台来组织实施考核评价等。这些现代技术的运用,为考核评价工作注入新的活力,引领了新的发展趋势。

案例阅读10-2

暑假期间,某高校组织了一支大学生暑期社会实践团队,深入多个旅游资源丰富但发展相对滞后的乡村,围绕"乡村文化旅游发展策略"这一主题,展开了为期两周的社会调查实践活动。本次社会实践,旨在探讨乡村文化旅游发展的潜力与挑战,实践团队由管理学、经济学和社会学等相关专业的大学生组成。

实践伊始,大学生与当地管理部门负责人进行了深度交流,掌握了调研背景,明确了调研方向。实践团队采用问卷调查、深度访谈和小组讨论等方式,搜集了大量的第一手数据资料。大学生不仅调查了当地居民对乡村旅游的态度和期望,还评估了旅游设施和文化资源的现状。

通过调研,实践团队发现许多乡村都拥有丰富的自然景观和独特的民俗文化,但因缺乏基础设施建设和有效的推广,一直未能形成规模化的旅游产业。许多居民对外来游客持欢迎态度,但也担忧可能带来的负面环境影响。这一矛盾需要在后续的开发中谨慎对待。

基于调研结果,实践团队提出了一系列促进乡村文化旅游发展的建议,如制定科学的乡村旅游规划、加强基础设施建设、挖掘和推广特色乡村文化活动、将乡村游与生态游融合发展、建立可持续的旅游开发和管理体制等。这些建议得到了当地管理部门和居民们的高度认可,并表示会在接下来的乡村建设和发展过程中予以重点考虑。当地媒体还跟踪报道了实践团队的实践活动。

这次社会实践不仅增强了大学生的实地调研能力和跨学科合作意识,实现了个人学术能力和社会责任感的双重提升,也推动了乡村地区对于文化和旅游资源的可持续利用。实践团队撰写的调研报告,因主题鲜明、内容翔实、分析全面、对策合理,在学校当年举办的大学生社会实践报告评选中荣获一等奖。最终,该实践团队全体成员在社会实践考核评价中获得了优秀等次。

第二节 考核评价的内容和过程

一、考核评价的内容

考核评价内容,是衡量大学生在文化和旅游社会实践是否达到预期成果的关键内容。为全面评估大学生的社会实践学习效果,考核评价内容应具备科学、合理和较强操作性等特点。为达到这一标准,考核内容应分阶段分项目进行。具体来说可分三个阶段:一是前期准备阶段,主要考核方案设计、工作准备、团队组建等内容;二是实践过程阶段,主要考核项目执行、团队合作、实践过程性材料等内容;三是实践总结阶段,主要考核实践总结、成果体现、评价反馈等内容。

(一)前期准备阶段

1. 方案设计

主要内容包括:实践方案是否具有可行性,是否完整;实践主题是否鲜明且符合学校要求;实践目标、目的是否清晰、合理,是否可实现、可衡量;实践项目是否紧扣主题设计;实践内容是否有助于自己专业或综合素质的提升,是否与文化和旅游相关;实践预算是否合理;实践方案是否体现出大学生的创新性、实践性和专业性等。

2. 工作准备

主要内容包括：实践物资、器材、宣传物料等是否准备齐全；实践预算经费是否到位；是否制定安全预案；团队或个人是否参加社会实践安全教育培训或开展学习，是否签署社会实践安全承诺书，是否参加与社会实践相关的法律教育或开展学习，是否提前熟悉实践地基本情况、实践对象基本情况，是否提前与实践地、实践对象沟通联系；实践过程中的吃、住、行等后勤保障是否安排妥当等。

3. 团队组建

主要内容包括：团队人员是否齐备，分工是否明确且职责清晰；团队成员的专业背景、特长等是否与实践内容相匹配；团队内部沟通协调机制、管理制度、方案等是否健全；团队是否一起参与社会实践方案的制定，是否明确实践任务和具体要求等。

（二）实践过程阶段

1. 项目执行

主要内容包括：社会实践是否按照方案组织实施；实践方案是否需要调整；整体进度是否符合预期；实践过程中团队或个人是否运用专业知识解决实际问题；物资、预算、资源分配等是否使用合理；已执行完成的项目或工作是否达到预期等。

2. 团队合作

主要内容包括：团队之间交流沟通是否畅通，是否能够有效协调和解决在实践中出现的分歧或冲突；团队是否团结，是否具备合作精神和合作意识；团队精神面貌是否积极向上；团队运转是否高效等。

3. 实践过程性材料

主要内容包括：团队或个人是否按时记录实践情况；实践记录是否客观、真实；实践过程中涉及的图片、照片、文档、数据等是否做到及时整理、分类和保存等。

（三）实践总结阶段

1. 实践总结

主要内容包括：实践总结是否完整、真实、全面，提交是否及时，撰写是否认真、细致；实践总结的内容是否具体反映出实践过程、实践成果和实践收获，是否体现出参与大学生对本次实践的深刻思考；实践总结是否到位、反思是否深刻，意见建议是否合理；实践总结对于今后的社会实践或他人的工作是否有值得学习和借鉴的地方等。

2. 成果体现

主要内容包括：成果是否符合社会实践方案中制定的目标，是否真实，是否与专业相关，是否对社会或个人有实际价值；宣传报道是否到位；成果是否进行展示；成果是否获奖等。

3. 评价反馈

主要内容包括:实践地、实践对象、实践指导教师、企业导师、行业专家等对社会实践情况的评价反馈;实践团队成员内部评价反馈;个人自我评价等。

二、考核评价的过程

大学生文化和旅游社会实践的考核评价,应当贯彻全程化的理念,将考核评价融入社会实践的全过程之中,确保考核评价覆盖实践的各个阶段,以保障考核评价的完整性、权威性、科学性。具体来说,根据社会实践的实施过程,考核评价阶段可以划分为前期准备阶段、中期实施阶段、后期总结阶段、结果反馈和应用阶段(图 10-1),每个阶段,均有具体的工作任务。

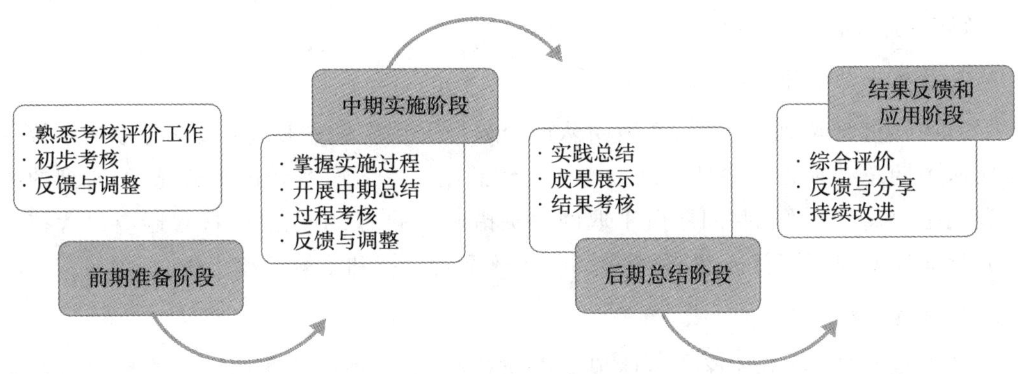

图 10-1 大学生文化和旅游社会实践的考核评价过程

(一)前期准备阶段

此阶段工作一般在社会实践正式开始前一个月内完成。

1. 熟悉考核评价工作

在前期准备阶段,考核评价主体要让参加社会实践的大学生提前熟悉考核评价工作,包括考核评价的方式、内容、标准、流程等。大学生要根据考核评价的具体要求,把握工作要点,设计好社会实践方案,提前做好参加考核评价的各项准备工作。这样可以避免因对考核评价工作不了解、不熟悉,导致社会实践方向偏离,不符合学校相关要求和规定,进而出现考核评价结果不符合预期的情况。

2. 初步考核

考核评价主体根据提交的社会实践方案和收集的信息,采用一定的考核评价方式,从方案设计、准备工作和团队组建等方面进行初步考核。这类考核主要是帮助大学生科学合理地制定社会实践方案,督促他们完成实践前的各项准备工作,对组建的团队进行把关,为接下来实践活动的正式开展奠定坚实基础。

3. 反馈与调整

根据初步考核结果，考核评价主体将向实践团队或个人反馈意见。实践团队或个人需要及时对实践方案进行优化调整，对各项准备工作进行查漏补缺，进一步完善团队建设。

（二）中期实施阶段

此阶段工作一般在社会实践实施过程中完成。

1. 掌握实施过程

实践团队或个人依据经过优化调整的实践方案，开展社会实践。在实践过程中，实践团队或个人要按时将工作进展情况、团队表现情况等信息向考核评价主体反馈。同时，考核评价主体也有可能会派人前往大学生实践地，就具体实践情况进行现场检查、核实和监督。

2. 开展中期总结

当实践进程达到一半时，实践团队或个人应开展实践中期总结，并向考核评价主体报送中期总结报告。中期总结报告应详细总结前一阶段实践进展情况、所遇到的挑战和问题，以及针对这些问题所采取的解决措施。同时，中期总结报告还应包含接下来的行动计划和预期目标，以便考核评价主体及时掌握和了解后续工作。

3. 过程考核

中期总结后，由考核评价主体根据中期总结报告，结合收集的各类信息和现场实际情况，采用一定的考核评价方式，从项目执行过程、团队合作、实践过程性材料等方面进行过程考核。这类考核主要是帮助大学生科学推进实践项目的实施，指导大学生及时解决实践过程中出现的问题，加强团队合作，督促大学生做好实践过程性材料的收集整理工作等。

4. 反馈与调整

根据过程考核结果，考核评价主体将向实践团队或个人反馈意见。实践团队或个人要进一步推动实践方案的实施，努力解决在项目执行和团队建设上出现的困难和问题，保质、保量、按时地完成各项实践任务。

拓展资源包 10-1

××大学大学生文化和旅游社会实践鉴定表（模板）

（三）后期总结阶段

此阶段工作一般在社会实践结束后一个月内完成。

1. 实践总结

在社会实践结束后，实践团队或个人需要认真总结和反思，并撰写社会实践总结。社会实践总结应真实、详细地记录实践活动的全过程、取得的成果、反思内容及改进举措等。此外，还需要提交正式的且加盖公章的社会实践鉴定表，以此为证明，并协助开展后续的结果考核工作。

Note

2. 成果展示

实践团队或个人可以通过多种渠道，采用线上线下相结合的方式宣传和展示实践成果，如举办报告会、推介会、发布会、展示会或通过新闻媒体宣传等。

3. 结果考核

考核评价主体根据实践总结、社会实践鉴定表、社会实践成果统计表等材料，采用一定的考核评价方式，如现场答辩等（图10-2），从实践总结、成果体现、评价反馈等方面对社会实践情况进行结果考核。

图10-2 大学生文化和旅游社会实践考核评价现场答辩会

（四）结果反馈和应用阶段

1. 综合评价

考核评价主体根据初步考核、过程考核、结果考核等结果，结合实际情况，对大学生的社会实践进行综合评价。这一评价将作为其社会实践课程的最终成绩，录入成绩系统，并成为各类社会实践评奖评优、学分认定等工作的最终依据。

2. 反馈与分享

考核评价主体将综合评价结果反馈给大学生，并对大学生社会实践进行点评，对他们今后的相关学习和工作提出意见建议。同时，高校也会通过举办经验分享会、社会实践表彰会等方式，帮助大学生总结经验、交流成果、相互学习，实现共同进步。

3. 持续改进

大学生应该根据综合评价的结果，结合考核评价主体反馈的意见和建议，在学习和借鉴其他优秀同学经验的基础上，不断总结和反思，持续改进自己在社会实践中出现的不足，努力提升自己的实践能力，为今后的学习和工作奠定坚实的基础。

躬行蕴道10-1

十步助力大学生在文化和旅游社会实践考核评价中取得优异成绩

第一步，主题和内容设计要相关。社会实践主题和内容设计要紧扣文化和旅游的内涵，要与自己的专业相关，这有助于更好地提升大学生文化和旅游专业实践能力，并确保自己的社会实践与考核评价导向保持一致。

第二步，理论与实践相结合。积极寻找机会将课堂所学的文化和旅游知识应用于实际情境之中。这不仅能加深对知识的理解，还能在考核评价时展示知识应用能力。

第三步，及时记录实践过程。无论学校是否要求撰写实践日志，均应及时主动地做好实践记录。记录实践过程、所遇到的问题及解决方案等，这将为撰写调研报告和社会实践总结提供极大帮助。

第四步，团队协作与沟通非常重要。与团队成员积极沟通，展现合作精神。有效的团队合作不仅能提高团队效率，也是考核评价中的重要内容。

第五步，尊重文化多样性。在文化和旅游社会实践中，要体现出对不同文化的尊重和适应能力。这不仅是一种礼貌，也是实践能力的重要体现，对实践成果的形成有积极的帮助作用。

第六步，创新思维。要敢于创新，积极提出新想法和解决问题的方案。创新能力是考核评价的重要内容之一，也是未来职业生涯中的宝贵技能。

第七步，遵纪守法。在社会实践中，无论何时何地，无论是否有人监督，都要做到遵纪守法。如果出现违纪情况，会导致社会实践考核评价结果为不合格。

第八步，做好成果展示。准备好实践成果并积极展示，无论是口头、书面报告还是采用视觉化方式呈现，都应确保成果展示清晰、专业，这将会直接影响考核评价的结果。

第九步，反思与总结。实践活动结束后，要花时间对整个实践过程进行反思。思考自己在实践中学到了什么，哪些做得好，哪些可以改进。在此基础上，认真撰写社会实践总结，将有助于大学生在未来的社会实践中取得更好的成绩。

第十步，利用反馈。重视来自社会实践指导教师和同伴的反馈，利用这些反馈来改进学习和工作，并在下一次实践中做得更好。

践履试金

第十章
课后习题
▼

简答题
答案
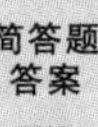

简答题

1. 请简述大学生文化和旅游社会实践考核评价的基本原则。
2. 在大学生文化和旅游社会实践中，考核评价的方式主要有哪些？

第十一章
大学生文化和旅游社会实践宣传

学习目标

1.掌握大学生文化和旅游社会实践宣传工作的定义、特点和宣传对象的类型。

2.深刻理解做好大学生文化和旅游社会实践宣传工作的重要意义。

能力目标

具备在大学生文化和旅游社会实践中开展宣传工作的基本能力。能够根据不同的实践主题、实践内容、宣传目的、宣传对象特征等,选择合适的宣传形式和宣传平台,制作宣传材料并开展相应的宣传工作。

素养目标

增强在大学生文化和旅游社会实践中的宣传意识,具备一定的宣传工作素养。

案例阅读11-1

为进一步加强农村"防艾"工作,增进村民对"防艾"知识的了解,某高校组建"防艾"乡村宣传实践队,利用暑假时间前往高校所在城市周边多个乡村开展大学生社会实践活动。活动中,实践团队成员与乡村工作人员充分交流,详细了解当地"防艾"工作开展情况,深入乡村公共场所张贴"防艾"宣传海报,向村民分发"防艾"知识宣传册子,与当地小朋友共绘画"防艾"标识,入户开展"防艾"宣讲,在乡村文化广场举办"防艾"有奖问答等活动,进一步提高了当地村民们的"防艾"意识,普及了"防艾"知识,积极助力乡村振兴工作。

在实践过程中,实践团队非常注重宣传工作,成立了专门的宣传小组,负责准备各种宣传物料、拍摄、撰写新闻稿、发布网络推文等。实践团队成员身着统一的实践队服,在驻地和活动现场悬挂实践活动主题横幅和团队旗帜,通过网络平台对活动过程进行直播,每天都拍摄活动视频并发布在社交媒体平台上,积极向各网络媒体平台投稿,积极宣传活动,扩大了活动影响力,吸引更多人关注并参与到农村"防艾"工作之中来。

第一节 宣传概述

宣传工作,是大学生文化和旅游社会实践的重要组成部分。但绝大多数参与者对其认识可能还停留在撰写新闻稿、拍摄视频和照片、在朋友圈发布动态等方面,这是对宣传工作认识不全面、宣传意识不强的具体表现。因此,有必要加强参与者对宣传工作的认识,提高宣传意识,掌握宣传技巧,积极发挥宣传工作在大学生文化和旅游社会实践中的重要作用,做到广而告之、广泛宣传,以达到或超额完成社会实践任务、提升社会实践成效的目的。

一、宣传的含义和特点

(一)宣传的含义

宣传是一个广义的概念,在不同国家、不同语境和不同学科中有着不同的定义。一般认为,宣传是指运用各种符号传播一定的观念以影响人们的思想和行动的社会行为。简单地说,宣传可以被认为是一种为了推广、传播或解释某种观点、产品、服务、理念或事件而进行的活动,旨在影响人们的看法、态度或行为,并希望被大众所接受和认可。

大学生文化和旅游社会实践中的宣传,是指大学生在参与文化和旅游相关的社会实践活动时,为了推广、传播或解释相关的文化理念、旅游知识、实践成果等而进行的一系列信息传播活动。这些活动旨在影响公众对于文化和旅游的认知和态度,提高大学生社会实践的影响力和参与度,同时也有助于推动文化和旅游事业的繁荣发展。

(二)宣传的特点

就宣传而言,其特点较多,如具有传播的单向性、思想性、劝服性等。但从大学生文化和旅游社会实践的角度出发,宣传工作具有如下特点。

1. 宣传内容文旅性

因为是大学生文化和旅游社会实践的宣传工作,其宣传内容必定紧密围绕文化和旅游相关要素展开,具有鲜明的文旅属性,能够从宣传内容中直观地感受到文旅行业、文旅专业的特征。

2. 宣传主体独特性

大学生文化和旅游社会实践宣传工作的主体是大学生。大学生作为新时代的知识青年,具有较高的文化水平和较强的创新思维能力。大学生能通过自己参与实践的亲身经历、观察和思考,以独特的视角来记录和传播实践活动的内容。这种以大学生

为主体的宣传，更能引起同龄人的共鸣，激发更多大学生参与到文化和旅游社会实践中来。

3. 宣传形式多样性

大学生文化和旅游社会实践的宣传形式多样，除传统的文字宣传、言行宣传、视觉宣传外，还有数字宣传、实物宣传等形式。在宣传工作中，多种宣传形式相结合，在进一步丰富社会实践内涵的同时，也让其对外呈现的形式和效果更加丰富多彩。

4. 宣传平台灵活性

大学生文化和旅游社会实践的宣传平台使用呈现出更多、更灵活的特点。根据实践情况，除了传统的校园广播、校内外网站、微博、微信公众号等宣传渠道，还可以通过社交媒体平台、短视频平台、直播平台等进行宣传。宣传平台的多样性，让传播更为广泛，让更多人了解大学生文化和旅游社会实践。

二、做好宣传工作的意义

在大学生文化和旅游社会实践中做好宣传工作，具有以下四个方面的重要意义。

（一）提升实践活动的影响力和效果

做好宣传工作，能够让更多的人了解大学生文化和旅游社会实践活动的内容、目标和意义。一方面，通过各种宣传渠道，如学校官网、社交媒体、线下海报等，吸引更多的大学生参与其中，扩大活动的参与度和覆盖面。另一方面，宣传工作还可以为实践活动营造良好的氛围。在活动前期，通过宣传预热，让社会各界对活动有所期待；在活动过程中，及时报道活动的进展情况和亮点，能够吸引更多的关注和支持；在活动结束后，通过宣传总结和成果展示，能够让更多的人了解活动的成效，为后续活动的开展积累经验和人气。

（二）促进大学生自身的成长与发展

对于参与文化和旅游社会实践的大学生来说，在实践过程中从事宣传工作，本身就是一种自我锻炼、自我提升的过程。大学生需要运用宣传方面的专业知识和技能来完成宣传工作任务。这不仅能提高大学生的专业素养和实践能力，还能够培养团队合作精神和沟通协调能力。此外，宣传工作还能够让大学生更好地展示自己的风采和成果。通过宣传渠道，大学生可以将自己在实践活动中的所见所闻、所思所感分享给更多的人，这对于大学生的职业发展和个人成长都有着积极的促进作用。

（三）推动文化传承与传播

大学生文化和旅游社会实践往往涉及对各地文化遗产和民俗风情的调查、研究和保护。做好宣传工作，能够让更多的人了解这些珍贵的文化资源，增强人们对文化传承和保护的意识。例如，通过宣传报道大学生在文化调研中的发现和成果，可以让更

多的人关注到那些濒临失传的传统技艺，激发人们对文化传承的责任感和使命感。此外，宣传工作还可以促进文化的传播和交流。大学生在实践活动中，往往会与不同地区、不同文化背景的人们进行交流和互动。通过宣传这些交流和互动的过程，可以让更多的人了解不同文化之间的差异和魅力，促进文化的多元共生和交流融合。

（四）助力地方旅游事业的发展

在文化和旅游社会实践中，大学生往往会深入各地的旅游景点和乡村社区，了解当地的旅游资源和发展现状。做好宣传工作，能够将这些地方的特色旅游资源和旅游产品推广出去，吸引更多的游客前来旅游观光。如宣传大学生在旅游调研中的发现和建议，可以为地方旅游部门提供参考和借鉴，促进当地旅游产业的升级和发展。同时，宣传工作还可以提升实践地的知名度和美誉度。通过展示大学生的实践过程和实践成果，让更多的人对实践地产生好感和信任，从而为地方旅游事业的发展营造良好的外部环境。

三、宣传对象

宣传对象，指的是在宣传活动开展过程中，所针对的特定受众群体，是衡量宣传效果的重要鉴定者。在大学生文化和旅游社会实践宣传中，宣传对象可以分为在校师生、实践地人员、社会大众三大类。

（一）在校师生

通过校园网站、校园广播、校园新媒体平台等渠道，或举办宣讲会、分享会等活动，向在校师生宣传社会实践，一方面扩大社会实践在校内的影响力，吸引更多师生关注并参与社会实践；另一方面借助宣传对社会实践进行总结，展现社会实践成果，为后续开展考核评价提供支撑。

（二）实践地人员

实践地人员，一般是指实践开展区域内的大众。将其作为宣传对象，一方面是因为需要结合实践内容的需要，如对乡村当地居民进行普法宣传等；另一方面是借宣传的契机，向实践地展示实践成果，就其提供的实践机会、后勤保障、实践指导等支持和帮助表示衷心感谢。

（三）社会大众

通过面向社会大众的宣传，一方面可以提升高校实践育人在社会层面的美誉度和影响力，在体现高校实践育人丰硕成果的同时，充分展现新时代大学生积极向上的精神风貌；另一方面可以为实践地带来更多关注度，吸引更多资源投入，推动当地经济和社会发展。

第二节 宣传形式与平台选择

大学生文化和旅游社会实践的宣传方式是多种多样的，根据不同的实践内容和宣传目的等，选择合适的宣传形式和宣传平台，宣传效果将事半功倍。

一、宣传形式

（一）文字宣传

文字宣传，又称书面宣传，主要是一种通过文字表达来开展宣传工作的形式。包括新闻稿、理论文章、调研报告、宣传标语、宣传单、宣传横幅等。因宣传内容经过反复打磨修改，因此，从宣传表达上看，文字宣传相较其他宣传形式更为准确和完整。同时，文字宣传具备可复制性、持久性、能够广泛传播、使宣传对象对宣传内容记忆深刻等特点。文字宣传是大学生文化和旅游社会实践中常用的宣传形式。

1. 新闻稿

新闻稿是对大学生参与文化和旅游社会实践过程和成果进行全面反映和对外宣传的书面文稿，主要用于向各类媒体网站投稿。

2. 理论文章

理论文章是指对大学生文化和旅游社会实践成果进行归纳、总结出来的新的认识和看法的文章，主要用于学术交流和分享。

3. 调研报告

在大学生文化和旅游社会实践中，调研报告是对某种文旅现象或某方面问题展开调查研究，经过分析，找出规律，揭示本质，总结经验，提出可行性的意见建议，最后以书面的形式表述出来的公文，主要用于向相关单位提出意见建议或决策咨询。

4. 宣传单

宣传单，又称宣传彩页或单页，是一种印刷品，主要以纸张为载体，用于向公众介绍相关信息或推广某种理念。宣传单具有成本低、发布灵活、传播范围广等特点。在大学生文化和旅游社会实践中，宣传单是一种直观、简便、大众化的宣传材料。

5. 宣传标语

宣传标语是在宣传时用简洁的语言写出具有宣传鼓动作用的话语。其基本特征是语言简洁、具有宣传和鼓动性。这些标语通常出现在公共场合或特定活动中，以达到吸引公众注意、传递信息、引导舆论或激发行动的目的。宣传标语可以采用口号、警示语、广告词等形式。在大学生文化和旅游社会实践中，宣传标语被广泛应用于活动宣传的整个过程。

新闻稿、理论文章、调研报告一般是社会实践结束后的文字宣传，而宣传单、宣传标语一般是在社会实践开始前就准备好的文字宣传材料。

（二）言行宣传

言行宣传主要是通过言语、行为等进行的一种宣传形式。言行宣传主要包括座谈会、演讲报告会、文艺演出、分享会等。言行宣传可不受时间、地点的限制，随时随地都可以开展，非常灵活、便捷。此外，言行宣传还可通过宣传者的手势、语气、形态等充分调动宣传对象的情绪，增加感染力，使得宣传效果更为直观和显著。同时，言行宣传还可以进行实时且有效的互动交流，促使信息传播更加深入人心。

1. 座谈会

座谈会是一种圆桌讨论会议的形式，由训练有素的主持人以非结构化的自然方式引导宣传对象进行讨论。

2. 演讲报告会

演讲报告会是演讲者就宣传主题，在公开场合进行口头演讲表达的一种宣传形式，其主要目的是通过演讲者的正式陈述来传递信息、分享观点和教育听众。

图 11-1 某高校大学生社会实践团队在乡村进行以“文明新风进万家 乡村振兴展新颜”为主题的文艺演出

3. 文艺演出

文艺演出是通过音乐、舞蹈等艺术形式，展现和传达思想、情感和文化的一种宣传形式（图 11-1）。

4. 分享会

分享会是一种集体学习和交流的活动，也是一种对外宣传的形式。分享会可以涉及多种主题，如红色文化、生态旅游等。在这些活动中，主持人或组织者会邀请一位或多位嘉宾来分享其在某个领域的知识、经验和见解。

对于大学生文化和旅游社会实践而言，分享会一般是实践结束后进行的总结和经验分享，而座谈会、演讲报告会、文艺演出等一般是实践进行时采用的宣传形式。

（三）视觉宣传

视觉宣传是以视觉元素为核心，通过设计精美的图像、图表、色彩搭配及排版布局等，将信息以直观、生动的方式呈现给观众的一种宣传形式。这种宣传形式能够迅速吸引观众的注意力，并给他们留下深刻的印象。视觉宣传主要包括宣传海报、宣传照片、宣传横幅、团队旗帜、团队LOGO、团队服装等。

Note

1. 宣传海报

宣传海报是一种将图片、文字、色彩等要素进行有机结合，向人们展示宣传信息的视觉宣传形式。

2. 宣传照片

宣传照片，又称新闻照片，是为更好地宣传活动本身或呈现活动效果，用相机或手机等对活动中的人物、事件瞬间进行拍摄而形成的图片。

新闻照片的拍摄技巧

一、角度选择

角度不同，拍摄效果也不同。可以尝试俯拍或仰拍，尽量找到合适的角度和位置，突出拍摄主体的内涵，使主题更加突出。

二、构图技巧

构图时不能主次颠倒，要抓住主体。通过虚化背景、突出主体等手法，使照片更具层次感。

三、细节处理

通过细节来突出活动本身的亮点。注意人物的神态、动作及环境细节等，使照片更具说服力。

四、光线控制

注意光线的方向和光比的大小，根据新闻事件发生的现场环境，选择强光或弱光来展现主体的不同特点。例如，逆光时可以拍摄剪影，将测光点对准人物光线最亮的部分即可。

五、曝光调节

在新闻照片拍摄中，摄影曝光受现场光源、背景的制约。因此，要注意调节曝光度，确保照片的层次感和清晰度。

3. 宣传横幅

宣传横幅是一种传统的宣传形式，通常是在布条、绸缎或其他轻柔材料上印刷或书写宣传文字或图案，然后悬挂或张贴在显眼的位置，以达到广泛传播信息及宣传某种思想、产品、活动或服务的目的。宣传横幅因制作简单、成本低廉、效果显著等特点而被广泛使用。宣传横幅可以悬挂在街道、广场、商场、展会等公共场所，也可以张贴在墙壁、门窗等位置，能够迅速吸引人们的注意力，传递清晰、直观的信息。宣传横幅的内容通常简洁明了、主题突出，有时也会加入一些创意元素，以吸引更多人的关注。在大学生文化和旅游社会实践中，宣传横幅多以展示实践主题、宣传主张（口号）和实践团队信息等为主。例如，“走进历史长河，感受文化魅力——××高校大学生文旅实

践团在行动”“文明社会你我他，和谐共处靠大家——××高校大学生文明实践团宣”等。

4. 团队LOGO

团队LOGO是实践团队的重要形象符号，承载着团队的价值追求和文化内涵。团队LOGO通常是由文字、图形或标识组成的图形符号，目的是在大众的脑海中树立一个清晰而独特的团队形象。团队LOGO是团队精神的象征，也是成员间凝聚力的体现，发挥着方便识别与区分、增强团队凝聚力、展示团队形象、传达团队理念、提升团队影响力等作用。在大学生文化和旅游社会实践中，团队LOGO通常会被用在各类宣传材料、旗帜、服装等物品上，以展示团队的形象和特色。

 躬行蕴道11-2

团队LOGO的设计原则

一、明确设计目标

在开始设计之前，首先要明确设计目标。例如，是为了展示团队的精神风貌、突出团队的特色，还是为了表达团队的核心价值、彰显实践主题。只有明确了设计目标，才能为后续的设计提供明确的方向。

二、选择合适的风格

团队LOGO的设计风格应当与团队的定位和目标相符。例如，年轻、富有活力的团队可以选择新颖、活泼的设计元素，传统、正式的团队则可以选择经典、庄重的设计元素。

三、色彩搭配有技巧

色彩是吸引人们注意力的关键因素之一。在选择色彩时，要考虑到色彩的象征意义，以及给人带来的心理感受。同时，要注意色彩的搭配，避免过于复杂或冲突的色彩组合。

四、设计元素简洁明了

团队LOGO的设计元素应当简洁明了，避免过于复杂的设计，以便于人们理解和记忆。

五、留出空间

在设计中，要留出一定的空间，让团队LOGO有“呼吸”的空间，避免设计过于拥挤。

六、融入高校元素

在设计团队LOGO时，要融入高校元素，尽量体现出高校或二级学院的信息。

5. 团队旗帜

团队旗帜是代表一个团队或组织精神、文化和身份的标志。它通常是由特定的颜

色、图案、标志或文字组成，用来展示团队的独特性、凝聚力和归属感。在大学生文化和旅游社会实践中，团队旗帜上一般都包含学校或学院LOGO、团队LOGO、团队名称等。团队旗帜一般选择3号旗（尺寸192厘米×128厘米，搭配3米杆）或者4号旗（144厘米×96厘米，搭配2米杆）。

6. 团队服装

团队服装，是指团队为展示其统一形象、增强团队凝聚力及归属感而特别定制的统一着装。这类服装通常具有鲜明的特色，能够清晰地标识出团队成员的身份，同时也传递出团队的文化和价值观。团队服装的种类和风格多种多样（如T恤、马甲、外套等），可以根据团队的性质、活动场合及团队成员的喜好定制。在大学生文化和旅游社会实践中，实践团队的服装一般都比较青春靓丽，能彰显大学生的青春活力，其服装上一般都印有学校或学院LOGO、团队LOGO、团队名称等信息。

某高校大学生社会实践团队在合影中展现团队旗帜和团队服装如图11-2所示。

图11-2 某高校大学生社会实践团队在合影中展现团队旗帜和团队服装

（四）数字宣传

数字宣传是一种利用现代数字信息科技设备和手段，通过互联网、社交媒体等进行的一种多媒体宣传形式。数字宣传融合了网络、视频、三维、图片、声音等元素，形成了一种全新的宣传模式，具有高效、精准、实时和互动等特点。随着信息时代的不断发展，当前，数字宣传已成为使用频率极高的宣传形式之一。

1. 线上形式的数字宣传

（1）社交媒体平台宣传。

在微博、微信、抖音、小红书、哔哩哔哩（B站）等社交平台创建官方账号，定期发布与活动主题相关的文字、图片、短视频等内容，吸引用户关注和互动，如社会实践花絮、

心得分享、实践地特色亮点展示等。同时，通过创建或参与热门话题、互动活动等，增加活动曝光度和影响力。

(2) 网站与网页宣传。

在学校、实践地、行业网站或论坛上，以图文、视频等形式对实践活动进行跟踪报道，扩大实践活动知晓率。

(3) 在线直播宣传。

通过电商直播、知识讲座、活动直播等，实时对实践活动进行宣传报道，展现实践成效。

2. 线下形式的数字宣传

线下形式的数字宣传主要包括在人流量较大的场所设置LED显示屏、户外电子广告牌等，播放宣传视频、图片、文字等内容，吸引过往人群的关注。

（五）实物宣传

实物宣传是指通过设置展台，展示相关产品、服务或成果等来吸引受众的宣传方式，主要包括展览会、博览会、展评会和各种现场会等。通过实物展示，宣传对象可以直接看到产品、服务或成果，从而对实践活动有更直观的认识。此外，实物宣传还可以结合其他宣传手段，如现场演示、专人讲解等，进一步提升宣传效果。不过，实物宣传形式也有其局限性，如资金和时间成本较高、需要一定的展示空间等。因此，在选择宣传形式时，需要根据具体需求和实际预算进行权衡。

二、宣传平台

（一）新媒体

新媒体宣传主要是依托互联网、移动通信技术，以及电脑、手机、平板设备、数字电视等载体进行信息传播。第54次《中国互联网络发展状况统计报告》显示，截至2024年6月，我国网民规模近11亿人(10.9967亿人)，较2023年12月增长742万人；互联网普及率达78.0%，较2023年12月增长742万人。高校大学生是新媒体的主力军，新媒体宣传是大学生文化和旅游社会实践中最常用、最受欢迎的宣传平台。

1. 微信公众平台

微信公众平台，也称微信公众号，是在微信应用程序内推出的，为个人、企业和组织提供业务服务与用户管理的服务平台。在大学生文化和旅游社会实践活动中，宣传工作通常借助多个层级的微信公众号开展，这些公众号包括实践团队自身创建的、学院层面的、学校层面的、上级单位或组织设立的，以及实践地自身运营的。微信公众号宣传主要以发布原创推文为主。

躬行蕴道11-3

微信推文创作技巧

要创作出一篇受欢迎的微信推文，需要注意以下技巧。

一、明确宣传对象

只有确定宣传对象，才能更好地了解宣传对象的需求，并为之提供针对性强的内容。同时，根据宣传对象的特点，选择合适的语言风格和表达方式。

二、标题要有吸引力

标题是吸引宣传对象的第一步，好的标题能够迅速抓住宣传对象的注意力。标题要简洁、有趣，字数在15字以内，可以借助热门词汇、疑问句等形式，提高点击率。但需要注意的是，标题不能失真，不能罔顾事实，不能为了"博人眼球"而违规违法或有违公序良俗。

三、用好封面图和正文宣传图片

封面图是吸引宣传对象目光的另一个重要因素。封面图应清晰美观，封面图上的文字应简洁有力、突出主题，封面图尺寸一般为900像素×383像素。正文宣传图片应与内容相关联，突出重点。图片质量高且版权合法，不存在侵权问题。

四、内容为核心

内容质量是推文的核心，直接影响宣传对象的阅读体验和认同感。优质的推文文字流畅、易懂，内容有价值、有深度，图文并茂，可读性强。

五、注重排版

正文字体大小合适，行距适中。字号推荐14～15像素，行间距推荐1.75倍或者2倍。文段适当留白，一般在3～5行后空1行，过长的段落会增加阅读压力。全文文字颜色一般不超过3种，采用1种主色，再搭配1～2种辅助颜色。推文配色可根据受众人群、文章风格等进行组合搭配。

六、合理使用专业编辑器

通过使用互联网上提供的专业编辑软件（如秀米编辑器、135编辑器等），可以提高推文的创作效率和质量。依托编辑器排版工具和现有模板，丰富推文形式，不断提升宣传对象阅读体验感。

2. 微博

微博是一款集休闲、娱乐、生活于一体的社交媒体平台，可随时随地通过网络，打开客户端进行信息的发布和接收。微博具备快速传播的特性，当账号累积了一定粉丝数量后，一条微博信息在发布后很短时间内就能被大量粉丝及其他用户转发、点赞和评论。在某个热点事件发生时，微博上的相关话题可在短时间内迅速进入热搜榜前列，甚至成为热搜"爆词"。

在大学生文化和旅游社会实践中，可根据实际需要选择是否通过微博社交媒体平台进行宣传。如果宣传内容与当前热搜话题或同城热搜吻合，可围绕相关话题展开宣传，为实践活动吸引更多关注。同时，也可在高校专属“超话”中，发布带“三下乡”“社会实践”等话题标签进行广泛宣传。

3. 短视频平台

短视频平台是借助手机等电子产品，支持用户快速拍摄、编辑、播放和分享以分钟为计时单位的短视频内容的新媒体平台，像抖音、哔哩哔哩(B站)、微信视频号等都属于此类。与以图文结合为主的微信公众号和微博等新媒体平台相比，短视频平台以更直观、更生动、更形象的画面和更快捷的传播方式展示社会实践的全过程和实践成果，从而吸引宣传对象的注意力，增强社会实践的影响力和美誉度。

躬行蕴道11-4

短视频制作技巧

高质量的短视频内容是吸引宣传对象的关键。掌握一定的短视频制作技巧对于提升短视频质量、增强社会实践宣传效果有着重要作用。短视频制作技巧主要包括以下几个方面。

一、确定拍摄主题

短视频拍摄内容要契合自身实践主题，展现团队成员在实践过程中的良好精神风貌。短视频主题一般以实践成果展示、实践过程见闻及团队成员收获感悟等为主。

二、画质稳定

可通过支架或稳定器固定拍摄的手机或相机，确保拍摄画面平稳、清晰、不变形。

三、多角度多方式拍摄

可通过俯拍、仰拍、侧拍，以及远景、中景、近景和特写等不同角度拍摄和切换，尽可能获得更丰富的视觉体验，使短视频更具有层次感。

四、合理构图

通过采用多种构图方式，如将拍摄对象置于画面对角线相交位置处构图、运用黄金分割线突出分割点的九宫格构图，以及拍摄画面整体呈现上下对称或左右对称的对称构图等，能够提升画面的视觉美感。

五、选择合适的背景音乐和音量

不要选择过于刺耳或过于强烈的音乐，音乐旋律应该与拍摄主题相符。

六、使用合适的标题和字幕

合适的标题和字幕可以增加短视频的可读性和观看体验，帮助宣传对象更好地理解实践内容。

七、精准剪辑

适当调整对比度、亮度和饱和度等参数，保持流畅度。同时，应避免过度编辑和频繁切换镜头，以防止短视频失去真实感，破坏故事的完整性。短视频以横屏模式为主，画面比例为16:9，画面像素尺寸一般为1920像素×1080像素，输出格式一般为MP4格式。根据不同宣传平台要求，合理控制短视频时长，一般不超过5分钟。

4. 新闻网站

新闻网站主要包括官方新闻网站、地方门户网站及高校校园网等。新闻网站具有传播范围广、宣传时间长、数据信息全面、开放性强，以及集图像、文字、声音、视频于一体等特点。新闻网站宣传一般以投稿和转发为主，包括新闻稿、组图和视频等。

躬行蕴道11-5

部分重要新闻网站平台网址

人民网：http://www.people.com.cn/

新华网：http://www.news.cn/

光明网：https://www.gmw.cn/

央视网：https://www.cctv.com/

中国青年网（中青校园，由共青团中央主办，中国青年报主管的新闻网站，是全国高校大学生社会实践官方网站）：https://txs.youth.cn/

电子资源11-1

中青校园（含三下乡返家乡官网）投稿指南

5. 网络直播

随着数字技术的高速发展，网络直播宣传以其较强的参与感、即时性和互动性，成为近年来的热门宣传方式之一。当下，诸多短视频平台、社交媒体平台等都提供网络直播功能。在大学生文化和旅游社会实践中，实践团队可以通过网络直播，实时展现实践过程和实践成果，进一步拓宽了宣传渠道，丰富了宣传内容。同时，通过网络直播，还可以实现促进文化交流、加强实践锻炼、推动当地经济和社会发展等目标。

案例阅读11-2

暑期一开始，某高校大学生实践团队就深入高校所在地周边乡村，开展了以“情系乡村，兴农筑梦”为主题的乡村振兴实践活动。实践团队以当地乡村的田间地头、果园农庄等为背景，在网络上进行直播活动，讲述乡村故事，分享乡村建设成果，为农户进行农产品直播带货。在4天共计30小时的直播活动中，收获点赞5万余个，累计成交超过300单，总销售额2万余元，为农户带来了可观的经济收益，进一步激发了大众对乡村发展的关注与热情。

Note

（二）传统媒体

传统媒体宣传是相对于新媒体宣传而言的。传统媒体主要是通过纸质、固定设备或电子信号等向宣传对象传播信息和观点的媒体平台，主要包括报刊、广播电台、电视节目、宣传栏等。传统媒体宣传平台种类很多，每个平台的侧重点、便捷性、价格等均不一样。大学生在进行文化和旅游社会实践宣传时，应根据实际情况选择适当的宣传平台进行宣传。

1. 报刊

报刊是各类报纸、杂志等的总称，主要是以纸张为载体进行传播的一种宣传平台，如校报、校刊等。

2. 广播电台

广播电台是指主要以采编制作音频节目并通过无线电波或有线传输向特定区域宣传对象传播节目的宣传平台，如校园广播、城市交通广播等。

3. 电视节目

电视节目是指主要通过电视台播放的声音、图像信息等进行传播的宣传形式，如电视节目中的新闻栏目等。

4. 宣传栏

宣传栏一般是以不锈钢为框架，可在表面或玻璃面板内部张贴宣传海报，并可随时进行更换的宣传平台，通常与宣传海报配套使用。

躬行蕴道11-6

大学生文化和旅游社会实践宣传工作各方应该怎么做？

宣传工作是大学生文化和旅游社会实践的重要组成部分。切实做好宣传工作，构建良好的宣传工作体系，对扩大社会实践的影响力、发挥社会实践育人功能有着重要作用。具体而言，高校、学校共青团组织、社会实践团队和个人应该怎么做好大学生文化和旅游社会实践的宣传工作呢？

一、高校

高校作为大学生文化和旅游社会实践的组织者，一方面，应该加强与各大媒体的沟通协作，为社会实践畅通信息渠道，为宣传工作提供更多新闻媒体平台，加大社会实践宣传的深度和广度；另一方面，要建立校级全媒体宣传矩阵，推动新媒体与传统媒体的深度融合，打破校内信息传播壁垒，实现信息在校内多元渠道间的无缝流转，营造积极、健康、向上的社会实践宣传环境和舆论氛围。

Note

二、学校共青团组织

作为大学生文化和旅游社会实践的统筹安排者，学校共青团组织要做好社会实践宣传的引导工作。一方面，要为各社会实践团队及个人提供必要的宣传培训，不断提高大学生的宣传意识和成果意识，使大学生在活动过程中自觉、主动、积极地开展宣传工作；另一方面，要严格执行“三审三校”制度，严格规范采、编、发工作流程，建立消息来源核实核准机制，认真核实需要发布的各类宣传信息，确保信息报道真实、全面、客观、公正。同时，还需要督促和指导二级学院及社会实践指导教师认真履行主体责任，确保社会实践始终坚持正确的政治方向、舆论导向和价值取向。

三、社会实践团队和个人

社会实践团队和个人作为大学生文化和旅游社会实践的具体执行者，要坚持求真务实，带着问题去学习思考，在服务中增长本领，在一线调研中开阔视野，坚决反对形式主义、“摆拍走秀”，力戒走马观花、蜻蜓点水。要及时对社会实践活动进行归纳总结，通过多种形式和平台记录实践过程、展现实践成果、分享实践收获，努力在实践中提高思想政治素养，自觉做社会主义核心价值观的践行者。

简答题

1. 大学生文化和旅游社会实践宣传工作的特点有哪些？
2. 请简述在大学生文化和旅游社会实践中做好宣传工作具有的重要意义。

简答题答案

第十二章 大学生文化和旅游社会实践与各类竞赛

学习目标

1.认清大学生文化和旅游社会实践与各类竞赛的关系，理解这些竞赛在个人成长和专业发展中的重要作用。

2.了解文旅类、创新创业类、志愿服务类竞赛的种类、特点，熟悉各类竞赛的基本情况，掌握参与竞赛的基本流程和技巧。

能力目标

具备结合自身专业特点，独立或组队参加与文化和旅游相关的各类竞赛的能力，包含团队协作能力、沟通能力、实践能力、创新创造能力等。

素养目标

1.提升对文旅行业、文旅专业的认知和专业自信。

2.养成刻苦钻研、勇于创新的精神品质。

3.培育良好的文旅专业素养和职业素养。

案例阅读12-1

广西某高校组建了一支名为“夹心饼干——农村未成年人性教育公益服务团”的队伍，该团队成员来自汉语言国际教育、烹饪与营养教育、艺术设计、酒店管理等多个专业。他们利用周末和暑假时间，前往周边乡村开展志愿服务社会实践活动。实践团队以“补齐乡村性教育短板”为目标，创新性地将蕴含有性教育知识的饼干教具引入农村中小学性教育课堂，构建多元化的中小学生性教育课程体系，制作性教育绘本，编排互动小游戏，在寓教于乐中向未成年人讲授性知识，呵护未成年人健康成长。该项实践活动一直持续至今，成果丰硕，荣获了广西社会实践优秀品牌项目。同时，由该实践活动衍生出的“农村未成年人性教育模式优化方式探究与实践——以‘夹心饼干公益课堂’为例”项目荣获第十届“挑战杯”广西大学生课外学术科技作品竞赛省级特等奖，实现了社会实践与竞赛活动的完美融合与相互促进。

大学生文化和旅游社会实践与各类竞赛，是一种相辅相成的关系。一方面，参与各类相关竞赛，如文旅类竞赛、创新创业类竞赛、志愿服务类竞赛等，是大学生文化和旅游社会实践的重要形式之一。大学生参与各类相关竞赛，全身心投入其中，准备竞赛、享受竞赛、赢得竞赛，这一过程就是实践的过程，就是在竞赛中运用所学的知识解决实际问题、完成实践任务、达到实践目标的过程。通过参加各类相关竞赛，也能提升大学生的实践能力和综合素养。另一方面，开展文化和旅游社会实践，为参加各类相关竞赛提供有力支撑。实践主题可以成为竞赛主题，让竞赛更接地气、更贴近实际、更符合竞赛宗旨；实践过程可以为竞赛提供过程性依据，验证竞赛项目的可行性，让竞赛项目更科学更合理；实践成果可以作为竞赛项目的成果，进一步提升竞赛项目的竞争力和信服力。因此，大学生应该将开展文化和旅游社会实践与参与相关竞赛充分结合在一起，积极发挥各自的作用，在竞赛中提升实践能力，在实践中获得灵感并实现成绩的突破，为未来学习和职业生涯奠定坚实基础。

第一节　文旅类竞赛

在全球化与信息化的浪潮中，文化和旅游产业的融合发展已成为推动社会经济发展、增强国家文化软实力的重要力量。在此背景下，文旅类竞赛，作为文旅教育、文旅行业范畴内连接创意、实践与未来的桥梁，不仅承载着推动文化和旅游深度融合、促进文化传承与创新的历史使命，更为大学生提供了一个展现创新思维、提升专业技能、拓宽职业视野的广阔舞台。

一、文旅类竞赛的含义与特点

（一）含义

文旅类竞赛，是围绕文化和旅游两大主题展开的创意与实践性的竞赛活动。这类竞赛通常涵盖与文化和旅游相关的项目策划、产品设计、文化传播、非遗保护与利用等多个方面，旨在挖掘和展现地方文化特色，促进文旅行业的可持续发展。

（二）特点

文旅类竞赛具有融合性、实践性、地域性及团队性四个方面的特点。

1. 融合性

文旅类竞赛要求参赛者将文化和旅游两大元素有机融合，既要体现文化的深度与广度，又要满足旅游市场的需求与客户体验。这种融合不仅体现在项目策划、产品设计等层面，还贯穿于整个竞赛的始终。

2. 实践性

文旅类竞赛强调理论与实践相结合，参赛者需将创意转化为可实施的项目或产品，通过实践检验其可行性与效果。这种实践性不仅有助于提升参赛者的专业技能与实际操作能力，还能为他们未来的职业发展提供宝贵的实践经验。

3. 地域性

文旅类竞赛通常与地域文化紧密相关。参赛者需要深入挖掘地方文化和旅游资源，将其转化为具有市场竞争力的文旅产品与体验项目。这种地域性不仅有助于传承和弘扬地方文化，还能提升旅游产品的独特性与吸引力。

4. 团队性

文旅类竞赛往往需要团队成员之间的紧密合作与分工协作，共同完成项目或产品的策划、设计与实施。这种团队性不仅有助于提升参赛者的团队协作能力与沟通技巧，还能激发他们的创新思维与创造力。在竞赛过程中，团队成员需要相互支持、相互鼓励，共同面对挑战并解决实际问题。

二、文旅类竞赛对大学生成长的价值

（一）提升知识整合能力与综合素养

在竞赛过程中，大学生需要将课堂所学的旅游管理、文化研究、市场营销、艺术设计等专业知识进行整合。如某大学生实践团队参加全国旅游院校旅游产品策划大赛，针对当地古村落进行文旅产品项目开发。旅游管理专业的大学生运用景区规划知识规划游览路线与服务设施布局；文化研究专业的大学生深入挖掘古村落的历史文化、民俗风情，为项目构筑文化根基；市场营销专业的大学生依据市场调研与消费者行为分析制定推广策略；艺术设计专业的大学生负责设计古村落的品牌形象与宣传物料。通过这样的协作，大学生将各自的专业知识融会贯通，形成一套完整的文旅产品设计开发方案，极大地提高了知识应用能力与综合素养。

（二）激发创新思维与解决问题的潜力

文旅类竞赛鼓励大学生突破传统思维局限，提出创新性的想法与方案。以某高校大学生团队参加旅游商品设计竞赛为例，参赛大学生在深入了解某地非遗文化后，发现传统手工艺品因缺乏实用性与时尚感而被市场遗忘。于是，他们运用创新思维，将现代设计理念与非遗技艺相结合，设计出一系列既保留传统文化特色又符合现代审美需求、满足日常使用的旅游商品，在竞赛中获奖并被企业看中。企业购买版权后，立即生产并投入市场，深受客户青睐。在这个过程中，大学生学会了从不同角度思考问题，运用创新方法解决文旅产品开发与市场对接过程中的难题，为未来应对复杂的工作挑战积累了宝贵经验。

（三）培养团队协作与沟通能力

竞赛通常以团队形式开展，这为锻炼团队成员的协作与沟通能力提供了平台。例如，在一次大型文旅主题赛事中，来自不同专业背景的大学生组成团队。在前期策划阶段，团队成员就项目定位与创意方向展开激烈讨论，通过充分沟通与互相倾听，逐渐达成共识；在项目执行过程中，负责市场调研的成员及时反馈市场信息，负责方案设计的成员根据需求及时调整方案，负责文案撰写的成员与其他成员密切配合优化宣传文案。遇到分歧时，团队成员秉持开放包容的态度，积极协商解决。经过这样的历练，大学生学会在团队中发挥自身优势，尊重他人意见，高效协作，提升了团队的凝聚力与战斗力，个人的团队协作与沟通能力也得到了进一步增强。

（四）深化职业素养与行业认知

参与文旅类竞赛让大学生提前接触文旅行业一线情况，了解文旅行业市场特点，有助于深化职业素养与行业认知。例如，某大学生团队参加区域旅游规划竞赛，在备赛过程中，他们深入了解和研究当地旅游政策法规、市场竞争态势、旅游企业经营状况等。为获取更精准的数据与信息，他们与当地文旅部门、旅游企业进行沟通交流，了解行业痛点与发展趋势。在竞赛展示环节，他们模拟真实的项目汇报场景，不仅锻炼了表达能力，还提升了应变能力。这些参赛经历使大学生对文旅专业的认知更加深入，也进一步增强了他们从事文旅行业的自信，使其在毕业后能够更快适应文旅行业的工作环境，明确自身职业发展方向，提高就业竞争力。

三、文旅类竞赛的类型

文旅类竞赛主要分为创意策划类、产品设计类和技能操作类三大类型。

（一）创意策划类竞赛

创意策划类竞赛侧重对文旅项目的整体构思与方案设计，强调创新性与可行性。此类竞赛一般是针对特定地区或文化主题，提出新颖的旅游项目策划方案，包括旅游线路设计、景区规划、文化活动策划等。要求参赛者具备深厚的文化底蕴、敏锐的市场洞察力、扎实的旅游专业知识和出色的创新能力。

在创意策划类竞赛中，最有影响力的当属全国大学生红色旅游创意策划大赛。大赛于2011年由北京第二外国语学院发起，每年举办一届。全国大学生红色旅游创意策划大赛是目前全国范围内以大学生为主体的规模最大的红色旅游专业赛事，是教育部全国大学生思想政治工作精品项目。

大赛以“红色导向，传承基因，不忘初心，面向未来”为宗旨，自2011年创办以来，吸引了来自500余所高校的团队踊跃参赛。参赛作品涵盖旅游线路、文化创意产品、旅游宣传推广方案等多个方面，为全国各地文化和旅游事业的发展贡献了青年力量。大赛自举办以来，大学生深入陕西、河南、贵州、四川、福建、安徽等地的革命老区，在行走中

感悟中国革命的波澜壮阔，在学习中见证党的峥嵘岁月，在实践中弘扬红色精神、传承红色基因、展现时代风采，获得了热烈的社会反响。

大赛采用“N+1+N”模式，根据全国任意旅游目的地和决赛地指定的红色旅游目的地设计N种系列旅游产品，鼓励引导大学生以红色旅游资源所在地为切入点进行创意策划，从带动地区经济发展的角度出发，希望通过大学生的视角，为当地红色旅游高质量发展提供参考。大赛邀请政府、企业和高校一同参与，经过大赛评选出的获奖作品，当地相关部门可以直接加以应用，实现从主题策划、方案制定，到组织实施、项目落地的全流程一体化推进。

（二）产品设计类竞赛

产品设计类竞赛聚焦于文旅纪念品、文化工艺品、文旅体验项目等的研发。这类竞赛注重产品的实用性与市场潜力，鼓励参赛者将传统文化与现代设计相结合，创造出既具有文化内涵又符合市场需求的文旅产品。

在产品设计类竞赛中，比较有名的是全国旅游院校旅游产品策划大赛和全国大学生广告艺术大赛。

全国旅游院校旅游产品策划大赛由中国旅游协会指导，中国旅游协会旅游教育分会主办，旨在提高旅游院校学生的职业技能，为我国文旅事业高质量发展储备人才。大赛自2023年起，每年举办一届。至今，参赛院校、参赛学生团队和作品数量逐年增长，赛事影响力逐步扩大。大赛分为初赛和决赛两个阶段。初赛阶段，专家评委对提交的作品进行综合评审，选拔出优秀作品进入决赛。决赛环节包括旅游产品现场策划、宣讲与答辩等环节，考查参赛队伍的策划能力、知识储备、应变能力和综合素质等。大赛的成功举办，不仅提升了大学生的文旅专业技能和职业素养，还促进了产、赛、教的深度融合，充分展现了文旅专业的教学成果，为文旅行业发展注入了新鲜血液和创新思维。

全国大学生广告艺术大赛由国家教育主管部门指导，全国大学生广告艺术大赛组委会等单位共同主办。大赛作为全国规模大、覆盖高等院校广、参与师生人数多、作品水准高的全国性高校学科竞赛，是面向全国在校大学生的一项广告策划创意实践活动。大赛秉承“促进教改、启迪智慧、强化能力、提高素质、立德树人”的办赛宗旨，自2005年起，每年举办一届，覆盖了全国千所高校，超过百万学生提交作品。大赛设置有平面类、视频类、动画类、互动类、广播类、策划案类、文案类、UI设计类、营销创客类和公益类等参赛类别，为大学生提供了广阔的创作空间。大赛的成功举办，活跃了大学生的课外文化生活，激发了大学生的创意灵感，进一步增强了对大学生实践能力、创新能力和合作精神的培养，为大学生提供了一个展示才华、脱颖而出的良好的竞赛平台和展现舞台，推动了高校人才培养模式和实践教学的改革，在帮助高校提高人才培养质量的同时，也促进了高校和企业之间的深度合作与交流。

（三）技能操作类竞赛

技能操作类竞赛强调实际操作技能和职业素养，要求参赛者不仅要具备扎实的文旅专业技能和良好的服务意识，还要具备较强的知识应用能力和应对突发情况、协调各方资源的综合能力。

在产品设计类竞赛中，比较有名的是全国旅游院校服务技能大赛、"尖烽时刻"全国酒店管理模拟大赛和全国大学生"发现传统村落"调研大赛等。

全国旅游院校服务技能大赛是由中国旅游协会旅游教育分会发起组织的全国性、行业性的大型赛事，并得到文化和旅游部市场管理司、中国旅游协会等单位的指导。大赛旨在推动旅游院校的自主创新，提升核心竞争力，提高旅游院校的专业教育水平，培育技术过硬、素质全面、符合时代要求的旅游专业人才，扩大旅游院校的社会影响力。首届大赛于2009年举办，此后每年一届。大赛通常分为导游服务和饭店服务两个方向，具体赛项包括中餐宴会摆台、西餐宴会摆台、中式客房服务、鸡尾酒调制、景点讲解、综合知识理论考核、才艺展示等。比赛包括理论考核、现场操作、英语水平测试等多个环节，全面考查大学生的专业知识、实践技能、综合素质和英语水平。大赛不仅为大学生提供了文旅技能的展示平台，促进了实践能力和综合素质的全面提升，同时也增进了旅游教育与行业的交流，推动了旅游教育的改革与创新。

"尖烽时刻"全国酒店管理模拟大赛由中国旅游协会旅游教育分会发起举办。大赛源于北欧全球知名商科模拟大赛Cesim Elite，该赛事自2008年引入中国后已成为国内一项知名的国际性商业模拟赛事。大赛旨在为酒店管理专业的学子提供一个检验和提升自身能力的平台，通过模拟酒店运营场景，帮助学生提升战略决策与团队协作能力。参赛对象主要是全国高校酒店管理、旅游管理等相关专业的大学生团队。大赛规模庞大，每届赛事都吸引了数百个来自全国各地的高校团队参赛。大赛通常包括初赛、复赛和总决赛三个阶段。初赛和复赛阶段主要通过线上模拟平台进行，参赛团队需要在规定时间内完成酒店运营的模拟决策。总决赛则通常采用线下方式进行，包括在线模拟决策、英文团队介绍、商业演示等多个环节。"尖烽时刻"全国酒店管理模拟大赛为学生提供了一个高仿真的实践平台，通过模拟真实商业场景，使学生在实践中掌握核心技能，培养创新思维。大赛彰显了实践教学的价值，通过比赛，大学生可以锻炼自己的战略决策能力、团队协作能力、跨文化沟通能力和专业知识应用能力等，为未来的职业发展奠定坚实基础。

全国大学生"发现传统村落"调研大赛是由中山大学旅游学院发起主办的学术性公益竞赛项目。在全球化与现代化不断发展的时代大背景下，一些传统村落逐渐变为"空心村"，面临着传承与发展的挑战。为响应国家乡村振兴战略的号召，引导广大青年学子将理论与实践相结合，激发他们积极投身乡村社会实践的热情，全国大学生"发现传统村落"调研大赛应运而生。大赛旨在让更多青年学子关注乡村，挖掘乡村变化、见证乡村变迁，为地方建设及乡村高质量发展提供助力。自2016年起，大赛已连续举办多届。每一届大赛都有明确的主题。如第九届大赛以"情系古村，数字乡约"为主

题，鼓励参赛者运用数字技术和创新思维，深入传统村落进行实地调研。大赛形式包括主赛单元和专项单元。主赛单元针对全国传统村落进行深入调研，提供调研报告、旅游产品策划、空间设计和场景改造等各类成果方案。专项单元则聚焦特定区域或主题，如第九届的专项单元为“来阳朔，绘青春——打造桂林世界级旅游城市阳朔旅游高质量发展先导区”规划设计竞赛。大赛流程通常包括报名、培训、实地调研、作品提交、评选与颁奖等环节。在实地调研阶段，参赛团队会深入传统村落，与村民进行互动交流，收集资料和数据。大赛不仅为青年学子提供了一个展示才华和实践能力的平台，还促进了高校与地方政府、企业和社会各界的交流合作。通过大赛的举办，越来越多的青年学子开始关注和参与到乡村保护与建设中来，为乡村振兴注入了新的活力。

四、文旅类竞赛的参赛技巧

（一）深入剖析竞赛章程

在参与文旅类竞赛前，首要任务是深入研读比赛章程，确保对比赛的每一项要求都有清晰而全面的理解。这包括但不限于比赛的背景、目的、主题、参赛对象、作品提交形式、评审标准、时间节点等。特别是评审标准，它是衡量作品优劣的标尺，必须深入理解其内涵，明确评委关注的重点。同时，还需特别注意比赛的特殊要求，如文件格式、大小限制、提交平台等，避免因技术细节失误而影响参赛资格。只有对比赛章程了如指掌，才能在策划和执行过程中做到有的放矢，提高作品的针对性和竞争力。

（二）组建多元且互补的团队

文旅类竞赛往往需要跨学科、跨专业的合作。因此，组建一个结构合理、优势互补、团结协作的团队至关重要。团队成员的选择应基于专业背景、能力特长和个人兴趣，确保每个环节都有专人负责，提高团队协作效率。同时，建立有效的沟通机制，可以通过定期会议、在线协作平台等方式，确保团队成员之间的信息同步和意见交流。此外，经验丰富的指导教师也至关重要。指导教师熟知竞赛要求与行业趋势，在团队组建时，依竞赛特性帮助筛选适配成员；项目进程中，以专业见解化解创意争端；当协作遇阻时，可以协调成员关系，促进沟通合作；展示阶段，把关内容与形式，提升展示专业性与吸引力。在指导教师的带领下，团队成员相互支持、共同进步，营造积极向上的团队氛围，推动项目顺利进行。

（三）深入开展市场调研和文化分析

深入的市场调研和文化分析是文旅类竞赛成功的关键。通过市场调研，了解目标市场的需求和趋势，分析竞争对手的优劣势，为作品提供市场导向。同时，深入挖掘地方文化特色，提炼文化元素，为作品注入文化内涵和独特性。在调研过程中，应广泛收集资料，包括政策文件、行业报告、市场数据、游客（顾客）反馈等，通过数据分析、案例研究等方法，提炼出有价值的信息。这些信息将为创意构思和方案设计提供有力支

持，使作品更加贴近市场需求，并富含文化底蕴。

躬行蕴道12-1

常用的市场分析模型

模型一：PEST分析

PEST分析是一种宏观环境分析工具，用于评估企业外部的政治（Political）、经济（Economic）、社会（Sociocultural）、技术（Technological）因素对企业战略的影响。

模型二：波特五力模型

波特五力模型由迈克尔·波特提出，用于分析一个行业的竞争态势。这五力包括同行业竞争者的竞争能力、潜在竞争者的进入能力、替代品的替代能力、供应商的议价能力和购买者的议价能力。

模型三：SWOT分析法

SWOT分析是一种战略分析工具，通过评估企业的内部优势（Strengths）、劣势（Weaknesses），以及面临的外部机会（Opportunities）和威胁（Threats）来制订战略计划。

模型四：6W2H分析法

6W2H分析法是一种决策制定工具，包括6个“W”和2个“H”，即What（什么）、Why（为什么）、Who（谁）、When（何时）、Where（哪里）、Which（哪一个），以及How（如何）、How much（多少）。

模型五：BCG三四规则矩阵

BCG三四规则矩阵是波士顿咨询公司（BCG）提出的一种业务组合分析工具，用于评估企业不同业务单元的市场增长率和相对市场份额，从而确定其战略地位。

（四）注重创意的新颖性与可行性

创意构思是文旅类竞赛的核心环节。通过头脑风暴、思维导图等方法，激发团队成员的创意，提出多个初步方案。在创意构思过程中，应鼓励团队成员大胆设想、勇于创新，同时保持对现实的敏锐洞察，确保方案既有创意又具可行性。在方案设计阶段，应注重方案的完整性、连贯性和逻辑性，确保每个环节都紧密相连、相互支撑。同时，注重细节设计，如视觉呈现、用户体验、文化内涵的融入等，提升作品的吸引力和感染力。通过不断讨论、评估和反馈，优化方案，使其更加符合比赛要求和市场需求。

（五）精心打磨展示环节

在文旅竞赛里，精彩展示如同出色演出，可提升作品竞争力，为作品加分添彩。在

展示形式上，根据比赛的具体要求，可遵循多元创新的原则。如用图文并茂的PPT清晰呈现作品亮点，文字简洁、图片精美、逻辑连贯；再配合制作精良的视频，借动态画面、音乐等直观展现创意、过程与预期效果，激发情感共鸣；同时佐以富有激情的现场演讲，以流畅表达、自信肢体与良好互动传递作品内涵，吸引观众；若条件许可，结合实物模型，如景区规划或文创产品实物等，让观众直观感知项目细节。展示内容上，要简洁突出，紧扣竞赛主题与作品亮点，在有限时间内阐明创意来源与构思，凸显独特创新；要详述实施与运营策略，彰显团队执行力与项目可行性；要尽显预期效果与社会价值，突出在文旅产业、文化传承与经济效益等方面的贡献。在展示前期，务必进行充分排练，提升表达清晰度、肢体运用与应变能力，通过专业素养与自信获得评委和观众的认可，助力作品在展示中脱颖而出，达成从优秀作品到出色展示的跃升。

（六）注重反馈与持续改进

比赛结束后，应积极接受评委的反馈和评审意见。这些反馈是宝贵的资源，可以帮助团队了解作品的不足之处和提升空间。通过深入分析评委的评审意见，提炼宝贵经验，为后续改进提供方向。同时，保持对文旅行业动态的关注，不断学习新知识、新技能，提升个人和团队的综合素质。通过持续学习和改进，不断提升团队在文旅类竞赛中的竞争力和影响力。

第二节　创新创业类竞赛

在当今这个日新月异的时代，创新与创业已成为推动社会进步和经济发展的核心驱动力。高校作为培养未来社会栋梁之材的重要阵地，肩负着激发大学生创新潜能、培育创业精神的重任。而创新创业类竞赛犹如一座桥梁，将校园与社会紧密相连，为大学生提供了一个展现才华、锻炼能力、追逐梦想的广阔舞台。创新创业类竞赛不仅是对传统教育模式的有益补充，更是大学生在踏入社会之前，提前感知市场脉搏、洞察行业趋势、积累实践经验的重要平台。

一、创新创业类竞赛的内涵

创新创业类竞赛是针对大学生及青年创业者设计的一系列旨在激发创新思维、培养创业精神、提升创业能力的竞赛活动，是高校教育与社会实践紧密结合的重要平台。这类竞赛通常要求参赛者提出具有创新性、实用性和市场潜力的创业项目或商业计划，并通过演讲、答辩等形式展示给评委和观众。创新创业类竞赛鼓励大学生主动发现问题、提出解决方案，并在模拟或真实的商业环境中进行实践验证。这类竞赛不仅有助于提升大学生的专业技能，还能培养团队协作、市场分析、风险应对等综合能力，

Note

为未来的职业发展或创业之路奠定坚实基础。

二、创新创业类竞赛对大学生的价值和意义

对于大学生而言,参与创新创业类竞赛不仅是一次挑战自我、展示才华的机会,更是一次深刻的学习、实践和成长之旅。这些竞赛以其独特的价值和意义,为大学生搭建了一个培养创新思维、提升实践能力、拓展人脉资源、获得资金支持及增强团队协作能力的宝贵平台。

(一)培养创新思维

对于大学生而言,创新创业类竞赛无疑是培养创新意识与思维能力的绝佳平台。在竞赛中,大学生被鼓励跳出传统框架,提出新颖的想法和解决方案。这不仅激发了大学生的创造力,还促使他们学会从不同角度审视问题,从而培养出独特的思维模式。通过不断挑战自我,大学生能够逐渐摆脱思维定式,为未来的学习和工作奠定坚实的创新基础。

(二)提升实践能力

理论知识与实践操作相结合是大学生成长的关键。创新创业类竞赛正是这样一个将理论转化为实践的桥梁。在竞赛过程中,大学生需要运用所学知识,不断尝试、修正和完善项目。这种实践经历不仅让他们更加熟悉行业现状和市场需求,还锻炼了他们的实际操作能力和问题解决能力。通过亲身参与,大学生能够更快地掌握专业技能,为将来的职业发展积累宝贵经验。

(三)拓展人脉资源

大学生积极参加各类创新创业类竞赛,还能结识来自不同背景、不同领域的优秀创业者、投资人、企业导师等。这些人往往拥有丰富的经验和资源,能够为大学生提供宝贵的指导和建议。通过与他们的交流,大学生能够开阔视野,了解行业前沿动态,甚至有机会获得实习、就业或创业的合作机会。这些人脉资源的积累,对于大学生未来的职业发展具有不可估量的价值。

(四)获得资金支持

对于初创项目而言,资金是制约其发展的关键因素之一。部分创新创业类竞赛设有奖金或投资对接环节,为参赛者提供了获得资金支持的机会。大学生通过参与这些竞赛,不仅能够展示自己项目的实力,还能吸引投资人的关注。一旦获得资金支持,他们的项目就有可能得到更快的发展,甚至实现商业化落地。

(五)增强团队协作能力

在创新创业类竞赛中,团队成员需要共同面对挑战、解决问题。这种经历有助于培养大学生的团队协作精神和领导力。通过参赛,大学生可以学会如何分工合作、沟

通协调，如何在压力下保持冷静并寻找解决方案，这些能力对于未来的学习和工作都至关重要，能够让大学生在团队中脱颖而出，成为领导者或核心成员。

三、常见创新创业类竞赛

在众多创新创业类竞赛中，中国国际大学生创新大赛（原中国“互联网+”大学生创新创业大赛）、“挑战杯”全国大学生课外学术科技作品竞赛、“挑战杯”中国大学生创业计划竞赛等赛事颇具代表性。这些赛事在大学生创新创业教育领域发挥着极为重要的引领与推动作用。

（一）中国国际大学生创新大赛

中国国际大学生创新大赛的前身，是中国“互联网+”大学生创新创业大赛。大赛由中华人民共和国教育部、中国共产党中央委员会统一战线工作部、中央网信办、国家发展和改革委员会、中华人民共和国工业和信息化部、中华人民共和国人力资源和社会保障部、中华人民共和国农业农村部、中国科学院、中国工程院、国家知识产权局、国家乡村振兴局、共青团中央12个部门携手地方政府联合主办。从2015年起，大赛每年举办一届，是全国范围内影响力最大、参与面最广、竞赛层次最高的大学生创新创业类竞赛。2023年，大赛正式更名为中国国际大学生创新大赛。

该项赛事主要包括高教主赛道、“青年红色筑梦之旅”赛道、职教赛道、产业命题赛道和萌芽赛道竞赛环节。在赛事举办期间，还同步举办了“青年红色筑梦之旅”活动，以及大赛优秀项目资源对接会、大学生创新成果展、世界大学生创新论坛、世界大学生创新指数框架体系发布会等系列活动。

该项赛事的持续举办，不仅激发了大学生群体的创新创造热情和能力，进一步深化了高等教育综合改革，还助力了获奖项目成果的社会转化，促进了各类新业态的形成，为推动高校毕业生实现更高质量的创业就业、推动经济提质增效升级贡献了积极力量。

（二）“挑战杯”全国大学生课外学术科技作品竞赛

“挑战杯”全国大学生课外学术科技作品竞赛是一项具有广泛影响力且历史悠久的大学生学术科技竞赛活动，俗称“大挑”。该项赛事创办于1986年，由中华人民共和国教育部、共青团中央、中国科学技术协会、中华全国学生联合会、省级人民政府主办，每两年举办一次（一般在奇数年举办）。该项赛事旨在培养广大高校大学生实事求是、刻苦钻研、勇于创新的精神品质和实践能力，促进高校大学生课外学术科技活动的蓬勃开展，并在此基础上发现和培养一批在学术科技上有作为、有潜力、有思想的优秀青年人才。

该项赛事主要是大学生课外学术科技作品的比拼，分为自然科学类学术论文、哲学社会科学类社会调查报告、科技发明制作三个板块。自然科学类学术论文聚焦于自

然科学各学科领域内的创新性研究成果；哲学社会科学类社会调查报告着重围绕社会现象、社会问题等展开深入调研分析与理论探讨；科技发明制作则突出展现大学生们的发明创造能力，包含各类具有创新性、实用性的科技产品、设备装置等发明成果。

该项赛事的举办，为大学生提供了一个充分展示自身学术底蕴、科研能力和创新思维的舞台，更在高校中营造了浓郁的校园学术文化氛围。组织动员在校大学生积极参与该项赛事，成为高校提升大学生综合素养、培育优良校风学风的重要抓手。

（三）"挑战杯"中国大学生创业计划竞赛

"挑战杯"中国大学生创业计划竞赛是一项具有导向性、示范性、实践性和群众性的高校大学生创新创业竞赛活动，俗称"小挑"。该项赛事创办于1999年，由中华人民共和国教育部、共青团中央、中国科学技术协会、中华全国学生联合会等主办，每两年举办一次（一般在偶数年举办）。该项赛事旨在引导和激励高校大学生弘扬时代精神，把握时代脉搏，将所学知识与经济社会发展紧密结合，培养和提高创新、创造、创业的意识和能力。同时，推动高校大学生就业创业教育的蓬勃开展，发现并培养一批具有创新思维和创业潜力的优秀青年人才。

该项赛事通常设置有多个组别，如科技创新和未来产业、乡村振兴和脱贫攻坚、城市治理和社会服务、生态环保和可持续发展、文化创意和区域合作等，以涵盖不同领域的创新创业项目。参赛团队需要从项目背景、市场分析、产品或服务介绍、商业模式、营销策略、团队组建、财务规划等多方面对自己的创业项目进行详细阐述与规划，通过竞赛的形式呈现。

经过数十年的发展，该项赛事已成为大学生群体中科技创新成果转换的重要载体和受关注的全国性创新创业赛事之一。大赛不仅为大学生提供了展示自己创新创业才华的舞台，还促进了高校之间的交流与合作，推动了创新创业教育的深入开展，为社会输送了一批批具有创新思维和创业潜力的优秀青年人才，为经济社会发展注入了新的活力。

（四）其他创新创业类竞赛

除上述三个重量级竞赛外，还有许多其他类型的创新创业类竞赛，如全国大学生电子商务"创新、创意及创业"挑战赛、中华职业教育创新创业大赛等。这些竞赛各具特色，为大学生提供了多样化的展示和实践平台。

四、创新创业类竞赛的参赛准备

创新创业类竞赛，作为挖掘和培育创新创业人才的重要平台，吸引了越来越多的大学生参与其中。"工欲善其事，必先利其器"，为在这样的竞赛中脱颖而出，参赛者不仅需要具备扎实的专业知识和创新思维，还需要做好充分的参赛准备。

创新创业类竞赛的参赛准备过程如图12-1所示。

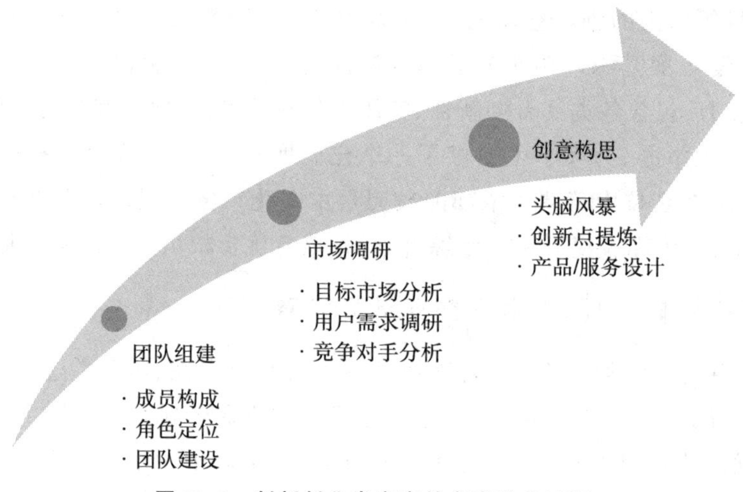

图 12-1 创新创业类竞赛的参赛准备过程

（一）团队组建

团队是创新创业类竞赛取得优异成绩的重要因素。一个优秀的团队能够集思广益，共同面对挑战，创造更多的可能性。项目起始阶段，需依据项目核心诉求，多渠道网罗人才。除了考虑成员的专业背景，还应注重成员的多元化，关注其思维方式、性格特点、工作经验、语言表达等方面的差异。多元化的团队成员能够带来不同的视角和想法，有助于项目的全面发展和创新。同时，在团队组建过程中，还要明确每个成员的角色定位，科学合理分工是团队高效运转的“密码”。此外，团队精神是团队成功的关键。在团队组建初期，就要注重团队精神的培养，注重团队文化的建设，形成积极向上的团队氛围。要及时化解潜在的矛盾误会，通过座谈会、谈心谈话、主题分享、团建活动等逐步凝聚团队向心力，让团队成员心往一处想、劲往一处使，提高团队协作效率，实现“1+1>2”的协同效应。

（二）市场调研

1. 目标市场分析

在着手调研时，要对宏观市场环境“抽丝剥茧”。从权威统计数据、行业研究报告切入，剖析目标市场容量大小、近年增长趋势走向，洞察其是处于高速扩张的“蓝海”，还是竞争饱和的“红海”态势；再聚焦微观层面，细分市场板块，锁定目标客户群特征，从年龄层次、消费能力、地域分布等维度，评估不同板块竞争激烈程度、潜在空白机遇，为项目精准“锚定”市场定位筑牢基础，明晰在市场“棋局”中的落子方向。

2. 用户需求调研

秉持“用户至上”的理念，运用多样化调研工具挖掘需求。问卷调查可大规模撒网，覆盖广泛样本群体，设计问题兼顾用户基本诉求、进阶期望与使用痛点，系统收集并量化反馈。访谈则是深度“钻探”，针对典型用户、行业意见领袖开展，深挖需求背后

情感动机和使用场景细节，捕捉用户“灵光一闪”的潜在需求，为产品或服务创新注入“源头活水”，使其能直击用户内心，与市场需求同频共振。

3. 竞争对手分析

全面审视竞争对手“全貌”。在产品或服务层面，拆解功能特性、品质优劣、价格定位，明确差异化竞争“靶点”；在市场策略维度，探究其推广渠道布局、促销活动规则、客户关系维护手段，借鉴成功之处，规避“雷区”；在优劣势盘点中，用辩证视角洞察对手，找准项目“弯道超车”的切入点，为项目的差异化竞争提供策略支持。

（三）创意构思

1. 头脑风暴

营造宽松自由的氛围，鼓励团队成员“天马行空”畅想。初期不设过多限制，围绕项目主题，从技术革新、商业模式重塑、应用场景拓展等维度激发创意“火花”，如探索共享经济模式能否应用到知识付费领域，或者新兴虚拟现实技术怎样赋能文旅行业发展等。后续依据可行性、创新性、市场契合度等维度严格筛选，剔除过于理想化、脱离实际的构想，保留潜力创意深入打磨，让好创意“浮出水面”。

2. 创新点提炼

在创新创业类竞赛中，创新点的提炼是一个复杂而细致的过程，也是项目成功的核心要素之一。首先，参赛者要基于扎实的市场调研，关注社会热点，了解公众在日常生活、工作、学习等方面所面临的问题，深入挖掘用户需求，市场痛点。其次，参赛者要注重结合前沿技术和社会趋势，了解人工智能、大数据、物联网等前沿技术在创新创业中的广阔应用空间。最后，参赛者还需要注重可持续性和可扩展性。一个优秀的创新点不仅要在当前市场中具有竞争力，还要具备持续发展的潜力和不断扩展的张力，确保项目行稳致远。

3. 产品/服务设计

产品/服务设计是将创新思维具象化、落地生根的关键环节，是创新点可触可感、可用可享的现实体现。在功能规划上，要以“精准满足、适度超前”为准则；在交互设计层面上，要秉持“简约直观、人性友好”思路；在外观设计上，要注重色彩、线条、材质等元素的搭配和运用，确保产品不仅具有美丽的外表，还能与用户的心理预期和使用场景相匹配，从视觉、触觉等感官维度“拉拢”顾客。在产品或服务的设计上，要努力实现从“能用”向“好用、爱用”的蜕变，为项目在激烈的比赛和最终的市场竞争中赢得一席之地。

五、创新创业类竞赛的参赛技巧

在创新创业的浪潮中，各类竞赛不仅是检验项目实力与团队智慧的重要平台，更是激发创新思维、提升创业能力的宝贵机会。然而，想要在激烈的竞争中脱颖而出，仅

仅依靠项目的创新性是不够的,参赛技巧的掌握同样至关重要。通过掌握这些技巧,参赛者将能够更有效地展示项目亮点,提升项目吸引力,从而在竞赛中取得优异的成绩,为未来的创新创业之路奠定坚实的基础。

(一)创新为核,务实为基

在准备参赛材料时,应坚决摒弃空洞无物的设想,转而聚焦于实际成果的展示与真实依据的提供。对于创业组,真实可靠的数据成果无疑是最佳的选择,它能直观证明项目的成效与价值。对于创意组,则需巧妙地运用各类资源,如团队的强大实力、导师的深厚背景及实验室的全力支持等,以此向评委传递出"创意切实可行,执行坚定有力"的明确信号。对于平台开发所依托的专业人才与资源,应进行详尽说明。在市场潜力、用户占比以及推广策略等方面,同样需要数据作为支撑。这些数据可以来自深入的市场调研或前人的宝贵经验,以增强项目说服力与可信度。

(二)化繁为简,突出亮点

拓展资源包
12-1

大学生创业竞赛创业计划书(模板)

项目材料应追求图文并茂的呈现方式,善于利用图表来传递关键信息,从而提升阅读效率与说服力。图表相较于文字更为直观,相较于表格则更为生动。在项目计划书中,可以通过具体案例、翔实的数据及确凿的证据来支撑论点,减少主观性描述,以量化的信息来直观展现项目的价值与市场潜力。同时,还可以采用流程图、动画等可视化手段来呈现项目的亮点与特色,将抽象的概念具象化,避免冗长的解释与阐述,使评委快速而准确地把握项目的精髓与核心。

(三)聚焦深耕,铸就精品

创新是项目脱颖而出的核心驱动力所在。然而,并非每个项目都能实现"从零到一"的彻底颠覆。在这种情况下,可以从"微创新"入手,如新技术的巧妙应用、业态的革新与重塑、概念的创新阐释或模式的独特设计等,以新颖的视角来解决现存的问题与挑战。此外,还应避免贪大求全、盲目扩张,应专注于某一细分领域,注重"小而美"的理念,将产品或模式做到极致,打磨到完美。

(四)精心策划,路演制胜

路演不仅仅是一场信息的传递与展示,更是一场精心策划与设计的表演。在路演前,需要提前布局故事情节、营造场景感并巧妙地融入情感元素,以触动评委的心弦,激发他们的共鸣,进而获得他们的认可。在路演过程中,可以借助知识产权的认证、头部公司的合作案例以及领域专家的认可等有力证据来增强项目的可信度与吸引力。即便是非专业领域的评委,也能通过这些直观而有力的证据迅速捕捉项目的精髓与亮点,从而达到最佳路演效果。

Note

第三节 志愿服务类竞赛

参加志愿服务类竞赛作为大学生开展社会实践的众多形式之一，不仅承载着培育新时代青年的重要使命，更是推动社会进步、弘扬正能量的有力抓手。在快速变化的社会环境中，大学生通过参与志愿服务类竞赛，不仅能够将课堂上学到的理论知识与实践相结合，还能在服务社会的过程中，深刻体会到"奉献、友爱、互助、进步"的志愿服务精神。这类竞赛不仅能丰富大学生的课余生活，还为大学生提供了一个展现爱心、传递正能量的实践平台。通过参与志愿服务类竞赛，大学生能够深入社会基层，了解社会现实，培养服务社会、奉献社会的意识和能力。

案例阅读12-2

"晨光——助力脱贫攻坚"项目是某高校立足学校人才培养特色，根据贫困地区实际需要，从暑期"三下乡"大学生社会实践活动中演化出来，经过精心打造的一个高校大学生助力脱贫攻坚工作的精品志愿服务项目。该项目从申报、立项、实施，到后期的总结、提升，再到参加中国青年志愿服务项目大赛，均得到了学校的大力支持，得到在校大学生的积极参与。学校组织相关人员多次论证，不断完善项目内容，积极开展路演预演等工作。在全国赛现场路演环节，团队成员沉着应对，陈述亮点突出，答辩有理有据，赢得了评委的肯定。同时，项目在大赛的现场展示、嘉宾访问、对接交流等环节中也吸引了众多人群的驻足关注。最终，"晨光——助力脱贫攻坚"项目斩获第四届中国青年志愿服务项目大赛全国赛银奖。

一、志愿服务类竞赛的含义及特点

志愿服务类竞赛，是指以志愿服务和公益活动为核心内容，组织和推动大学生积极参与志愿服务活动的一种竞赛类型。这类竞赛通过具体的志愿服务和公益项目，激发大学生的社会责任感和服务意识，培养实践能力、团队协作能力和创新精神。同时，志愿服务类竞赛也是展示大学生风采、传播正能量、推动社会进步的重要途径。

志愿服务类竞赛通常涵盖多个领域，如社区、景区、赛事服务、生态保护、支教助学、扶贫帮困、文化传承等。其主要有四个方面的特点。

（一）以公益为导向，聚焦社会需求

志愿服务类竞赛始终秉持公益初心，参赛项目紧扣社会当下迫切需求而设计。无

论是聚焦偏远山区教育资源匮乏问题，还是着眼于农村留守儿童的情感缺失和成长困境，或是策划系列社区文化营造、互助帮扶活动，以及修复社区温情纽带等，均体现出对社会"真问题"的关切回应，致力于补全社会服务短板，增加公共福祉。

（二）强调实践落地，注重品牌塑造

区别于纯理论研讨或创意设想比拼，此类竞赛更为看重项目实际落地实施情况。参赛者需要在实践中积极探索、贴合实际并不断创新，以更好地满足服务对象的需求。在此类项目的评判标准中，服务覆盖人群规模、受助对象切实改善反馈（如孤寡老人生活质量提升指标、贫困地区儿童学业成绩进步数据、景区游客对景区服务质量的满意度等）、社区环境正向变化程度等实践成果占据了核心地位。因此，要求项目具备"真抓实干""行之有效"的特质。同时，通过打造志愿服务品牌，推动志愿服务事业的影响力和可持续发展。

（三）强调团队协作，鼓励跨界融合

志愿服务类竞赛往往以团队形式进行，这要求大学生具备良好的团队合作能力。同时，随着社会的不断发展，越来越多的志愿服务和公益项目需要参赛者打破专业壁垒，寻求与其他领域的合作与交流。竞赛还为大学生提供了一个学习交流与资源共享的平台。通过参与竞赛，参赛者可以结识来自不同背景、不同专业的志同道合者，共同探讨志愿服务的新理念、新方法。此外，竞赛还可以为参赛者提供资金、技术、人力等方面的资源支持，助力他们更好地开展志愿服务项目。

（四）鼓励创新探索，彰显青春特色

志愿服务类竞赛为志愿服务注入创新活力，鼓励大学生运用新兴技术、新颖理念来破题。如利用大数据分析为游客行为来精准定位大众出游需求、借助直播平台拓展乡村手工艺品销售渠道实现文化扶贫、引入"时间银行"模式激励传统酒店业与新兴民宿业参与养老服务等，这些充满青春朝气、突破传统的创意实践，让志愿服务在新时代焕发别样魅力，契合年轻人勇于尝试、善于创新思维风格，为公益事业可持续发展拓展新路径。

二、志愿服务类竞赛对大学生的价值和意义

（一）提升社会责任感，塑造健全人格

志愿服务类竞赛往往围绕社会热点、民生问题展开，要求大学生深入基层、了解社会、服务群众。通过参与竞赛，大学生能够切身体会到社会问题的复杂性和多样性，从而增强他们的社会责任感。同时，志愿服务也是公民意识的重要体现，通过服务他人、奉献社会，大学生能够深刻理解公民权利与义务的内涵，进而形成更加积极、健康的世界观、人生观和价值观。

（二）夯实专业技能，激发创新思维与实践能力

志愿服务类竞赛往往要求大学生提出创新性的解决方案，以解决社会问题或改善公共服务。这一要求促使大学生不断思考、探索、创新，从而培养创新思维。同时，通过实施志愿服务项目，大学生能够将理论知识与实践相结合，有助于他们更好地理解和掌握专业知识，提升实践能力和综合素养。

（三）拓展社交版图，锻造协作能力

志愿服务类竞赛为大学生提供了一个与来自不同背景、不同专业人群交流的平台。通过参与竞赛，大学生能够结识志同道合的朋友，拓展自己的人际关系网。这些人际关系和社交网络不仅有助于他们在竞赛中取得更好的成绩，还能为他们的未来提供更多的发展机会和发展资源。

（四）点亮履历亮点，拓宽发展道路

在求职就业"战场"，志愿服务类竞赛经历是亮眼"勋章"。参加志愿服务类竞赛并获奖，不仅能体现出大学生所具备的沟通能力、组织协调能力、创新能力、实践能力等多方面的能力，同时也展现出大学生的爱心、热心和责任心，而这些都是用人单位所关注和认可的。这些参赛经历不仅能够丰富大学生简历，还能在面试中赢得用人单位的青睐，从而为未来的职业发展拓宽道路。

三、志愿服务类竞赛的主要赛事

在志愿服务领域，各类赛事层出不穷，它们不仅为大学生提供了展示自我、交流经验的宝贵平台，更推动了志愿服务事业的蓬勃发展。这些赛事以其独特的魅力和深远的意义，吸引着越来越多的青年大学生群体投身其中，共同为社会贡献青春力量。在这些赛事中，影响力最大的是志愿服务交流会暨中国青年志愿服务项目大赛。

志愿服务交流会暨中国青年志愿服务项目大赛是由共青团中央、中央社会工作部、民政部、水利部、文化和旅游部、国家卫生健康委员会、中国残疾人联合会和有关省（区、市）党委、政府联合主办，旨在推动志愿者事业发展的全国性赛事及交流活动，每届历时两年。赛事主体内容包括中国青年志愿服务项目大赛、中国青年志愿服务公益创业赛。赛会采取两年一轮的方式，一年举办面向各领域的项目大赛，另一年举办公益创业赛。

（一）中国青年志愿服务项目大赛

依法登记的志愿服务组织和经社区或单位同意成立的志愿服务团体均可申报参赛，包括但不限于各级青年志愿者协会或志愿服务联合会、学校志愿服务团体、机关事业单位志愿服务团体、企业志愿服务团体、基层团组织、其他社会团体、社会服务机构、基金会等。社会各领域实施的各类志愿服务项目均可作为参赛项目。要求项目申报

当年正在实施，连续实施时间不少于2年。参赛项目主要涉及乡村振兴、为老服务、关爱少年儿童、阳光助残、环境保护、文明实践、卫生健康、应急救援、社区治理与邻里守望、节水护水、文化传播与旅游服务、法律服务与禁毒教育和其他领域13个类别。比赛主要以材料阅评和路演答辩等方式进行，重点围绕项目目标、项目管理、项目成效、创新能力、社会影响等方面进行评审。

（二）中国青年志愿服务公益创业赛

各类志愿服务组织（含各级青年志愿者协会或志愿服务联合会、学校志愿服务团体、机关事业单位志愿服务团体、企业志愿服务团体及其他志愿服务团体）、基层共青团组织、社会组织（社团、社会服务机构、基金会）、参加志愿服务1年及以上的志愿者等均可报名参赛。参赛项目由志愿者、志愿服务组织、社会组织等发起，以满足社会公共需求为使命，具有一定商业模式的创业项目。要求项目具备目标内容合理，项目管理规范，形成服务产品，保障发展可持续等特点，同时能够兼顾弘扬志愿精神，推动青少年事业，为志愿者就业创业实践提供机会和岗位等。大赛主要以材料阅评和路演答辩等方式进行，重点围绕项目的社会价值、运营保障、组织治理、公益创业模式、社会影响等方面进行评审。

四、志愿服务类竞赛的备赛策略

随着各类志愿服务类竞赛的兴起，大学生有了更多展示自己才华、开展实践锻炼、贡献青春力量的平台。然而，如何在众多参赛者中脱颖而出，不仅需要热情与奉献，还需要掌握一定的备赛策略。

（一）精准定位项目立意，凸显创新性思维

在参与竞赛之前，大学生需要明确自己的目标和定位，了解竞赛的主题和要求，这有助于有针对性地准备项目，提高竞争力。在构思项目之初，需深度调研当下社会发展趋势与未被充分满足的需求，用创意视角挖掘志愿服务的切入点，摆脱陈旧模式束缚，契合时代脉搏。通过深入分析社会热点问题和潜在需求，结合自身专业背景和兴趣爱好，大学生可以精准定位志愿服务和公益项目的立意，确保项目在志愿服务的背景下具有创新性和前瞻性，从而在众多参赛项目中脱颖而出。

（二）筑牢项目根基，确保扎实可行

在策划志愿服务项目时，首先要招募一支志同道合、能力互补的团队，这是项目成功的基础。然后进行充分的前期调研和论证，了解目标群体的实际需求和问题所在，确保项目设计具有针对性和实用性。此外，可以结合学校各类志愿服务活动和社会实践等，利用学校资源和平台，为项目提供实践机会和展示舞台。

（三）聚焦社会效能，提升公益影响力

在策划和实施志愿服务项目时，应紧密结合社会实际，关注社会热点问题和人民

群众的实际需求。通过聚焦社会效能，提升公益性，使项目能够真正解决社会问题，产生积极的社会效益。同时，通过有效的宣传和推广，让更多人了解和关注项目，从而扩大项目的影响力，吸引更多志愿者和社会力量的参与和支持。

（四）雕琢展示环节，释放项目魅力

在竞赛申报材料的准备过程中，要确保各部分内容紧密关联、层层递进，逻辑条理清晰，充分突出项目的核心优势和特色。在路演展示环节，以生动的志愿服务故事串联项目要点，开场用困境实例引发观众共鸣，中间详细阐述解决问题的路径、方法和具体实施情况，结尾则展示项目成果和未来愿景，抽丝剥茧般呈现项目的核心精髓，使评委快速理解和领会项目的价值，再借助多种现代技术手段进行全方位立体呈现，让评委沉浸式地感受项目的价值，从而获得评委的认可。

简答题

1. 大学生文化和旅游社会实践与各类竞赛的关系是什么？
2. 请简述文旅类竞赛的含义及其特点。

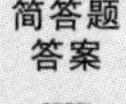

第十三章
大学生文化和旅游社会实践法律法规

学习目标

1. 了解与大学生文化和旅游社会实践相关的法律法规，熟悉这些法律法规的基本内容和作用。

2. 掌握在社会实践中做遵纪守法之人的方法。

能力目标

具备运用法治思维和法律知识来解决实践中遇到的常见问题的基本能力，包含法律实践能力、依法办事能力等。

素养目标

1. 树立法律信仰，建立法治思维，增强法律观念。

2. 提升遵纪守法意识、底线意识和法律综合素养，养成遵纪守法的良好习惯。

案例阅读13-1

暑假期间，某高校一位在校大学生小张到一知名景区进行为期50天的大学生文化和旅游社会实践。小张经过岗前培训后被分配到景区游客餐饮服务部从事一线生产劳动，通过签订实践协议获得一定的工作薪酬。在实践过程中，小张工作态度散漫，没有认真履行岗位职责，在某次工作中更因个人违规操作给该景区造成了2万多元的经济损失。事后，该景区要求小张按实践协议对因其个人原因造成的损失进行赔偿。小张坚称自己是在校大学生，不是该景区的正式员工，拒绝赔偿。该景区在协商无果后，向当地法院提起诉讼。经法院审理判决，小张向景区赔偿相应损失。

大学生开展文化和旅游社会实践，应当具备一定的法律意识和法律常识，自觉遵守国家的各项法律法规、学校和实践地的各项规章制度，积极做到遵纪守法，文明实践。同时,也要学会运用法律思维和法律知识解决实践过程中遇到的各种问题,维护自身、学校和实践地的合法权益。只有这样,才能确保社会实践顺利开展。

第一节 相关法律法规和制度

全面依法治国是我们国家高质量发展的重要保证。开展大学生文化和旅游社会实践,需要大学生提前了解并自觉遵守各项法律法规和政策文件。从国家层面来说,与社会实践相关的法律法规有《中华人民共和国宪法》《中华人民共和国刑法》《中华人民共和国劳动法》《中华人民共和国民法典》《中华人民共和国保险法》《中华人民共和国旅游法》《中华人民共和国治安管理处罚法》等。此外,国家和各高校也相应出台了与大学生社会实践相关的政策文件,这些都是大学生在开展社会实践前所必须熟悉和掌握的。

一、法律制度

(一)法律制度的概念和特征

法律制度是指一个国家或地区的所有法律原则和规则的总称,如政治法律制度、经济法律制度、文化法律制度、教育法律制度等。法律制度具有规范性、国家意志性、强制性、普遍性和程序性等特征。

(二)与大学生文化和旅游社会实践相关的国家法律制度

1.《中华人民共和国宪法》

《中华人民共和国宪法》(以下简称宪法)是国家的根本大法,是治国安邦的总章程,是党和人民意志的集中体现。我国现行的宪法于1982年12月4日由第五届全国人民代表大会第五次会议审议通过。2001年4月26日,中共中央、国务院决定将我国现行宪法通过实施日(12月4日)作为每年的全国法制宣传日。2014年11月1日,第十二届全国人民代表大会常务委员会第十一次会议决定,将现行宪法通过、公布、施行的日期(12月4日)设立为国家宪法日,正式以立法形式设立国家宪法日。

宪法第三十三条规定:凡具有中华人民共和国国籍的人都是中华人民共和国公民。中华人民共和国公民在法律面前一律平等。国家尊重和保障人权。任何公民享有宪法和法律规定的权利,同时必须履行宪法和法律规定的义务。

宪法规定了公民的基本权利,具体包括平等权、人身自由、社会经济权利、文化教育权利等。平等权,即公民平等地享有权利,不受任何差别对待,要求国家同等保护的权利,包括公民在法律面前一律平等。人身自由,又称身体自由,即公民的人身不受非

法侵犯的自由,主要包括公民的人身自由不受侵犯、公民的人格尊严不受侵犯、公民的住宅不受侵犯、公民的通信秘密和通信自由受法律保护。社会经济权利,即公民依照宪法的规定享有的具有物质经济利益的权利,主要包括公民合法财产的所有权和继承权、劳动就业权和取得报酬权、休息权,在年老、疾病或丧失劳动能力的情况下,从国家和社会获得物质帮助的权利。文化教育权利,即文化与教育领域享有的权利,主要包括受教育的权利、从事科学研究的权利,从事文艺创作的权利与从事其他文化活动的权利等。

同时,宪法也规定了公民的基本义务。具体包括维护国家统一与民族团结的义务,遵守宪法和法律的义务,维护国家安全、荣誉和利益的义务,依法服兵役的义务,依法纳税的义务和其他义务等。维护国家统一与民族团结的义务,这是社会主义现代化建设的重要保证,各少数民族聚居的地方实行区域自治,这些地区是中华人民共和国不可分割的部分,禁止任何形式的民族歧视和压迫。遵守宪法和法律的义务,具体包括遵守宪法和法律、保守国家秘密、爱护公共财产、遵守劳动纪律、遵守公共秩序、尊重社会公德。维护国家安全、荣誉和利益的义务,主要是指公民必须树立祖国安全高于一切的观念,同一切损害祖国尊严、危害国家安全的行为作斗争,保护国家的声誉和荣誉不受损害,维护国家的政治、经济、文化等方面的利益等。依法服兵役的义务,依照法律服兵役是公民的光荣义务。依法纳税的义务,即公民有依照法律纳税的义务。其他义务,主要指的是受教育的义务和劳动的义务。适龄的未成年人必须接受学校教育,一切有劳动能力的公民必须参加社会劳动等。[①]

大学生要熟悉宪法中规定的权利和义务,在社会实践中学以致用,保障自身的合法权益,履行应尽的责任和义务。如大学生享有人身自由的权利,任何实践地不得限制前来实践的大学生的人身自由,在工作之外的时间可以自由安排休息等。同时,在社会实践过程中,大学生也要履行维护国家安全、保护国家秘密等义务。如不能利用网络媒体发布涉密文件,不能给境外敌对势力提供涉及国家安全的重要信息,不能在网络媒体上发布虚假造谣信息,扰乱社会治安等。

2.《中华人民共和国刑法》

《中华人民共和国刑法》(以下简称刑法)是为惩罚犯罪,保护人民,根据宪法结合我国同犯罪作斗争的具体经验及实际情况制定的法律。刑法于1979年7月1日由第五届全国人民代表大会第二次会议审议通过,自1980年1月1日起施行,后经多次修订。刑法的任务,是用刑罚同一切犯罪行为作斗争,保卫国家安全、人民民主专政的政权和社会主义制度,保护国有财产和劳动群众集体所有的财产、公民私人所有的财产、人身权利、民主权利和其他权利,维护社会秩序和经济秩序,保障社会主义建设事业的顺利进行。

大学生要掌握刑法中相关知识,提高思想认识,明底线、知敬畏,要知道哪些能做,

① 相关法律条款参见《中华人民共和国宪法》。

哪些不能做。大学生要在社会实践中注意保护自己，同时也要设法杜绝和防范一切犯罪行为的发生。在刑法中，犯罪的概念是指一切危害国家主权、领土完整和安全，分裂国家、颠覆人民民主专政的政权，破坏社会秩序和经济秩序，侵犯国有财产或者劳动群众集体所有的财产，侵犯公民私人所有的财产，侵犯公民的人身权利、民主权利和其他权利，以及其他危害社会的行为，依照法律应当受刑罚处罚的，都属于犯罪。故意犯罪是指明知自己的行为会发生危害社会的结果，并且希望或者放任这种结果发生，因而构成犯罪的。故意犯罪应当负刑事责任。过失犯罪是指应当预见自己的行为可能发生危害社会的结果，因为疏忽大意而没有预见，或者已经预见而轻信能够避免，以致发生这种结果的。对于过失犯罪，法律有规定的才负刑事责任等。①

3.《中华人民共和国劳动法》

《中华人民共和国劳动法》(以下简称劳动法)是调整劳动关系及与劳动关系密切联系的社会关系的法律规范的总称。劳动法是根据宪法制定的法律，主要是为了保护劳动者的合法权益，调整劳动关系，建立和维护适应社会主义市场经济的劳动制度，促进经济发展和社会进步。劳动法于1994年7月5日第八届全国人民代表大会常务委员会第八次会议审议通过，自1995年1月1日起施行。其内容主要包括:劳动者的主要权利和义务;劳动就业方针政策及录用职工的规定;劳动合同的订立、变更与解除程序的规定;集体合同的签订与执行办法;工作时间与休息时间制度;劳动报酬制度;劳动卫生和安全技术规程等。

大学生参加文化和旅游社会实践，既属于接受劳动教育的一种重要方式，也属于劳动的范畴。因此，劳动法相关内容与社会实践息息相关。如在社会实践中，特别是在生产劳动类型的社会实践中，大学生有可能与实践单位签署实践协议，实践协议在一定程度上等同于或类似于劳动合同。在劳动合同的订立、变更与解除程序的规定中指出，劳动合同是劳动者与用人单位确立劳动关系、明确双方权利和义务的协议。建立劳动关系应当订立劳动合同。订立和变更劳动合同，应当遵循平等自愿、协商一致的原则，不得违反法律、行政法规的规定。违反法律、行政法规的劳动合同和采取欺诈、威胁等手段订立的劳动合同是无效合同。劳动合同可以约定试用期。试用期最长不得超过六个月。经劳动合同当事人协商一致，劳动合同可以解除。在签订社会实践协议(劳动合同)时，要认真阅读，检查有效性，避免因协议无效而不能保障自己的合法权益，影响社会实践的开展。②

4.《中华人民共和国民法典》

《中华人民共和国民法典》(以下简称民法典)于2020年5月28日由第十三届全国人民代表大会第三次会议审议通过，自2021年1月1日起施行。民法典各编依次为总则、物权、合同、人格权、婚姻家庭、继承、侵权责任及附则。编纂民法典，是坚持和完善

① 相关法律条款参见《中华人民共和国刑法》。

② 相关法律条款参见《中华人民共和国劳动法》。

中国特色社会主义制度的现实需要，对推进全面依法治国、推进国家治理体系和治理能力现代化、推动经济高质量发展、增进人民福祉、维护最广大人民根本利益都具有十分重要的意义。民法典与公民的日常生产生活联系非常紧密，自其实施之后，《中华人民共和国合同法》随之废止。

大学生在文化和旅游社会实践中，可能会涉及采购、租赁等需要签订合同的事项，这就需要运用到民法典中合同的有关规定。民法典第三编"合同"在《中华人民共和国合同法》的基础上，坚持维护契约、平等交换、公平竞争的原则，规定了合同的订立、效力、履行、保全、变更和转让、权利义务终止、违约责任等一般性规则，并在《中华人民共和国合同法》的基础上，完善了合同总则制度。民法典中的典型合同在市场经济活动和社会生活中应用普遍。为适应现实需要，民法典在原有的买卖合同、赠予合同、借款合同、租赁合同等15种典型合同的基础上，增加了4种新的典型合同，还在总结实践经验的基础上完善了其他典型合同，为大学生文化和旅游社会实践开展相关工作提供了重要的法律遵循和指引。

5.《中华人民共和国保险法》

《中华人民共和国保险法》(以下简称保险法)是为规范保险活动，保护保险活动当事人的合法权益，加强对保险业的监督管理，维护社会经济秩序和社会公共利益，促进保险事业的健康发展而制定的法律。保险法于1995年6月30日由第八届全国人民代表大会常务委员会第十四次会议审议通过，并在之后经历了多次修正和修订。现行版本的保险法详细规定了保险合同的订立、变更、解除和履行，保险公司的设立、经营和监管，以及保险代理、保险经纪等相关内容。此外，还明确了保险活动当事人的权利和义务，确立了保险业与其他金融业的分业经营原则，并规定了违反保险法的法律责任。

大学生在开展文化和旅游社会实践前，需要购买相应的保险，如意外保险、出行保险、财产保险等，以保障人身和财产安全。因此，大学生要对保险法相关条款有一定的认识和了解，掌握一定的保险常识。如保险合同是投保人与保险人约定保险权利义务关系的协议。投保人是指与保险人订立保险合同，并按照合同约定负有支付保险费义务的人。保险人是指与投保人订立保险合同，并按照合同约定承担赔偿或者给付保险金责任的保险公司。订立保险合同，应当协商一致，遵循公平原则确定各方的权利和义务。除法律、行政法规规定必须保险的外，保险合同自愿订立。人身保险的投保人在保险合同订立时，对被保险人应当具有保险利益。财产保险的被保险人在保险事故发生时，对保险标的应当具有保险利益。人身保险是以人的寿命和身体为保险标的的保险。财产保险是以财产及其有关利益为保险标的的保险。被保险人是指其财产或者人身受保险合同保障，享有保险金请求权的人。投保人可以为被保险人。保险利益是指投保人或者被保险人对保险标的具有的法律上承认的利益。投保人提出保险要求，经保险人同意承保，保险合同成立。保险人应当及时向投保人签发保险单或者其他保险凭证。保险单或者其他保险凭证应当载明当事人双方约定的合同内容。当事人也可以约定采用其他书面形式载明合同内容。依法成立的保险合同，自成立时生

效。投保人和保险人可以对合同的效力约定附条件或者附期限。保险合同成立后，投保人按照约定交付保险费，保险人按照约定的时间开始承担保险责任。除保险法另有规定或者保险合同另有约定外，保险合同成立后，投保人可以解除合同，保险人不得解除合同。①

6.《中华人民共和国旅游法》

《中华人民共和国旅游法》（以下简称旅游法）是为保障旅游者和旅游经营者的合法权益，规范旅游市场秩序，保护和合理利用旅游资源，促进旅游业持续健康发展而制定的法律。旅游法于2013年4月25日由全国人民代表大会常务委员会发布，自2013年10月1日起施行。旅游法主要内容包括总则、旅游者、旅游规划和促进、旅游经营、旅游服务合同、旅游安全、旅游监督管理、旅游纠纷处理、法律责任和附则。

大学生开展文化和旅游社会实践，具体工作可能与旅游法密切相关，要主动学习旅游法的相关知识。如旅游者有权自主选择旅游产品和服务，有权拒绝旅游经营者的强制交易行为。旅行社不得以不合理的低价组织旅游活动，诱骗旅游者，并通过安排购物或者另行付费旅游项目获取回扣等不正当利益。②当发生强买强卖、低价游诱骗旅游者购物等类似事件时，大学生可以运用旅游法的相关知识进行处理，维护旅游市场的良好秩序，营造诚信经营的旅游氛围。

7.《中华人民共和国治安管理处罚法》

《中华人民共和国治安管理处罚法》（以下简称治安管理处罚法）是为维护社会治安秩序，保障公共安全，保护公民、法人和其他组织的合法权益，规范和保障公安机关及其人民警察依法履行治安管理职责而制定的法律。治安管理处罚法于2005年8月28日由第十届全国人民代表大会常务委员会第十七次会议审议通过，自2006年3月1日起施行。

在安全的社会环境中开展文化和旅游社会实践，是社会实践工作的前提。在实践过程中，大学生可能会面对较为复杂的社会环境，要掌握治安管理处罚法的相关知识，在守住底线、不发生违法乱纪行为的同时，学会运用治安管理处罚法维护自己的合法权益，保障自己的人身和财产安全。

案例阅读13-2

某高校大学生小陈在一旅行社进行大学生文化和旅游社会实践。在实践过程中，因工作安排和薪酬分配等问题，与旅行社相关部门管理人员发生争执。在争吵过程中，小陈一时没控制住自己的情绪，随手拿起水杯将对方头部打伤致其住院。当地派出所以殴打他人为由对小陈进行拘留处理。小陈的社会实践由此中止，社会实践课程成绩为不合格，这给他今后的学习、就业等方面均带来了不同程度的影响。

---

① 相关法律条款参见《中华人民共和国保险法》。

② 相关法律条款参见《中华人民共和国旅游法》。

二、国家关于社会实践的政策文件

（一）关于进一步加强高校实践育人工作的若干意见

2012年1月，教育部等部门联合发布了《教育部等部门关于进一步加强高校实践育人工作的若干意见》（教思政〔2021〕1号）。该意见强调，进一步加强高校实践育人工作，是全面落实党的教育方针，把社会主义核心价值体系贯穿于国民教育全过程，深入实施素质教育，大力提高高等教育质量的必然要求。党和国家历来高度重视实践育人工作。坚持教育与生产劳动和社会实践相结合，是党的教育方针的重要内容。坚持理论学习、创新思维与社会实践相统一，坚持向实践学习、向人民群众学习，是大学生成长成才的必由之路。进一步加强高校实践育人工作，对于不断增强学生服务国家服务人民的社会责任感、勇于探索的创新精神、善于解决问题的实践能力，具有不可替代的重要作用；对于坚定学生在中国共产党领导下，走中国特色社会主义道路，为实现中华民族伟大复兴而奋斗，自觉成为中国特色社会主义合格建设者和可靠接班人，具有极其重要的意义；对于深化教育教学改革、提高人才培养质量，服务于加快转变经济发展方式、建设创新型国家和人力资源强国，具有重要而深远的意义。

该意见指出，要统筹推进实践育人各项工作，加强实践育人工作总体规划，强化实践教学环节，深化实践教学方法改革，认真组织军事训练，系统开展社会实践活动，着力加强实践育人队伍建设，积极发挥学生主动性，加强实践育人基地建设。从形成工作合力、加大经费投入、加强考核管理、加强研究交流、强化舆论引导五个方面切实加强对实践育人工作的组织领导。①

（二）高校思想政治工作质量提升工程实施纲要

2017年12月，教育部党组印发了《高校思想政治工作质量提升工程实施纲要》（教党〔2017〕62号）。该纲要提出要充分发挥课程、科研、实践、文化、网络、心理、管理、服务、资助、组织等方面工作的育人功能，挖掘育人要素，完善育人机制，优化评价激励，强化实施保障，切实构建“十大”育人体系的基本任务。其中，在实践育人质量提升体系方面，该纲要指出要坚持理论教育与实践养成相结合，整合各类实践资源，强化项目管理，丰富实践内容，创新实践形式，拓展实践平台，完善支持机制，教育引导师生在亲身参与中增强实践能力、树立家国情怀。

在该纲要的主要内容部分，强调要扎实推动实践育人。整合实践资源，拓展实践平台，依托高新技术开发区、大学科技园、城市社区、农村乡镇、工矿企业、爱国主义教育场所等，建立多种形式的社会实践、创业实习基地。丰富实践内容，创新实践形式，广泛开展社会调查、生产劳动、社会公益、志愿服务、科技发明、勤工助学等社会实践活

① 相关内容参见教育部文件《教育部等部门关于进一步加强高校实践育人工作的若干意见》。

动，深入开展好大学生暑期“三下乡”“志愿服务西部计划”等传统经典项目，组织实施好“牢记时代使命，书写人生华章”“百万师生追寻习近平总书记成长足迹”“百万师生重走复兴之路”“百万师生‘一带一路’社会实践专项行动”等新时代社会实践精品项目，探索开展师生志愿服务评价认证。深入推进实践教学改革，分类制定实践教学标准，适度增加实践教学比重，原则上哲学社会科学类专业实践教学不少于总学分(学时)的15%，理工农医类专业不少于25%。加强创新创业教育，开发专门课程，健全课程体系，实施“大学生创新创业训练计划”，支持学生成立创新创业类社团。完善支持机制，推动专业课实践教学、社会实践活动、创新创业教育、志愿服务、军事训练等载体有机融合，形成实践育人统筹推进工作格局，构建“党委统筹部署、政府扎实推动、社会广泛参与、高校着力实施”的实践育人协同体系。培育建设一批实践育人与创新创业示范基地。①

三、高校关于社会实践的相关制度和规定

为推动高校大学生社会实践工作规范化、科学化、专业化开展，充分发挥社会实践育人在人才培养中的积极作用，很多高校都就进一步加强和改进大学生社会实践工作提出了具体意见，出台了相关制度和规定。这些制度和规定，涉及社会实践育人体系搭建、社会实践课程设置和考核、社会实践组织和安排、社会实践安全保障、社会实践基地建设和管理、社会实践指导教师职责等诸多内容。

为突出社会实践在人才培养中的重要作用，有的高校在人才培养方案中明确设立社会实践为必修课程，排入教学计划，实现社会实践课程在学生群体中的全覆盖。出台社会实践课程相关管理办法，对课程属性、学分设置、课程内容、组织形式、开设时间、课程时长等提出具体要求。科学制定课程教学大纲，规范社会实践相关材料，做好材料收集和归档工作。积极探索科学的评价体系，提升社会实践育人成效等。

为促进社会实践与其他教育教学工作的融合，有的高校建立由教务处负责统筹，校团委协助，宣传部、人事处、学生工作处、保卫处、科研处等相关职能部门通力配合，二级学院具体开设，教师广泛参与的社会实践课程组织实施体系。各二级学院在上述部门的支持下，结合本学院专业特点，完善社会实践教学大纲，将社会实践与专业建设、第一课堂实践环节、实习实训、寒暑假“三下乡”社会实践活动、科研项目、创新创业教学与竞赛、志愿服务、满意度调研等服务地方经济建设和社会发展的活动结合起来，打造特色社会实践品牌，做到社会实践工作与其他教育教学工作同部署、同安排、同落实等。

为充分调动教师参与社会实践的积极性，有的高校积极构建以专任教师为主，辅导员、班主任和行政岗位教师为辅的社会实践指导教师队伍。探索将实习实训指导教师、毕业论文指导教师与社会实践指导教师等队伍进行有效融合，提升指导成效。鼓

① 相关内容参见教育部文件《高校思想政治工作质量提升工程实施纲要》。

励指导教师围绕社会实践课程开展教育教学改革研究，鼓励指导教师借助社会实践课程组织学生参与自身的科研课题（项目），鼓励指导教师借助创新创业竞赛等组织开展社会实践活动。进一步健全教师指导社会实践课程工作量的认定机制。开展社会实践优秀指导教师的评选和表彰。在职称评聘方面，探索将教师指导社会实践情况纳入评聘条件范围等。

为进一步激发学生参加社会实践的主动性和自觉性，有的高校结合专业特点和学习计划，进一步丰富社会实践课程内容和形式，提供学生更多社会实践机会和选择。开展社会实践动员会、经验交流会、展评会、专题培训等，为学生参与社会实践进行积极引导。鼓励学生以团支部、项目小组、学生会等团队或学生组织的形式开展社会实践活动。开展社会实践优秀个人评选，对在社会实践中表现突出的学生予以表彰。完善高校共青团"第二课堂成绩单"制度，对学生因参加社会实践所获相关荣誉予以第二课堂学分评定等。

在加强社会实践基地建设方面，有的高校积极拓宽社会实践基地范围，紧贴专业教学需要，重点在文化和旅游产业相关领域，借助校企合作办学、科研、创新创业、志愿服务、实习与就业等渠道和方式，广泛建立稳定的社会实践基地。建立健全社会实践基地建设和管理举措。将社会实践基地建设情况纳入相关指标体系考核工作之中，督促落实社会实践基地建设任务，发挥实践基地育人功能。鼓励师生到学校社会实践基地开展实践活动，对优秀社会实践基地予以表彰等。

在确保社会实践安全有序开展方面，有的高校开展项目化社会实践活动申报工作，从教学、学生活动、科研等经费中对师生开展社会实践予以支持。加强对师生参与社会实践的安全教育，提升安全防范意识，督促学生遵守各项规章制度。要求指导教师确保学生在每次开展社会实践前均接受过安全教育。要求学生务必将实践地点、实践内容、实践时长等信息提前告知指导教师和学生家长并征得他们的同意，签署安全防范承诺书并购买人身意外保险。在实践过程中，要求师生注意言行举止，主动维护学校和自身良好形象，严格按照教学大纲落实社会实践各项教学任务和要求等。

第二节 在社会实践中做遵纪守法之人

大学生知法、懂法是基础，通过学习和实践不断提升法律素养，增强法律意识，做遵纪守法之人。在开展文化和旅游社会实践中，大学生切莫以为离开了校园就没有了监督和约束，一旦出现违纪违法行为，就必定受到惩罚，最终将不可避免地影响自己的大学生涯和人生前程。

案例阅读13-3

某高校学生小高喜欢玩手机游戏，经常在游戏中充值买虚拟物品，每个月开支比较大，家里给的生活费完全不够用。暑假期间，小高参加了学校组织的大学生文化和旅游社会实践，到某剧院开展实践活动。有一天，小高在工作中发现该剧院库房未上锁，心生歹意，趁无人之际进入库房盗走了数台摄像和音控设备，变卖后将所获赃款全部挥霍在手机游戏上。最终，小高的盗窃行为被发现，因其触犯了法律而受到严厉惩罚。小高追悔莫及，悔不当初。

无论是在社会实践中，还是在日常学习和生活中，大学生应该主动学习法律法规知识，依照法律法规严格约束自己，做一名遵纪守法的好公民。

一、大学生提升法律素养的重要意义

（一）是新时代法治国家建设的必然要求

个体的法律素养是法治国家建设的基石，只有在个体的思想认识和具体行为上表现出对法治的积极认可，法治国家才能够得以建立和发展。新时代法治国家建设需要全民共同参与，需要全民具备较高的法律素养。大学生作为社会的高素质人才和未来社会发展的中坚力量，是法治建设的积极参与者和推动者，其法律素养的提升对于法治国家的建设具有至关重要的作用。大学生的法律意识和法律行为将直接影响社会的法治氛围、法治实践和法治化进程。因此，在新时代法治国家建设进程中，提升大学生法律素养已成为必然要求。

（二）是成为社会主义事业的合格建设者和接班人的重要保证

要成为社会主义事业的合格建设者和接班人，需要当代大学生德智体美劳全面发展。法律素养是大学生全面发展的重要内容之一。不具备一定的法律素养，就不能成为一名合格的社会主义事业建设者和接班人。因此，大学生要积极提升自己的法律素养，在法律的保驾护航下让自己健康成长，在自己的成长过程中自觉接受法律的滋养，确保自己的成长符合国家、社会和人民的需要，真正成为社会主义事业的合格建设者和接班人。

（三）为文明社会、和谐社会建设创造有利条件

建设文明社会、和谐社会，需要构建起人与人之间互相尊重、互相信任的社会关系，需要全体人民各尽所能、各得其所、和谐相处。大学生是社会的重要群体，是社会关系中的重要一环，如果大学生能具备较高的法律素养，能树立正确的法治理念，能自觉遵守行为准则并将其运用于日常行为中，就能更好地发挥自身的引领示范作用，引

导更多社会公民尊重法律、学法懂法、遵纪守法，不断提高全社会的法律意识和观念，积极提升全社会的法治氛围，为文明社会、和谐社会建设创造有利条件。

二、当前大学生的法律素养存在不足

（一）对基本的法律知识掌握不够

大学生对法律规定的基本权利和义务了解相对有限。虽然了解一些权利和义务的名称，但没有深入理解其具体内容和内涵，对法律规定的基本权利和义务的适用范围不清楚、重要性认识不足。同时，大学生在高校中也会接触到一些常用的法律常识和法理概念，但由于受时间和资源的限制，大学生短期内难以掌握相关领域的基本法律常识和具体应用方法。因此，不少大学生对于常用的法律知识了解不多，存在一定的法律盲区。

（二）对必要的法律程序不熟悉

大学生没有经过实践锻炼，无法深入理解法律程序的重要性和具体的运作方式，对法律适用的具体情形和案例理解不够深刻。如大学生对民事纠纷的仲裁、起诉、执行程序等知之甚少，这就导致很多大学生缺乏对自身合法权益的保护意识，尤其是对于一些侵害自己权益的行为，不知道该如何通过法律手段和程序来维护自己的合法权益。

（三）良好的守法习惯还未养成

大学生虽然掌握守法的基本原则，但与实际联系不紧密，没有完全做到知行合一。如有的大学生在社会实践中损坏了实践基地的贵重物品、没有按协议要求履行实践义务、拾到他人物品占为己有。这些行为不仅侵犯了他人的合法权益，违反了法律规定，同时也违反了社会公德，是部分大学生守法习惯还未养成的具体表现。

（四）系统的法律思维还未建立

大学生缺乏系统的法律思维。一方面，他们对违反法律的后果预估不足或存在侥幸心理，没有风险防范意识，把“不懂法”作为可以“违法”的理由和借口。如大学生在开展文化和旅游社会实践中，在不法分子的诱导下为旅游产品进行“刷单”、在评论区恶意点评、编造或转发不实信息等。这些都触犯了法律的规定，是违法行为。另一方面，维护自己合法权益的方式不合理是大学生缺乏系统的法治思维的表现之一。有些大学生在社会实践中遭遇到不公正待遇，或被拖欠、克扣工资，或遭受“性骚扰”等，他们不会使用法律手段，通过正规合法渠道维护自己的正当权利，而是采取极端方式来解决问题，最后造成更大损失。

三、提升法律素养做遵纪守法的大学生

（一）加强法律知识的学习

大学生在开展社会实践前，要注意加强对相关法律知识的学习。主动学习法律知识，是知法、懂法、守法和用法的前提。大学生要充分认识法律的重要性，充分认识提升法律素养对自己、对他人、对国家和社会的重要意义，从思想上认可法律、尊重法律、敬畏法律，并自觉将其转化为学习法律的主动性和积极性。大学生还要通过集中阅读相关书籍和法律条文，加深对法律知识的理解和记忆，拓展法律的知识面，提高分析和解决问题的能力。此外，大学生还可以通过网络平台阅读和浏览日常生活中的法律案件，深化自己对法律知识和法律实践的理解。同时，还可以积极向法律专业的同学和教师请教在社会实践中可能遇到的法律问题，寻求他们的指导和帮助，为顺利开展社会实践奠定坚实的法律基础。

（二）严守各项法律法规

在社会实践过程中，大学生要严格遵守各项法律法规。这些法律法规，既包括国家层面的法律，也包括校纪校规、实践地的各项规章制度等。不能把"不懂法""还是在校学生"等作为违法的理由和借口，不能因为到校外实践没有学校的约束、没有师生的监督而放松对自己的要求，出现违法乱纪的行为。此外，在社会实践过程中，因为大学生社会经验不足，容易受到各种诱惑的滋扰，容易被不法分子引诱而走上违法犯罪道路。因此，大学生要时刻保持头脑清醒，明辨是非；要始终秉承正确的价值观，知荣辱，合理看待得与失、名与利；不要贪图便宜和不义之财，不要相信"天下会掉馅饼""可以不劳而获"的谎言，更不可抱有任何侥幸心理，以免造成不可挽回的损失。

（三）坚决抵制违纪违法行为

大学生作为未来的社会主义建设者和接班人，自己不仅要做到遵纪守法，也要坚决抵制各类违纪违法行为，与违纪违法人员作斗争。在社会实践中，一方面，当发现身边的同学、同事或他人有违纪违法行为时，在确保自身安全的前提下，要主动采取合理、可行的方式加以制止，并向有关单位和部门反映报告，同时自己也要坚决拒绝参加违纪违法活动，自觉维护国家、社会和个人安全。另一方面，可以借助开展大学生文化和旅游社会实践的契机，对实践对象进行多种形式的普法宣传（图 13-1）、参加各类法律实践活动等，在增强自身法律素养和社会责任感的同时，也为营造良好的法治氛围和公平与正义的社会环境贡献积极力量。

图 13-1 开展普法宣传实践活动

践履试金

第十三章
课后习题

简答题
答案

简答题

1.请简述大学生提升法律素养的重要意义。

2.在社会实践中大学生应该如何提升法律素养做遵纪守法之人?

第十四章
大学生文化和旅游社会实践典型案例

案例一　红色文化旅游研习实践之旅

（一）实践概况

1. 实践主题

青春向党 共筑中国梦。

2. 实践目的

组织开展本次实践活动的目的在于，一方面，让实践团队成员接受红色文化教育，进一步坚定理想信念，提升红色文化传播能力和运用文旅相关专业知识解决实际问题的能力；另一方面，传播当地的红色文化，为当地开展红色文化旅游提供积极助力，服务地方经济和社会发展。

3. 实践类型

志愿服务。

4. 实践地点

国内西部地区红色文化旅游资源较为丰富的某市县。

5. 实践天数及团队人数

10天，12人。

（二）实践内容

本次社会实践主要包含三个方面的内容。一是调查当地红色文化旅游发展的现状，梳理存在的问题并提出改进意见建议。二是帮助整理当地红色景区景点和纪念馆的讲解词，现场录制讲解视频，并为前来参观的游客提供志愿讲解服务，通过线上线下等方式，传播红色文化。三是为当地红色景区景点和纪念馆培训红色导游等相关从业人员，提升业务水平和服务质量。

（三）实践成果

1. 撰写调研报告

实践团队开展走访调研，发放调查问卷360份、访谈28人，走访当地红色景区景点和纪念馆4个，掌握了当地红色文化旅游的发展现状，通过分析总结出存在红色文化资源分散、未形成品牌效应、服务质量有待提升等问题，并提出了加强红色文化旅游规划和开发、丰富红色文化旅游形态、增加红色文化体验项目、开展从业人员技能培训等意见建议，形成1篇调研报告，提交当地相关部门参考。

2. 开展志愿服务

帮助当地整理红色景区景点和纪念馆讲解词，现场录制讲解视频，为当地红色景区景点和纪念馆提供志愿讲解30余场，服务游客2000余人。

3. 开展相关培训

为当地红色景区景点和纪念馆培训红色导游等相关从业人员3场，共计90余人。培训内容涉及文旅法律法规、讲解技巧、礼仪规范、沟通技巧、新媒体运用、安全常识、突发情况处置等内容。

案例二　争做新时代红色文化传播的使者

（一）实践概况

1. 实践主题

坚定理想信念 永葆赤子之心。

2. 实践目的

大学生作为新时代的青年力量，承担着传承与发扬红色文化的重要使命。组织本次实践活动的目的在于，一方面，让实践团队成员深入了解红军长征途经实践地的历史，接受红色文化教育，坚定理想信念。另一方面，开展红色文化传播工作，让更多中小学生了解红色文化，接受爱党爱国教育，提升实践团队成员的红色文化传播能力、服务社会的意识和综合素养。

3. 实践类型

志愿服务。

4. 实践地点

国内西部地区某红军长征途经市县和高校所在地市周边中小学。

5. 实践天数及团队人数

4个月,25人。

(二)实践内容

本次社会实践主要包含三个方面的内容。一是前往实践地的红色文化教育基地参观,向当地党史研究人员求教,收集整理红军长征途经实践地的文献资料和相关革命历史故事。二是编排红色课程内容,编制红色绘本、撰写红色课程讲义和PPT课件。三是前往高校所在地市周边中小学,为中小学生上一堂由实践团队成员主讲的红色教育课,对中小学生开展党史学习教育、传播红色文化。

(三)实践成果

1. 进行红色文化研学

实践团队赴实践地,前往当地的红军烈士纪念碑园、红军桥、阻击战旧址、红军纪念馆等十余处红色文化教育基地进行参观学习,听取当地讲解员、党史研究人员讲述红军长征经过实践地的革命历史,查阅相关文献资料数十篇,对红军长征过实践地的历程有了深入了解。

2. 准备红色课堂

以现场参观学习和查阅的文献资料为基础,在学校马克思主义学院教师的指导下,针对中小学生准备了一堂生动的红色主题教育课。该课程名称为"坚定理想信念 永葆赤子之心",时长90分钟,以红军长征过实践地的革命历史为背景,以红军长征在实践地发生的重要战役为主要内容,融入革命历史故事,同时编制了1份红色绘本、撰写了1篇红色课程讲义和1份PPT课件(含视频内容),开展课前集体备课5次,培训实践团队主讲16人,为开展红色课堂教学相关工作奠定了坚实的基础。

3. 开展红色文化传播

成立红色文化传播使者团,前往高校所在地市周边的8所小学和2所初中,为当地的中小学生开展了32场以"坚定理想信念 永葆赤红之心"为主题红色教育课(图14-1),现场聆听的中小学生超过千人。同时,印制并发放红色绘本200余册,将红色文化带入校园,在传承红色基因中培育时代新人。

图14-1 实践团队成员为小学生上红色主题教育课

案例三　乡村旅游与特色文化资源的利用与开发研究

（一）实践概况

1.实践主题

乡村振兴 文旅先行。

2.实践目的

针对某县乡村旅游与特色文化资源的利用与开发情况进行社会调查。组织此次实践活动的目的在于，一方面，围绕调研主题深入了解并掌握基本情况，发现存在的问题，提出意见建议，帮助该县更好地发展乡村旅游，加强特色文化资源的利用与开发，为当地经济和社会发展提供积极帮助。另一方面，增强实践团队成员对所学理论知识的理解和运用能力，提升学术素养，加深对发展文旅行业推动乡村振兴的认知，以实际行动助力乡村发展。

3.实践类型

社会调查。

4.实践地点

国内西部地区某市县。

5.实践天数及团队人数

6天，8人。

（二）实践内容

前往实践地，使用文献检索法、问卷调查法、统计分析法、访谈法等，围绕调研主题开展社会调查。主要方式包括：向当地乡村旅游和文化行业的从业人员、管理者、游客及居民等发放调查问卷，与其代表性人物进行访谈；在线上查阅相关文献资料，到当地档案馆查询材料，到文化和旅游管理部门进行走访；到当地乡村旅游和特色文化集中地进行实地参观等。随后对调查收集的信息和数据进行整理和分析，运用所学的专业知识，结合分析结果，总结归纳出存在的问题，提出有针对性的意见建议，形成完整的调研报告，提供给当地相关部门以供参考。

（三）意见建议

针对调研中发现的问题，实践团队提出的意见建议主要有：一是加强对乡村旅游和特色文化资源利用与开发的顶层设计，制定5～10年的发展规划，出台帮扶政策；二是贯彻文旅融合的发展思想，以红色文化旅游、生态旅游为突破口，深入挖掘特色文

化,打造文旅融合的特色乡村旅游品牌;三是加强基础设施建设,特别是交通、环境等,提升从业人员专业技术水平和服务质量;四是整合多方资源,发挥全域旅游优势,积极向上级部门申请专项资金,借助优质企业力量合力开发;五是加大对外宣传力度,采用年轻人喜欢的方式开展对外宣传推广,打造专属IP。

案例四 景区智慧旅游应用推广现状及对策研究

(一)实践概况

1. 实践主题

科技赋能 智慧旅游。

2. 实践目的

随着信息技术的迅猛发展,智慧旅游已成为旅游行业转型升级的重要方向。某地主要风景区作为国内外知名的旅游胜地,其智慧旅游应用的推广情况直接关系到游客的体验和当地旅游产业的发展。本次社会实践旨在深入调研实践地主要风景区的智慧旅游应用现状,分析其存在的问题,并提出切实可行的对策建议,以推动景区智慧化、智能化建设,提升游客满意度,促进当地旅游产业的可持续发展。同时,通过本次实践活动的开展,实践团队成员能够将理论知识运用到实际之中,进一步加深对智慧旅游相关知识和概念的理解,提升实践能力,深化文旅行业最新发展趋势和发展现状的认知,扩宽文旅行业视野。

3. 实践类型

社会调查。

4. 实践地点

国内某知名旅游城市主要风景区。

5. 实践天数及团队人数

7天,12人。

(二)实践内容

实践团队成员前往实践地主要风景区,通过实地走访、问卷调查、网络数据爬取等多种方式,对景区的智慧旅游应用进行了全面调研。调研内容涵盖智慧导览、智能购票、无人驾驶观光车、虚拟现实体验、智能客服等多个方面。实践团队详细记录了各景区智慧旅游应用的类型、覆盖范围、使用便捷性、游客满意度反馈等信息。然后对收集到的信息进行分析、归纳和总结,找出存在的问题,并提出有针对性的意见建议,形成

一份整体的调研报告(含各景区分项报告)供实践地文旅管理部门、景区运营和管理方等借鉴和参考。

（三）意见建议

针对调研中发现的问题,实践团队结合自己所学的理论知识,提出以下意见建议。一是加强基础设施建设,提升智慧化水平。建议加大对实践地主要风景区智慧化建设的投入力度,完善网络、数据中心等基础设施建设,提升景区智慧化水平。鼓励景区引入先进技术和设备,如机器人导览员、无人服务站等,打造智慧旅游景区标杆。二是制定地方性的统一标准,实现信息共享。建议相关部门制定智慧旅游应用的统一标准,推动各景区实现数据互通和信息共享。通过构建统一的智慧旅游平台,整合各景区的资源优势,为游客提供更加便捷、高效的一站式服务。三是加大宣传力度,提高游客知晓率、互动性和使用的便捷性。建议景区充分利用线上线下渠道进行宣传推广。通过社交媒体、旅游网站等平台发布智慧旅游应用的相关信息和使用教程,引导游客主动尝试并分享使用体验。在景区内设置明显的智慧旅游应用标识和导览系统,提高游客的知晓率和互动性,安排专人进行指导,为游客提供更加便捷的服务。四是加强人才培养和引进,助力智慧旅游发展。建议实践地的高校和职业学校加强智慧旅游相关专业的教育和培训力度,培养更多具备专业知识和实践能力的智慧旅游人才。鼓励景区与高校、科研机构等建立合作关系,共同开展智慧旅游应用的研发和创新工作,推动景区智慧化建设的持续发展。

案例五　酒店行业从业人员职业素养提升培训

（一）实践概况

1. 实践主题

白玉映沙韵 青春促发展。

2. 实践目的

随着旅游业的蓬勃发展,酒店行业作为其中的重要组成部分,对于从业人员的职业能力要求越来越高。然而,在一些地区,尤其是偏远地区,酒店从业人员的职业素养和技能水平相对落后,难以满足日益增长的旅游行业发展和游客接待需求。中西部地区某市县作为一个风景秀丽的旅游目的地,其酒店行业从业人员的职业素养对提升当地旅游服务质量具有重要意义。因此,组织此次实践活动的目的在于,通过技能培训,提升当地酒店行业从业人员职业素养和技能水平,助力当地旅游产业的可持续发展。同时,为实践团队成员提供难得的实操机会,检验在校学习和实习实训成果,进一步提

升文旅行业就业综合素养。

3. 实践类型

生产劳动。

4. 实践地点

国内中西部地区某市县。

5. 实践天数及团队人数

7天，10人。

（二）实践内容

在实践前，与当地酒店行业协会沟通，提前了解当地酒店行业从业人员的基本情况，技能水平和培训需求，在专业教师的指导下，有针对性地制订培训计划，包括培训课程和培训内容等，同时挑选培训教材、制作培训课件、准备培训道具等。前往当地，根据人群对象特点和规模，进行分班分组培训，内容涉及前台接待、房务整理、礼宾礼仪（图14-2）、沟通技巧、安全应急处置、餐饮制作与服务、财会、市场营销、新媒体运用等多个方面，由理论讲授、现场实操、技能比拼和考核等多个环节组成。培训过程中，实践团队成员还与从业人员座谈交流，为酒店更好运营和管理献计献策。

图14-2 实践团队成员为酒店行业从业人员进行礼宾礼仪和宾客服务技能专题培训

（三）实践成果

整个培训持续开展了7天时间，受训人员达到80余人。通过培训，当地酒店从业人员的职业能力和综合素养得到了显著提升，特别是在宾客服务、客房服务、餐饮服务等多个方面。当地酒店行业的整体形象得到了显著提升，服务质量得到了有效改善，这为当地旅游产业的可持续发展奠定了坚实基础。同时，实践团队还向当地酒店协会

赠送了一批教材和书籍，并就每年定期派师生前来为酒店从业人员开展培训（含新员工入职培训）达成合作意向。受训人员对实践团队成员的专业技能水平和综合能力予以充分认可，当地很多酒店负责人诚邀实践团队成员毕业后前往该酒店就业，为其提供较好的工资待遇和发展空间。

案例六　共绘乡村振兴新画卷

（一）实践概况

1. 实践主题

乡村振兴 乡旅承文。

2. 实践目的

组织大学生深入乡村开展助力乡村振兴社会实践，无论对大学生自身还是实践地而言，都有着重要意义。对大学生来说，这一活动可以增强他们的社会责任感。通过参与乡村振兴实践活动，大学生能够亲身体验乡村生产生活，了解乡村发展的实际需求和存在的问题，从而增强自身的社会责任感，激发为农村发展贡献力量的意愿。同时，这一活动能提升大学生的实践能力，促进个人成长。通过参与乡村调查、支农支教等活动，锻炼组织能力、沟通能力、解决问题的能力，同时有助于培养吃苦耐劳精神、团队协作精神，从而促进个人的全面发展。对于实践地而言，大学生作为充满活力的社会力量，他们所具备的专业知识、创新思维和实践能力，能为当地的农业生产与销售、教育事业、青少年成长等方面提供智力支持和人才保障，推动当地经济和社会发展。而且，大学生的参与能够营造全社会共同关心、支持乡村振兴的良好氛围。

3. 实践类型

志愿服务。

4. 实践地点

国内西部地区某市县。

5. 实践天数及团队人数

7天，15人。

（二）实践内容

本次实践共分为五个部分。一是实地考察当地的青脆李种植特色产业，并协助农户开展线上推广工作。二是对当地居民开展反诈宣传，举办反诈科普活动，提升居民反诈意识。三是深入中学课堂开展电脑软件编程教学，激发青少年科技兴趣。四是慰

问当地年迈的退伍老兵，聆听红色故事，收集红色文化传播素材，接受爱国主义教育。五是在当地广场举办“亲子幸福绘”活动，邀请村里的老人和小孩一起参加，促进邻里和谐，营造温馨和睦的乡村环境。

（三）意见建议

在实践过程中，实践团队发现当地存在青脆李等特产销售渠道单一、居民防范诈骗意识薄弱、青少年科技教育资源匮乏等问题，提出如下意见建议。一是拓展销售渠道。利用电商平台、社交媒体等线上渠道，拓宽特产销售范围。同时，加强与周边城市的合作，建立稳定的销售网络。二是加强对居民的防诈宣传教育。定期举办防诈知识讲座和宣传活动，提高居民防范意识。与当地警方建立合作机制，及时发布诈骗预警信息。三是引入科技教育资源。通过校地合作、企业捐赠等方式，为乡村学校引入科技教育设备和资源。同时，鼓励大学生志愿者到乡村支教，提供科技教育辅导。

案例七　彩调非遗文化保护与传承

（一）实践概况

1. 实践主题

青春献彩 非遗传承。

2. 实践目的

本次社会实践的目的，一是促进彩调非遗文化的保护与传承。该项目通过调研和实践，可以唤起社会对彩调非遗文化的关注和重视，推动相关保护措施的制定和实施，从而有效保护和传承彩调艺术。二是推动彩调艺术的创新与发展。通过探索彩调艺术的创新与发展路径，为彩调艺术注入新的活力，吸引更多人士的关注，推动彩调艺术的发展。三是增强大学生的社会责任感和实践能力。参与该项目的大学生通过实地走访调研，与传承人深入交流，亲身体验彩雕艺术，感受彩调艺术的独特魅力，可以进一步增强社会责任感和实践能力，增强文化自信。

3. 实践类型

社会调查。

4. 实践地点

国内西部地区彩调发源地所在市县。

5. 实践天数及团队人数

5天，13人。

（二）实践内容

一是深入了解彩调非遗文化。通过实地调研，亲身体验和学习彩调艺术，深入了解其历史背景、剧目内容、表演形式等，从而全面把握彩调艺术的独特魅力。二是调研彩调艺术的传承现状。通过调研，了解彩调艺术在当前社会的传承情况，包括传承人数量、传承方式、传承效果等，为制定有效的保护和传承举措提供科学依据。三是分析彩调艺术面临的挑战。在调研过程中，分析彩调艺术在传承和发展过程中面临的挑战，如资金短缺、人才流失、观众群体老龄化等，为解决问题提供思路。四是探索彩调艺术的创新与发展。通过调研，探索彩调艺术在新时代的创新与发展路径，如与现代科技的结合、与其他艺术形式的融合等，为彩调艺术的未来发展提供方向。

（三）意见建议

针对调研中发现的问题，实践团队结合自己所学的理论知识，提出的意见建议如下。一是保护彩调剧目。采用音视频采集录制的形式，尽快将传统彩调剧目进行电子化保存，便于传播、教学和历史存档。二是培养彩调传承人。通过社会教育和学校教育，培养彩调非遗文化的后备人才，确保彩调艺术的传承后继有人。鼓励和支持年轻人学习彩调艺术，为他们提供学习、实践和展示的平台，激发他们的传承热情。三是提高公众认知。利用各种媒体平台，如电视、广播、网络等，广泛宣传彩调非遗文化的独特魅力和价值，提高公众对彩调艺术的认知和了解。在学校、社区等场所举办彩调艺术讲座、演出、比赛等活动，吸引更多人关注和参与彩调艺术的传承和保护。四是建立保护和研究机构。成立彩调非遗文化保护中心或研究会等机构。加强与高校、研究机构等合作，共同开展彩调非遗文化的保护和研究。五是创新表演形式。在保留彩调艺术传统特色的基础上，融入现代元素和创新思维，丰富彩调艺术的表演形式和剧目内容。鼓励彩调艺术与其他艺术形式进行跨界融合，创作出更多具有时代感和创新性的作品。六是开发彩调非遗文化周边产品。建立彩调博物馆、开设彩调非遗文化屋，以及开发彩调非遗文化纪念品等，提升彩调艺术的吸引力和传播力。

案例八　推动苗乡油茶迈向产业化发展之路

（一）实践概况

1. 实践主题

苗乡油茶情 振兴心连心。

2. 实践目的

乡村振兴，产业先行。苗族人民有制作和食用油茶的习俗，油茶是受当地苗族人

民欢迎的美食。本次社会实践团队成员由烹饪与营养教育、食品质量与安全、市场营销、网络与新媒体、艺术设计等专业的学生组成。他们将前往某市县苗族聚居地，深入了解油茶文化，体验油茶制作过程，调研油茶市场情况，提出促进油茶产业化发展的意见建议，协助当地企业一起推动油茶产业发展，在提升自身实践能力和综合素质的同时，促进农业现代化转型，助力当地乡村振兴工作，为地方经济和社会发展贡献积极力量。

3. 实践类型

生产劳动。

4. 实践地点

国内西部少数民族地区苗族聚居某市县。

5. 实践天数及团队人数

10天，12人。

（二）实践内容

一是开展实地走访和调研工作。深入了解当地油茶文化，包括油茶的起源与发展、制作工艺、文化传承状况等。调研油茶市场现状，分析制约当地油茶产业化发展的因素，从农业经济、食品科学、市场营销等角度，提出推动油茶产业化发展的意见建议。二是协助当地企业推广油茶特色产品。到当地企业进行实践，亲身参与油茶生产制作，为其设计外包装，撰写网络营销策划方案，拍摄宣传视频广告，从食品工艺流程、食品安全保障等方面提出改进意见等，为推动当地油茶产业化发展做出积极贡献。

（三）意见建议

针对如何推动当地油茶产业化快速发展，实践团队提出如下意见建议。一是做好产业发展规划。当地相关部门做好顶层设计，合理规划油茶产业发展布局，并为其提供政策和资金支持。二是创新产业组织模式。推广"公司＋合作社＋基地＋农户"等产业组织模式，实现油茶产业的规模化、集约化经营。通过土地入股、土地流转等方式，鼓励农民积极参与油茶产业的发展。三是加强产业链整合。加强油茶产业链上下游的合作，形成产业联盟，完善产业链配套服务，提升产业附加值。四是扩大销售渠道。积极开拓国内外市场，利用电商平台、直播带货等新兴业态平台，拓宽油茶产品的销售渠道。五是加强品牌建设。打造具有民族地方特色的油茶品牌，提升产品知名度和美誉度。可以通过参加农产品博览会、展销会等活动，提高品牌的知名度和影响力。六是立足生态优势。当地具有丰富的自然资源和良好的生态环境，应充分利用这一优势，发展绿色、有机的油茶产品。七是挖掘民族文化。将油茶产业与民族文化相结合，打造具有民族特色的油茶产品和油茶旅游项目，提升产品的文化内涵和附加值。

案例九　民宿经营困境及纾解对策研究

（一）实践概况

1. 实践主题

民宿振兴 智解困境 青春助力 未来可期。

2. 实践目的

本次社会实践开展的目的如下。一是促进实践地民宿产业转型升级。通过调查和分析，为实践地民宿产业提供改进方向和发展建议，有助于推动实践地民宿产业向更加规范化、专业化、特色化的方向发展。提升实践地民宿的整体竞争力和品牌影响力，吸引更多游客前来体验。二是增强实践团队成员的综合素养。本次社会实践为成员提供了接触社会、了解文旅行业，特别是民宿产业的机会，有助于提升他们的实践能力、协调能力、沟通合作能力，以及解决问题的能力，并增强他们的社会责任感。三是推动乡村旅游、生态旅游的发展。民宿作为乡村旅游、生态旅游的重要组成部分，其健康发展有助于推动整个旅游产业的繁荣。通过改善民宿经营状况，提高游客满意度和回头率，可以进一步吸引游客前来实践地旅游，促进当地经济和社会发展。四是为相关管理部门决策提供参考。调查活动所收集的数据和分析结果可以让相关部门进一步了解当地民宿产业的发展现状和需求，为制定政策、规划和管理民宿产业提供科学依据和参考。

3. 实践类型

社会调查。

4. 实践地点

国内某知名旅游市县。

5. 实践天数及团队人数

5天，14人。

（二）实践内容

本次实践将组织旅游管理、酒店管理、市场营销、财务管理等相关专业的大学生，前往实践地，围绕当地的民宿产业开展社会调查和研究工作。一是深入了解实践地民宿经营现状。通过实地考察、访谈民宿经营者、游客等方式，全面掌握实践地民宿的分布、规模、类型、当前经营状况以及市场定位等信息。了解实践地民宿在设施、服务、管理等方面的优势和不足。二是揭示民宿产业发展困境。识别实践地民宿在经营和发

展过程中遇到的主要问题，分析这些问题产生的原因和背景。三是探索纾解对策。针对实践地民宿的经营和发展困境，提出切实可行的解决方案和建议，为实践地民宿产业的可持续发展提供理论支持和实践参考。

（三）意见建议

针对调研中发现的问题，特别是民宿产业发展的困境，实践团队结合自己所学的知识，提出如下意见建议。一是提升民宿服务质量与体验。开展民宿标准化建设，树立标准化意识，推进服务、卫生、安全等方面的标准化进程。根据游客需求提供定制化服务。积极改善住宿环境，确保民宿住宿环境干净、整洁、舒适，提供完备的设施和服务。定期对民宿设施进行检查和维护，确保游客的住宿体验。二是加强市场营销与品牌建设。拓宽销售渠道，利用电商平台、社交媒体等新兴渠道进行营销推广，提高民宿的知名度和曝光率。与旅行社、在线旅游平台等合作，拓展客源市场。结合实践地的自然风光和人文特色，打造具有地方特色的民宿品牌。开展关系营销，通过建立会员制度，提供会员专属优惠和礼品，提高游客的忠诚度和满意度。三是加强行业协作与政策支持。发挥行业协会作用，加强行业内部交流与合作，共同推动民宿产业发展。通过协会组织培训、交流活动，提高民宿从业者的素质和能力。争取相关管理部门在税收、补贴等方面的政策支持。与高校、培训机构等合作，培养专业的民宿管理人才和服务人才。四是推动民宿业与其他产业融合发展。将民宿业与乡村旅游相结合，开发乡村旅游线路和产品，吸引更多游客前来体验。挖掘实践地的文化资源，开发具有地方特色的文化产品。鼓励民宿业主引入多元化经营方式，借助咖啡馆、艺术馆等丰富民宿的业态和内涵。

案例十　景区营销与宣传推广

（一）实践概况

1. 实践主题

景区之美 青春传递。

2. 实践目的

本次社会实践开展的目的如下。一是通过实际参与景区的营销和对外宣传工作，将课堂上学到的景区策划与管理、市场营销、传播学、公共关系等相关理论知识应用到实际中，提升实践操作能力和问题解决能力，同时进一步激发创新创造意识。二是借用创意策划、内容创作、社交媒体运营等手段，帮助景区树立品牌形象，扩大市场认知度，吸引更多游客关注和到访，促进当地旅游经济发展。三是建立良好校企合作关系，

为本校大学生提供更多实习、就业机会,同时也为景区提供智力支持和人才储备。

3. 实践类型

生产劳动。

4. 实践地点

国内某市县新建景区。

5. 实践天数及团队人数

21天,1人。

(二)实践内容

实践团队以营销项目专项组的形式进驻景区21天,开展全方位营销策划和对外宣传工作。主要工作内容包括:通过调查和研究分析,为景区撰写一份营销规划方案;对景区员工开展营销和宣传方面的技能培训;组织策划一批线上线下的营销活动;为景区设计企业形象识别系统(CIS)、导览图、导览词和简介等;协助景区申请网络社交媒体账号;为景区拍摄宣传小视频、开展直播等。

(三)实践成果

本次实践取得丰硕成果。对学生而言,这是一次难得的完全与现实生产经营活动接轨的实战机会,无论是专业技能还是实践能力都得到了充分锻炼。对新建景区而言,实践团队在营销和对外宣传推广方面发挥了重要作用,为景区带来了显著提升。一是实践团队为其提供了一份未来三年的营销规划方案。二是对30多名普通员工开展了4场营销和宣传方面的技能培训,包括营销活动的策划和组织实施、网络新媒体的使用、网络推文的撰写、视频脚本的撰写、小视频拍摄等内容。三是组织了4场营销活动,包括“丛林寻宝”“网红美食节”“户外达人秀”“最美景区最美人”。四是为景区设计了一套企业形象识别系统,绘制了一幅卡通版景区游览图,并用中、英、韩、日四种语言撰写了导览词和景区简介。五是协助企业在微信、小红书、抖音、美团、携程、飞猪等平台开设了账号,添加了相关信息,并教会相关工作人员操作和使用。六是为景区拍摄了5条短视频,发布到网络新媒体平台,此外还开展直播活动6场,帮助景区在线上进行宣传推广(图14-3)。

图14-3 实践团队成员为景区开展网络直播宣传

通过本次社会实践,实践团队成员所展现出来的综合素质和专业能力得到了景区的充分认可和一致好评,景区希望这些大学生所在的高校能经常组织大学生前来开展实践活动,并非常乐意为他们提供实习、就业岗位。

参考文献

[1] 冉江舟，杨静.大学生劳动教育[M].北京：人民邮电出版社，2021.

[2] 刘煜，姜华帅.大学生社会实践导论[M].杭州：浙江大学出版社，2017.

[3] 爱德华·伯内特·泰勒. 原始文化[M]. 连树声，译. 桂林：广西师范大学出版社，2005.

[4] 白凯，王馨.《旅游资源分类、调查与评价》国家标准的更新审视与研究展望[J]. 自然资源学报，2020，35（7）：1525-1540.

[5] 朱梅，魏向东. 国内外文化旅游研究比较与展望[J]. 地理科学进展，2014，33（9）：1261-1272.

[6] 雒树刚.文化和旅游融合发展总的思路是坚持“宜融则融、能融尽融”[N].中国文化报，2019-01-08.

[7] 王小云，王辉.大学生社会实践概论[M].北京：中国经济出版社，2005.

[8] 王亮，刘逸哲.大学生社会实践过程中大兴调查研究探析[J].北京科技大学学报（社会科学版），2024，40（3）：40-46.

[9] 张元美.大学生志愿服务的实践育人问题及策略研究——基于滇西部分高校的调查[D].大理：大理大学，2024.

[10] 乔永刚.新时代中国大学生志愿服务精神动力培育研究[D].哈尔滨：哈尔滨师范大学，2019.

[11] 刘良华.《教育研究方法》[M].3版.上海：华东师范大学出版社，2021.

[12] 杨小微.教育研究的原理与方法[M].上海：华东师范大学出版社，2002.

[13] 陈向明.教师如何做质的研究[M].北京：教育科学出版社，2001.

[14] 叶澜.教育研究方法论初探[M].上海：上海教育出版社，1997.

[15] 董秀娜.大学生社会实践基地建设新论[D].武汉：华中师范大学，2006.

[16] 张佳.探析大学生社会实践基地建设的长效机制[J].教育与职业，2013（4）：17-19.

[17] 张明辉.基于实践能力培养的高校大学生实践基地建设研究[J].济南职业学院学报，2016（3）：23-25.

[18] 王佳，许玲.人际沟通与交流[M].3版.北京：清华大学出版社，2013.

[19] 强月霞，唐邈芳，陈伟莲.人际沟通概论[M].上海：华东师范大学出版社，2015.

[20] 余玫.现代实用礼仪与训练[M].北京：高等教育出版社，2016.

[21] 于兴业.大学生社会实践导论[M].北京：中国农业出版社，2018.

[22] 杨秀丽，刘凤芹.沟通能力训练[M].3版.北京：科学出版社，2022.

[23] 龚荒.人际关系与沟通[M].北京：人民邮电出版社，2022.

[24] 倪福全，邓玉，周曼.大学生社会实践教程[M].北京：中国水利水电出版社，2016.
[25] 陈鸿雁.大学生文明礼仪[M].北京：中国水利水电出版社，2019.
[26] 黄萌，陈立书.安全应急与避险[M].北京：中国医药科技出版社，2020.
[27] 杨瑞桥，曾应华.大学生安全教育[M].长沙：湖南科学技术出版社，2018.
[28] 湖南省高等学校保卫学研究会.大学生安全教育[M].湘潭：湘潭大学出版社，2010.
[29] 学公文.公文写作从入门到精通[M].北京：北京大学出版社，2019.
[30] 钟世虎，吴良才.党政机关公文写作实务与范例[M].北京：红旗出版社，2017.
[31] 郭志强.公文写作实用全书[M].北京：电子工业出版社，2018.
[32] 唐成英.新闻写作与实训[M].北京：北京大学出版社，2013.
[33] 张举玺.新闻写作新编[M].开封：河南大学出版社，2008.
[34] 涂佳佳，徐玮.大学生暑期社会实践创新模式探索[J].哈尔滨职业技术学院学报，2021（1）：122-125.
[35] 易良廷，何世彬，何苗.基于能力素质模型的实践教学效果认知及其评价路径设计[J].黑龙江高教研究，2018，36（4）：157-160.
[36] 刘熹微，曾筱雨."三下乡"社会实践活动如何建立好宣传工作体系[J].视听，2017（11）：231-232.
[37] 顾晨.社交媒体对高校学生思想政治工作的挑战与对策[J].南京开放大学学报，2024（4）：7-12.
[38] 葛志亮，梁惠.推进高校媒体融合发展的应对策略[J].中国高等教育，2021（21）：59-61.
[39] 王琛琛，王川.新媒体时代高校新闻宣传工作创新路径[J].西部素质教育，2024，10（13）：141-144.
[40] 中国互联网络信息中心.第54次《中国互联网络发展状况统计报告》[R/OL].（2024-08-29）[2024-12-31].https://www.cnnic.cn/n4/2024/0828/c208-11063.html
[41] 张子睿.大学生社会实践教程[M].北京：国防工业出版社，2012.
[42] 王全吉.文化和旅游志愿服务与管理[M].北京：北京师范大学出版社，2021.
[43] 郭喜亮.大学生法律意识的培养和提高[J].山西省政法管理干部学院学报，2024（2）：91-93.
[44] 黄格.大学生法律意识培养与法律教育策略[J].湖北开放职业学院学报，2021（15）：56-57.
[45] 郑黎雪.大学生校外实习劳动权益法律保护的几点思考[J].法制博览，2023（27）：154-156.
[46] 刘晨.大学生法律意识现状分析与对策[J].法制博览，2022（15）：24-26.

教学支持说明

为了改善教学效果，提高教材的使用效率，满足高校授课教师的教学需求，本套教材备有与纸质教材配套的教学课件和拓展资源(案例库、习题库等)。

为保证本教学课件及相关教学资料仅为教材使用者所得，我们将向使用本套教材的高校授课教师赠送教学课件或者相关教学资料，烦请授课教师通过邮件或加入旅游专家俱乐部QQ群等方式与我们联系，获取“电子资源申请表”文档并认真准确填写后发给我们，我们的联系方式如下：

地址：湖北省武汉市东湖新技术开发区华工科技园华工园六路

邮编：430223

E-mail：lyzjjlb@163.com

旅游专家俱乐部QQ群号：758712998

旅游专家俱乐部QQ群二维码：

群名称:旅游专家俱乐部5群
群　号:758712998

电子资源申请表

填表时间：________年____月____日

1. 以下内容请教师按实际情况写，★为必填项。
2. 根据个人情况如实填写，相关内容可以酌情调整提交。

★姓名		★性别	□男 □女	出生年月		★ 职务	
						★ 职称	□教授 □副教授 □讲师 □助教
★学校				★院/系			
★教研室				★专业			
★办公电话		家庭电话				★移动电话	
★E-mail （请填写清晰）						★QQ 号/微信号	
★联系地址						★邮编	

★现在主授课程情况		学生人数	教材所属出版社	教材满意度
课程一				□满意 □一般 □不满意
课程二				□满意 □一般 □不满意
课程三				□满意 □一般 □不满意
其　他				□满意 □一般 □不满意

教 材 出 版 信 息		
方向一		□准备写 □写作中 □已成稿 □已出版待修订 □有讲义
方向二		□准备写 □写作中 □已成稿 □已出版待修订 □有讲义
方向三		□准备写 □写作中 □已成稿 □已出版待修订 □有讲义

请教师认真填写表格下列内容，提供索取课件配套教材的相关信息，我社根据每位教师填表信息的完整性、授课情况与索取课件的相关性，以及教材使用的情况赠送教材的配套课件及相关教学资源。

ISBN（书号）	书名	作者	索取课件简要说明	学生人数 （如选作教材）
			□教学 □参考	
			□教学 □参考	

★您对与课件配套的纸质教材的意见和建议，希望提供哪些配套教学资源：